Ludger M. Hermanns (Hrsg.)

*Psychoanalyse
in Selbstdarstellungen
Band VII*

Das Buch stellt vier Autobiographien von renommierten Psychoanalytikern und einer Psychoanalytikerin und ihre Wege zur Psychoanalyse vor. In ihren Lebensläufen spiegelt sich die Zerrissenheit, aber auch der Neubeginn und Aufbruch des vergangenen Jahrhunderts wider. Die Texte sind spannende Zeugnisse für die vielfältigen Impulse, Anwendungen und Weiterentwicklungen der Psychoanalyse in den verschiedensten Ländern der Welt.

Ludger M. Hermanns, geboren 1950, Facharzt für Psychosomatische Medizin und Psychoanalytiker in Berlin. Publikationen zur Geschichte der Psychoanalyse. Dozent und Archivar am Berliner Karl-Abraham-Institut. Vorsitzender des Archivs zur Geschichte der Psychoanalyse. Herausgeber des Jahrbuchs der Psychoanalyse.

Ludger M. Hermanns (Hrsg.)

Psychoanalyse in Selbstdarstellungen

Band VII

Beiträge von
André Haynal, Lore Reich Rubin,
Lutz Rosenkötter, Kaspar Weber

Brandes & Apsel

Sie finden unser Gesamtverzeichnis mit aktuellen Informationen im Internet unter: *www.brandes-apsel-verlag.de*
Wenn Sie unser Gesamtverzeichnis in gedruckter Form wünschen, senden Sie uns eine E-Mail an: *info@brandes-apsel-verlag.de* oder eine Postkarte an: *Brandes & Apsel Verlag, Scheidswaldstr. 22, 60385 Frankfurt am Main, Germany*

Der Verlag dankt Peter Friedli für die Bereitstellung des Porträtfotos von Herrn Kaspar Weber.

1. Auflage 2008
© Brandes & Apsel Verlag GmbH, Frankfurt am Main
Alle Rechte vorbehalten, insbesondere das Recht der Vervielfältigung und Verbreitung sowie der Übersetzung, Mikroverfilmung, Einspeicherung und Verarbeitung in elektronischen oder optischen Systemen, der öffentlichen Wiedergabe durch Hörfunk-, Fernsehsendungen und Multimedia sowie der Bereithaltung in einer Online-Datenbank oder im Internet zur Nutzung durch Dritte.
DTP: Franziska Gumprecht, Brandes & Apsel Verlag, Frankfurt am Main
Umschlaggestaltung: Antje Tauchmann, Frankfurt am Main, Titelzeichnung von Hermann Spörel, Berlin
Druck: Impress, d.d., Lubljana, Printed in Slovenia
Gedruckt auf säurefreiem, alterungsbeständigem und chlorfrei gebleichtem Papier.

Bibliografische Information Der Deutschen Nationalbibliothek:
Die Deutsche Nationalbibliothek verzeichnet diese Publikation in der Deutschen Nationalbibliografie; detaillierte bibliografische Daten sind im Internet über http://dnb.ddb.de abrufbar.

ISBN 978-3-86099-874-8

Inhalt

Ludger M. Hermanns
Vorwort 7

André Haynal
Begegnungen mit dem Irrationalen 9

Lore Reich Rubin
Der Werdegang einer Psychoanalytikerin 45

Lutz Rosenkötter
Meine Jugend in der NS-Zeit
und mein Leben als Psychoanalytiker 77

Kaspar Weber
Aus meinem Leben als Psychiater und Psychoanalytiker 119

Vorwort

Nachdem meine Buchreihe *Psychoanalyse in Selbstdarstellungen* im vergangenen Jahr mit den Bänden 5 und 6 im Frankfurter Verlag Brandes & Apsel reaktiviert worden ist, kann ich Ihnen jetzt den siebten Band vorstellen. Die darin enthaltenen Autobiographien bekannter Analytiker aus der Schweiz, Deutschland und den USA könnten als Ausgangsgrundlage eine nicht unterschiedlichere Herkunft ihrer Protagonisten aufbieten: der Berner Spross eines Psychiatergeschlechtes, der geradezu unverrückbar in seiner Landschaft wurzelt und das Werk seines Vaters fortsetzt (Kaspar Weber), während auf der anderen Seite ein junger Ungar, angesichts der politischen Oppressionen in seinem Heimatland auf abenteuerlichen Wegen ins Ausland geflüchtet, mehr zufällig in eben jener beschaulichen Schweiz landet und von dort aus seine internationale Karriere starten kann (André Haynal); die zwischen Heimen und Eltern und Ländern früh Hin- und Hergeschobene, die schließlich in ihrem Emigrationsland USA heimisch wird und dort die eigene Familiengründung der großen Berufskarriere vorzieht (Lore Reich Rubin) und der Sohn einer jüdischen Mutter, der die nationalsozialistische Verfolgung in Deutschland überlebt und erst über einen Gastaufenthalt in den USA zur Psychotherapie und später Analyse findet (Lutz Rosenkötter).

Zeitgeschichtliche Einflüsse durchtränken alle vier Wege zur und mit der Psychoanalyse. Unschwer ist zu erkennen, wie diese dem jeweiligen Gebrauch der Psychoanalyse ihr eigenes Gepräge gegeben haben. Neben Institutions- und Ausbildungskritik ist tiefe Befriedigung über die wissenschaftliche Bearbeitung von Lebensthemen zu spüren, die hoffentlich gerade auch bei jungen Leserinnen und Lesern Lust und Neugier auf den Beruf des Psychoanalytikers zu wecken vermag. Zwei Autobiographien gewinnen einen besonderen Reiz aus der Tatsache, dass schon die Eltern als Psychoanalytiker tätig waren, und wir gleichsam nachvollziehen können, wie sich die Kinder bei ihrer Berufswahl darauf bezogen haben.

In diesem Band bin ich erstmals das Wagnis eingegangen, aus dokumentarischen Zeugnissen die Autobiographie eines Analytikers posthum selbst zusammenzustellen. Der erste Teil besteht aus einem Vortrag Rosenkötters über seine Jugend in der NS-Zeit (2006). Für die Erlaubnis zum Nachdruck danke ich den Herausgebern und der Redaktion der Zeitschrift *Psychoanalyse im Widerspruch* (Heidelberg) sowie dem Psychosozial Verlag. Ich selbst hatte Rosenkötter 1993 vermittelt durch den Frankfurter Freund Hans-Heinrich Otto für das »Archiv zur Geschichte der Psychoanalyse e.V.« zu seinem Leben interviewt. Eine sparsam redigierte und montierte Fassung davon bildet den zweiten Teil, der sein psychoanalytisches Wirken beinhaltet, aber sein Privatleben fast ganz ausblendet. Die unterschiedliche Provenienz und Datierung beider Teile birgt naturgemäß einige Spannung und Redundanzen. Trotzdem hoffe ich, dass ein lesbarer Gesamttext herausgekommen ist, für den ich die Verantwortung alleine zu tragen habe. Seine Kinder, Irene und Bernhard Rosenkötter, haben dieses Vorhaben unterstützt und auch das Porträtfoto ihres am 23.6.2007 verstorbenen Vaters beigesteuert, wofür ich ihnen dankbar bin. Ein vom Bernfeld-Kreis später durchgeführtes ausführliches Gespräch mit Rosenkötter wurde mir von Detlef Michaelis und Leo Hilbert in einer nicht ganz vollständigen Tonbandtranskription zur Auswertung zur Verfügung gestellt. Vieles dort hatte Rosenkötter schon sehr ähnlich in meinem Interview gesagt, manches war sehr persönlich mit den jeweiligen intimen Fragestellungen verwoben und einiges enthielt sehr vertrauliche Informationen, so dass ich mich nicht zum Einschluss von Passagen in meine Textmontage entschließen konnte. Auch für diese Hilfestellung möchte ich allen beteiligten Kollegen ausdrücklich danken. Ich würde es begrüßen, wenn eines Tages diese Quelle in einer wissenschaftlichen Edition dem Lesepublikum zugänglich gemacht werden könnte.

Neben den oben bereits genannten Kollegen möchte ich Hans-Heinrich Otto, Karin Gässler, Kurt Grünberg, Helmut Dahmer, Ernst Falzeder, Isidor Kaminer und Parfen Laszig danken, die auf die eine oder andere Weise zum Gelingen des Bandes beigetragen haben. Veronika Füchtner hat in Zeiten großer Belastung die Übersetzung der Arbeit von Lore Reich Rubin unternommen, wofür ich ihr besonders danke. Magdalena Frank war wieder zu dem Freundschaftsdienst eines gründlichen Lektorats bereit, was ich hier dankend vermerken möchte. Meine Buchreihe hat sich im Brandes & Apsel Verlag in der Zusammenarbeit mit Roland Apsel und seiner Lektorin Caroline Ebinger inzwischen gut etabliert, worüber ich sehr froh bin.

Berlin, im August 2008
Ludger M. Hermanns

André Haynal

Begegnungen mit dem Irrationalen

Wie soll man sich selbst darstellen? Kennt man sich selber? In der Psychoanalyse geht man davon aus, dass man sich eigentlich nicht kennt – so Freud – oder dass man verschiedene Schichten auf verschiedenen Ebenen wahrnehmen kann – so die Postmoderne, Bion und andere, ich auch.[1] Man kann immerhin zu einem gewissen Moment wissen, *wie* man über sich denkt – dies wäre die *eigene* Wahrheit des gegebenen *Momentes*. Seit Augustinus, Montaigne, Proust und anderen nimmt man an, dass es wenig Interessanteres gibt, als über sich selber nachzudenken. Man kann aber hoffen, dass diese Eröffnung auch beim anderen einiges Interesse weckt, mit Momenten von Identifikation und dem Recht zur Desidentifikation. Nun, genug vom *Blabla*, vom Allgemeinen: Wie Paul Valéry sagte, wenn man im Meer baden möchte, muss man ins Wasser springen...

Die kindliche und frühkindliche Umgebung soll das Leben weitgehend bestimmen – so Freud bis Erik Erikson und Daniel Stern. Wenn man 1930 als Einzelkind in eine Ärztefamilie in Budapest geboren wurde, dann dürfte das um so mehr stimmen, indem alle Schritte, die das Kind aus der Familie herausführen hätten können, überwacht und entmutigt wurden, ja streng verpönt waren. Ob das etwas mit der Identitätssuche der Eltern und Verwandten, mit der sozialen und sonstigen (beruflichen, politischen) *Unsicherheit* der Akteure zu tun hatte, ist eine berechtigte Frage, da es genügend Unsicherheiten gab. Oder scheint es nur heute so, infolge einer dafür entwickelten Empfindlichkeit?

Mein Vater kommt aus einer siebenbürgischen Familie. Sein Vater war bereits Arzt, Spitaldirektor in einer kleinen »sächsischen« Stadt in dieser Provinz, die jahrhundertelang unter dem Namen Transsylvanien (Siebenbürgen) als ein kleines, *unabhängiges* Fürstentum existierte, das heißt

---

[1] Mit anderen Worten: Freud dachte, dass ein zweiter Mann hinter dem Man(n) steckt. Heute denkt man, es stecken mehrere dahinter.

nicht zum Habsburger Reich gehörte. Die führende Schicht war ungarisch, eine Mehrheit von Calvinisten, die aber mit den ungarischen Katholiken, orthodoxen Rumänen, lutherischen Deutschen (*pars pro toto* »Sachsen« genannt, im Unterschied zu den »Donau-Schwaben« in Habsburg-Ungarn), Armeniern mit ihrer eigenen uralten Religion und Juden in Harmonie lebten. Lange Zeit war die Region ein Hafen der Toleranz, sogar während des Dreißigjährigen Krieges – die Zeit der Geburt einer Verfassung, die diesen *status quo* mehr oder weniger festgelegt hatte. Es hätte in den Karpaten-Bergen eine kleine Schweiz geben können, hätten[2] die Rückeroberung durch die Habsburger und die von ihnen geförderte Gegenreformation sowie später die Nationalismen dieser Entwicklung nicht ein Ende gesetzt. Die ungarischen Transsylvanier aus diesen Berggegenden wurden emigrationsfreudige Leute und haben auch in Budapest ihre eigenen Gesellschaftskreise unterhalten. Übrigens glaube ich, dass, wenn man genau hinschaut, alle Großstädte als aus zahlreichen Mikrokosmen zusammengesetzt erscheinen würden.

Für Ausländer sind Ungarn einfach »Ungarn«. Irrtum. Wie es in der Schweiz Urner, Zürcher und Genfer gibt, wie es in Deutschland Bayern, Preußen und Rheinländer gibt – beim näheren Hinschauen merkt man, dass soziologische, traditionsgemäße und sonstige Unterschiede zwischen Budapestern und Nicht-Budapestern und anderen Untergruppen in Budapest, wo ich geboren und aufgewachsen bin, ebenso groß sind, wenn nicht sogar größer als in Wien, Berlin, Zürich oder Frankfurt.

Ich komme auf dieses Thema, da ich später gewahr wurde, dass ich eigentlich in einer gut definierbaren Mikrosozietät aufgewachsen bin. Da mein Vater in einer internistischen Klinik arbeitete, in welcher er der einzige *Goy* (Nicht-Jude) war, war meine ganze kindliche Umgebung vor allem von den Kindern seiner Kollegen geprägt. In der Welt, in der ich lebte, habe ich nie etwas über Abstammung, »Rasse« oder Religionsunterschiede gehört, aber natürlich später, während der deutschen Besetzung des Landes (1944), wurde all dies in tragischer Weise wichtig…

Vorläufig sind wir aber bei der engeren Familie und vielleicht bei den Geschichten und Mythen, die diese mitschleppte. Die väterliche Familie, wie gesagt, kommt aus Siebenbürgen, geadelt im 17. Jahrhundert für »mi-

---

[2] Sofern ein solches »*hätten*« in der Geschichte einen Sinn hat; es ist wohl eher eine Wunschphantasie.

litärische Verdienste« gegen die Türken des Osmanischen Reiches. Die weniger mythischen Quasi-Tatsachen beginnen im 19. Jahrhundert. Tante Róza nahm an der anti-habsburgischen Verschwörung der Frau Blanka Teleki teil und wurde dafür nach der Niederlage der März-Bewegungen im Jahre 1849 in der Festung Kufstein in Tirol eingesperrt. Offenbar konnten die Österreicher mit den Frauengefangenen nicht viel anfangen, und sie wurde (eine erste ungarische Frauenpolitikerin, könnte man sagen Feministin?) vorzeitig aus dem Gefängnis entlassen. In der Familie bestand der Groll aber offensichtlich weiter. Vom Urgroßvater erzählte man, er habe das Bild von Kaiser Franz Joseph in der Toilette aufgehängt und habe den Gendarmen gesagt: »Hab ich ihn so gern, muss ich ihn auch da sehen.« All das soll dazu geführt haben, dass die Familie aus Transsylvanien über die Karpaten in das damals vlachische *Regat*[3], das heißt Proto-Rumänien, ausgewandert ist. Ein Urgroßonkel wurde aus Animosität gegen die Russen Offizier in der türkischen Armee, um im Krim-Krieg auf der »richtigen« Seite zu kämpfen. Sein Bildnis mit einem Fez auf dem Kopf existiert noch heute. Diese rebellische und unkonventionelle Seite, diese Nicht-Unterwürfigkeit, hat sich offensichtlich in der Familie immer wieder reproduziert. Ist es die irrationale *transgenerationelle Krypte*, von welcher manche Ferenczi-Schüler (wie Nicolas Abraham) sprechen? Auf alle Fälle ist sie auch bei meinem Vater nicht verschwunden, sei es in seinem Verhalten während der deutschen Besetzung Ungarns 1944, sei es später unter dem stalinistischen Joch.

Da kommen wir von den Mythen zu den Tatsachen. Wir haben in der Familie unseren jüdischen Onkel in Budapest versteckt und sein Überleben auf diese Weise ermöglicht; mein Vater hat im Keller seiner Klinik mehrere Verfolgte gerettet, wofür er posthum eine *Yad Vashem*-Auszeichnung erhielt. Ob alle Anekdoten, die man von diesen Jahren erzählt, wortwörtlich wahr sind, kann ich nicht bezeugen. Auf alle Fälle wurden die katholischen Ordensschwestern, die als Pflegerinnen in seiner Klinik tätig waren, auf seine Bitte hin vom Bischof Aaron Márton angehalten, nicht zu plaudern, sonst würden sie eine Todsünde begehen. Es hat gewirkt. Niemand schwatzte. Die Leute sind durchgekommen.

Mein jüdischer Onkel, Teddy Mahler (ein Cousin von Gustav Mahler),

---

[3] *Regatul Vechi* oder *Regat* wurde jenes Gebiet Rumäniens genannt, aus welchem dieser Staat schon vor dem Ersten Weltkrieg bestand.

kam mit seiner Frau (einer Opernsängerin), der Schwester meines Vaters, 1933 aus Berlin nach Budapest. Sie wohnten bei uns (mit meinen drei Jahren dürfte ich von den Umständen nicht viel verstanden haben). Es blieb für mich die Tatsache, dass mein Onkel zu Hause blieb und mit mir spielte (viel Piano), während mein Vater den ganzen Tag beruflich abwesend war (das Leben der Ärzte war damals *Dienst*). Es musste 1938 kommen, dass meine Eltern am damaligen sehr primitiven Radio dem Schreien eines gewissen Adolf zuhörten: in Angst (meine Mutter zitterte bei solchen Gelegenheiten), offensichtlich auch anlässlich des »*Anschlusses*« in Wien. Ich habe niemals begriffen oder begreifen wollen, dass mein Onkel, den ich so innig liebte und bewunderte, irgendwie anders beschaffen sein sollte als wir – die Übrigen. Eher, dass er mir *mehr* imponierte als viele andere und dass später die Kultur, die die seine war, die Wiener Kultur, mitsamt der Psychoanalyse auf mich einen entscheidenden Einfluss ausübte.

Ich bin also an der Schnittstelle dreier Traditionen aufgewachsen. In der Primarschulzeit, aus dem katholischen Unterricht kommend, bat ich meine Mutter, die ich ja so sehr liebte, dass sie ihre häretische Glaubensgemeinschaft verlassen solle, weil ich ja nicht möchte, dass sie in die Hölle kommt. Ihr Lachen als Antwort hat mich wahrscheinlich für alle Zeiten gegen kritikloses, leichtfertiges Denken gefeit und noch mehr, wie ich unterstreichen möchte, auch gegen jede Form von Fanatismus.

Diese historischen Ereignisse spielten sich persönlich für mich vor einem eher schwierigen Hintergrund ab. 1940 wurde mein Vater zum Leiter einer Klinik in Kolozsvar (Cluj, Klausenburg) in Siebenbürgen ernannt. Ich blieb mit meiner Mutter in Budapest. Eine *de facto* Trennung, worüber aber *nie* gesprochen wurde. Heute glaube ich, dass ich eine Zeit lang richtig deprimiert gewesen sein dürfte. In meinen Phantasien malte ich mir aus, in welches Internat ich entkommen könnte. Meine Ideen von »weg« begannen da (oder noch früher?) und sollten mich für eine lange Zeit begleiten (bis Genf). Wahrscheinlich als Antwort darauf wurde ich »krank«. Eben welche Krankheit dies war, wird man wahrscheinlich nie wissen. Es soll ein Nierenleiden gewesen sein, lateinisch eine *Glomerulonephritis*. War es wirklich eines? Auf alle Fälle musste ich für neun Monate das Bett hüten – mit meinem einzigen Kameraden zum Trost, meinem Pulli-Hund (einem kleinen, schwarzen, ungarischen Schäferhund). Examina erfolgreich bestanden, da immer brav und unterwürfig. Später in meinen medizinischen Studien in Zürich kam ich zu der wahrscheinlichen Hypothese, dass ich vielleicht nie nierenkrank war und es sich um eine in diesem Alter so typische *orthostatische Albuminurie* gehandelt haben dürfte. Ich wurde zum Streitobjekt meiner Eltern. Mein Vater wollte mich im Bett wissen von seiner Krankheitsüberzeugung her (vielleicht war es auch eine unbewusste Bestrafung, da meine Budapester Schule in der Trennung eine Rolle spielte). Oder versuchte ich, meine Eltern um mein Bett herum in ihrer Sorge um mich zu *vereinen* – auch weil diese »Wiedergutmachung«, »Restaurierung« sowieso schon immer meine Rolle war? Ist dieser Gedanke eine Übertreibung? Aber sollte ich als Sohn eines Diagnostikers und berühmten Professors Monate für nichts auf der Matratze liegen? Ist das nicht genau das *Irrationale*, welches wir ständig zu verstehen versuchen? Meine Mutter suchte Hilfe, um mich aus der Situation zu befreien, und fand einen Verbündeten: Géza Petényi. Wir sind nun im Jahre der deutschen Besetzung, und Petényi, der berühmteste Pädiater in Budapest, wurde zum »Ehrenarier« ernannt (nach dem Prinzip: »Wer ein Jude ist, das bestimme ich«). Dieser hochkultivierte Mann, der auch dem Kreis um Ferenczi angehörte, hatte mich in einigen Wochen befreit, »geheilt«, mir meine Lebensqualität zurückgegeben. Ein Segen, was von mir später als symbolisches Geschenk der Solidarität der jüdischen Gemeinschaft empfunden wurde…

Mein Vater war sicher eine imponierende Persönlichkeit, medizinisch, politisch und menschlich. Ein guter Vater, der mich häufig schützte (auch gegen zu viel Einfluss der traditionsgemäß pietistischen[4] mütterlichen Familie), aber auch einer, der sich sehr wenig auf mich, als Kind, einlassen konnte. Das führte dazu, dass ich andere Ersatzväter »adoptierte«, wie meinen Onkel Teddy Mahler und später die Väter, *Padres*, der katholischen Schule, die ich acht Jahre lang besuchte.

---

[4] Ich benütze in meinen Beschreibungen viele religiöse Bezeichnungen. Ich muss in diesem Zusammenhang klarstellen, dass eigentlich unsere Familie, mit Ausnahme eines Onkels, überhaupt nicht religiös eingestellt war. Ich benütze diese Kategorien, um durch diese Verkürzungen eine *Tradition* zu charakterisieren. In Siebenbürgen ganz besonders, aber auch in Budapest weisen die lebensfreudigen Familien katholischen Ursprungs, ob gläubig oder nicht, die puritanischen Calvinisten und die viel geprüften Familien jüdischer Abstammung sehr verschiedene Charakteristika auf – die meiner Meinung nach mit den jahrhundertealten Traditionen im Zusammenhang standen (und erst kürzlich sich vielleicht etwas verändert haben). Das familiäre und transgenerationelle *Irrationale* wurde bis jetzt wenig untersucht, vielleicht auch aus berechtigter Angst vor einer voreiligen ethnischen Etikettierung.

Vater diente im Ersten Weltkrieg in der österreichisch-ungarischen Armee ab 1916 als Arzt. Sein sturer Kopf und seine unkonventionelle Denkweise machten ihn bei den Militärbehörden unbeliebt, da er das Reglement wortwörtlich anwenden wollte und die Hälfte der ihm anvertrauten Männer wegen mangelnder Gesundheit nach Hause zu schicken beabsichtigte. Vor dem Militärgericht wurde er *gerade noch* freigesprochen.

Mein Vater blieb auch der deutschsprachigen, lutherischen Umgebung des kleinen transsylvanischen Städtchens Besztercze (Bistritz, Bistriça) treu und bedauerte irgendwo in seinem Herzen das Auseinanderbrechen der österreichisch-ungarischen Monarchie und die darauf folgende Provinzialisierung des Landes durch dumme Soldaten (die *Mémoires* von Horthy bezeugen es; seine allgemeine Dummheit wurde nur noch von seiner politischen übertroffen). Es wurde ein semi-faschistisches System errichtet, wie zu dieser Zeit in den meisten Randstaaten Europas (Franco, Salazar, Pilsudski, Mannerheim). Vater hasste dieses militärisch-klerikale Regime und hatte viele Schwierigkeiten mit dessen Behörden. Als einer der internistischen Chefärzte des ältesten Spitals in Pest, *Rokus* (vergleichbar mit der *Charité* oder der *Pitié-Salpêtrière*), beschloss er, sich auf ein altes Reglement berufend, Leute mit kleinem oder gar keinem Einkommen *gratis* zu behandeln. Er hat sich damit in den 1930er Jahren unendlichen Schwierigkeiten ausgesetzt. Dies umso mehr, da er durch die Rockefeller-Stiftung einige Jahre in der Kardiologie im St. Thomas Hospital in London verbringen konnte und seine anglophile Einstellung dem ungarischen politischen System zuwider war. Er schrieb übrigens das erste kardiologische Buch auf Ungarisch und musste dazu eine entsprechende ungarische Nomenklatur erfinden. Wäre meine Mutter nicht wirklich ungarischsprachig gewesen, hätte Vater dies mit seiner deutschsprachigen Kultur wahrscheinlich nur schwer fertig gebracht.

Ja, die unsrige war eine typische *österreichisch-ungarische* Familie. Meine Großmutter aus Krakau (Zareczky) sprach mit ihren Kindern Deutsch, diese sprachen mit ihrem Vater Ungarisch und mit den Haus- und Spitalsangestellten Rumänisch. Meine Familie bewahrte bezüglich dieser Epoche die Erinnerung an eine *heile Welt*, die dann für immer verschwand unter den drei Männern, die das Schicksal Ungarns in der Folge bestimmt haben – Horthy, Hitler, Stalin. Dass 50 Jahre später Gorbatschow (wahrscheinlich unter dem Einfluss eines tschechischen Studienkollegs) aufgewacht ist, kann ich ihm nicht als besonderen Verdienst anrechnen.

Also, mit der Ausnahme eines Jahres in der Schule von Kolozsvar habe ich mein Gymnasium in Budapest absolviert. Die Eliteschulen waren damals meistens Privatschulen und wurden mehrheitlich von Religionsgemeinschaften betrieben. Diejenige, die unserem Wohnort am nächsten lag, war für den Geschmack meines Vaters zu rechtslastig, so wanderte ich jeden Tag nach Buda ins Zisterzienser-Gymnasium, das von einem jüdischen Konvertiten geleitet wurde. Mein Vater war beruhigt, und die Zukunft sollte ihm recht geben.

Diese Studien haben mich in einer, wie es damals hieß, »humanistischen« Richtung beeinflusst. Man lernte eine große Anzahl von Sprachen (Lateinisch, Altgriechisch, Deutsch, Französisch, später Englisch), es gab einen guten Geschichtsunterricht, Musik, Kunstgeschichte usw., aber wenig Mathematik (vielleicht war ich auch diesbezüglich unbegabt), in Physik, Chemie und Biologie war der Unterricht mittelmäßig.

Als Adoleszent habe ich interessante Leute der ungarischen Kultur als Gäste meines Vaters am Abendtisch kennengelernt: Aron Tamási, der in seiner autobiographischen Roman-Trilogie *Abel* das Schicksal eines siebenbürgischen Emigranten beschrieb – *Im Wald, Im Land* (das heißt in Ungarn) und *In Amerika* – und als Freundschaftsgeste auch die Figur des Urgroßvaters, Josef Haynal, und der Tante Róza in einen historischen Roman (*Hazai Tükör. Krónika 1832-1853*) eingeflochten hat (S. 93ff.). Sándor Marai habe ich in seinen und meinen Peregrinationen mehrmals besucht; in San Diego, an seinem Lebensende, habe ich ihn leider verpasst. Als ich ihn in der Nähe Neapels besuchte, stellte er mir, damals schon Analytiker, die Frage: »Wie macht ihr das, dass die Leute ihre Geheimnisse offenbaren? Leute haben ja Zeugen nicht gerne…« Wir redeten über die Verwicklungen, die Kompliziertheit und Verworrenheit der entstehenden Beziehungen, in der Analyse und im Leben. Es war eines meiner unvergesslichsten »Supervisionsstundenerlebnisse«. Das *Irrationale* kam explizit zum Vorschein. (*Spiritus flat ubi vult* in der Sprache der alten Mystik.)

Mit 18 Jahren, trotz »Maturität«, war ich offensichtlich noch nicht *reif* genug, um eine Berufswahl vorzunehmen. Ich wollte mich in Richtung eines unabhängigen Berufs orientieren, wie mein Vater, der Arzt war, aber doch *nicht wie er*, Arzt; demzufolge Journalist oder Philosoph, aber von Letzterem kann man nicht leben. Dazu kam, dass der Schatten des kommenden Kommunismus immer mehr auf dem Land lastete. Die Zukunft war nicht vielversprechend. Ich war vielleicht einer der letzten »freien Studenten«, der sich einen philosophischen und psychologischen Studiengang selbst zusammenbastelte. Als ich dieses Abenteuer mit einer Art von Abschlussprüfung beendigt hatte – und es mir gelungen war, nach Monaten der Arbeit in einer Fabrik, also mehr oder weniger als »Arbeiter«, die Fakultät zu wechseln –, kam ich doch zur Medizin. Das war nicht das erste Mal, dass ich den Arbeiter-und-Bauernstaat belogen habe – und auch nicht das letzte Mal...

Über die Kriegsjahre ist es schwierig etwas zu schreiben, nicht nur wegen der Pein, des Schmerzes, sondern auch, weil über diese Zeit so vieles geschrieben worden ist, über die Verfolgungen, über den Aufstand 1956 – oder vielleicht besser gesagt: Ich habe so viel darüber gelesen und Besseres, als ich darüber schreiben könnte. Dazu: Entweder sollten es 500 Seiten werden – oder gar keine. Wie dem auch sei, Ungarn blieb ja während der ersten Kriegsjahre weitgehend verschont, von einigen wenigen Episoden abgesehen (Bedrohung durch jugoslawische Bomber 1941 und der Beginn der antisemitischen Verfolgung). Dass meine Eltern damals nicht zusammenlebten, hat mir das Leben nicht erleichtert, aber für unsere Familie begann eigentlich der Krieg mit der deutschen Besetzung Ungarns am 19. März 1944. Wir wussten, dass mein Vater auf einer »schlechten« Liste stand, zusammen mit 300 ungarischen Intellektuellen. Er wurde im Juni nur durch das entstandene politische Durcheinander (Regierungswechsel) und später im Oktober durch das frühe Eingreifen der Roten Armee in Transsylvanien, wo er damals lebte, gerettet. Ich sah ihn während dieser Jahre selten, vor allem anlässlich seiner seltenen Besuche in Budapest (ich verbrachte alles in allem ein Jahr mit ihm in Siebenbürgen). »Komische«, seltsame Geschichten ereigneten sich mehr und mehr in meiner Umgebung: Plötzlich kam ein Ehepaar in Budapest mit einem Brief meines Vaters angereist, wir sollten es beherbergen. Er, Berci, offensichtlich ein Deserteur, Gott weiß in welcher Mission (Transporte von Klinikeinrichtungen nach Deutschland zu verhindern und ähnliches), und seine Frau Julika, eine wunderbare, ausgeglichene Bäuerin. Beide lebten bei uns monatelang, bis der Ehemann plötzlich in einer Panik beschloss, sich selbst zu stellen. Er verschwand eines Morgens im November und wurde nie mehr gesehen...

Die arme Julika weinte nur in der Nacht, um andere nichts merken zu lassen, da der Concierge (dem mein Vater eine Gratiswohnung im Hause zur Verfügung gestellt hatte, aus dem naiven Gedanken heraus, dass dieser als Polizist für unsere Sicherheit sorgen würde) allmählich ein *nyilas* (ungarischer Nazi) wurde und mehr und mehr herumzuschnüffeln begann, um auszukundschaften, was sich alles in unserem Appartement abspielte. Mit freundlichem Gesicht sagte er zu meiner Mutter, dass »alle diese Leute« (wer? vorläufig unbestimmt) *hängen* würden.[5] Vielleicht hat sich Berci für uns geopfert, indem er verschwand?

Die Geschichte mit Onkel Teddy hat sich bis zum Ende gehalten, er hat überlebt. Ich werde nie vergessen, wie er mir als jungem Adoleszenten, ich war etwa 16, 17 Jahre alt, etwa zwei Jahre nach Kriegsende sagte (wir sprachen immer Deutsch miteinander): »*Wir* haben den Krieg verloren. Die deutsche Kultur wird nie mehr das sein, was sie war.« Eine unmögliche Trauer für einen österreichischen Juden. Er ist dann auch bald durch einen Sturz im zertrümmerten Treppenhaus gestorben. War es ein Suizid? Wieder das *Irrationale*?

Dies erinnert mich an einen anderen Suizid, den meines besten Freundes Andris Kótai. Ein Klassenkamerad, der, als er aus dem Ghetto zurückkam, niemanden mehr von seiner Familie vorfand und adoptiert wurde. 1956 blieb er in Ungarn, und im Alter von 41 Jahren erreichte mich die Nachricht, dass er sich das Leben genommen hatte. Primo Levi ist offenbar nicht der Einzige…

Das führt mich darauf, mich daran zu erinnern, dass ich mich, infolge der Umstände, unter denen ich aufgewachsen war, 1945 plötzlich in einer öden, leeren, ausgestorbenen, *wüstenartigen* Stadt wiederfand. Von meinen 24 Klassenkameraden der Elementarschule überlebten etwa zehn. Zoli Rausch, mein großer Rivale mit seinen roten Haaren, leuchtete nie mehr an feuchten Herbstnachmittagen, Autorennen spielend. Welch eine *Schuld* – wenn auch ohne rationelle Begründung. Eine Erfahrung, das *Irrationale* zu spüren, mehr als *unheimlich*. Es fehlen auch die geeigneten Worte…

Dies alles erlebte ich auf dem Hintergrund der monatelang dauernden Kriegshandlungen. Aus dem Hause evakuiert zu werden inmitten von Leichen auf der Straße, das Schreien und Weinen der eben vergewaltigten Frauen durch die Soldaten der heldenhaften Sowjetarmee (weniger durch die Kampftruppen, sondern durch das, was später kam, die Besetzung;

---

[5] Ich habe den (un)braven Imre Horvath nach der Befreiung in der Tram getroffen. Er hatte bereits ein »rotes Armband«. Die Armbänder wechselten rasch und Ràkosi (der ungarische Statthalter Stalins) hat den kleinen *nyilas* 1948 »verziehen« und sie in der Partei willkommen geheißen.

nebenbei: Die Frauensoldaten waren nicht weniger grausam). Die einzige Zeit, in welcher ich eine Art von *Tagebuch* geführt habe. Ich möchte aber daraus die drückenden Einzelheiten nicht detailliert aufleben lassen. Da unser Haus zwischen die beiden Fronten geraten war, sollten wir es verlassen; ein Befehl, der sich auch als eine mögliche Schutzmaßnahme herausgestellt hat. Nichtsdestoweniger, gegen Mitternacht in den verschneiten Bergen von Buda marschierend, die Großmutter im Waschzuber (aus Holz) mitgezogen, die Nachbarn mit zwei Kindern, ebenfalls aus unserem Keller, ein diabetischer Onkel, die genannte Julika (Teddy war nicht mehr dabei, er war bereits auf der befreiten Seite der Stadt), gingen wir eine Wohnmöglichkeit suchen – mit Erfolg. Gegen Pferdewaschen bei der russischen Armee (diesmal waren es Tartaren, viel zivilisierter) habe ich sogar Pferdefleisch ergattern können, und ich habe mich auch selber mit einem großen, gestohlenen Messer in der Mitte der Straße an den gefallenen Pferden bedient. *Lebenstrieb* habe ich erlebt – Freud und seine Vorfahren, unter anderem Darwin, haben Recht gehabt. Auch vieles davon *irrational*.

Auch was in den Straßen vor sich ging, war mehr als irrational – es war verrückt. Junge Männer wurden von Rotarmisten auf der Straße aufgehalten und fanden sich in Zügen nach Sibirien verschleppt. Die Armee hatte zu viele Kriegsgefangene gemeldet, und die mussten irgendwie herbeigeschafft werden. Darunter auch zwei meiner Cousins: Der eine war unter den wenigen, die im Bakony-Wald als Deserteur zu den Partisanen übergingen und dann drei Jahre in Sibirien verbringen mussten; der andere ist nach seiner Heimkehr an Hungerödemen gestorben (die damals in der Medizin noch wenig bekannt waren). Ein 14-jähriger Klassenkamerad verdankte es einer Dysenterie (vor der die Russen eine höllische Angst hatten wegen der Bedrohung durch Typhus), in Bukarest aus dem Zug geschmissen zu werden. Ebenfalls 14-jährig wurde ich zu einer *malinko rabot* (kleinen Arbeit) verschleppt, und bin dann mit der Entschlossenheit eines übermütigen Adoleszenten (gefördert durch Omnipotenzgefühle) am Abend mit meiner kleinen Schubkarre einfach am Wachposten vorbeispaziert und dadurch entkommen.

Auf all die abenteuerlichen Begebenheiten dieser Zeit möchte ich, wie gesagt, nicht in vielen Einzelheiten eingehen. Sie wurde rasch eine Chaplin'sche Welt oder noch eher diejenige der sowjetischen Humoristen Ilf und Petrow (die zu Anfang in der *Prawda* schrieben, um dann am Ende hingerichtet zu werden). Das alles spiegelte eine riesige *Unsicherheit* im ganzen Land wider: zuerst von den Sowjets *befreit*, dann von ihnen *besetzt*. Um nur eine Episode zu erwähnen: Im August 1948 war ich darauf vorbereitet, mich illegal auf einem Donauschiff nach Wien hinausschmuggeln zu lassen, übrigens mithilfe einer Zionisten-Organisation, mit der mein Vater durch einen Kollegen, Miklos Kaldor, Kontakt hatte. Ein schäbiger brauner Koffer stand bereit, meine Mutter war tief betrübt, ich auch (aber ich durfte es nicht zeigen). Die Verantwortung nahm mein Vater auf sich (er hatte etwas Geld im Ausland durch ausländische Patienten, die er in Ungarn behandelt hatte). Im letzten Moment flog die Sache auf, und ich blieb im System von Rakosi, dem »treuesten Schüler des großen Stalin«. Wie wir unserer leuchtenden und strahlenden Zukunft entgegenmarschierten, wie an der Andrassy-Avenue das frühere Gestapo-Zentrum zum KGB/AVO-Hauptquartier umfunktioniert wurde und wieder Deportationen anfingen, häufig von denselben Leuten, die früher Juden und jetzt dieselben als Großbürger zu vernichten trachteten, nicht zu reden von den »Großbauern«, die jetzt russisch *Kulak* genannt wurden, und vieles ähnliche.

Das Studium hat mich fasziniert. Ohne es mir damals einzugestehen, war es eine zufriedenstellende Berufswahl. Nicht nur musste ich zeigen, dass ich trotz meiner »klassenfremden« Abstammung als guter »Spezialist« dem Land der Arbeiter und der (restlichen noch überlebenden) Bauern gut würde dienen können, sondern ich war auch vom Studium allgemein begeistert. In der Politik oszillierten repressivere Perioden (Ràkosi) abwechselnd mit »Tauwettern« (Imre Nagy 1953, nach Stalins Tod), und ich dachte zu Zeiten, als der ideologische Druck nicht zu groß war, mein Interesse an der Psychiatrie und den Neurowissenschaften weiterzuverfolgen oder, als die Beschäftigung mit der Psyche zu gefährlich auszusehen begann, in die Pädiatrie auszuweichen.

Von einigen Begegnungen mit der Geheimpolizei abgesehen (meistens wegen meiner eigenen Dummheit), war ich durch meine Passion und Arbeitswut in einer eigentlich ziemlich begeisterten Stimmung, noch dazu, da man sich in Budapest, sogar damals, gut amüsieren konnte: Oper, Theater usw. Das Bridge-Spielen haben wir beschlossen aufzugeben, weil es für fünf junge Leute nicht ratsam war, jede Woche regelmäßig zusammenzukommen.

Wer hätte es voraussehen können, als sich die Studenten bei der steinernen Statue Bems (des polnischen antirussischen Generals, der den Ungarn

1849 gegen die Russen zu Hilfe kam) am 23. Oktober 1956, fast 100 Jahre später, in Bewegung setzten, dass diese Bewegung für mich wieder durch unglaubliche Abenteuer im Dezember in Wien und dann in Zürich enden würde? Zunächst einmal wurde ich ins Revolutionskomitee der Studenten des abschließenden Spitalspraktikums gewählt, auch durch kommunistische Voten. Wie auch später immer, wurde ich der am besten tolerierte der »Anderen«: wie der akzeptierte Goy in der jüdischen Bourgeois-Gesellschaft in Pest, der Katholik in der mütterlichen calvinistischen Familie, der Siebenbürger-Sohn im Budapester Gymnasium. Die »Feindgruppe« hat mich oft relativ gut akzeptiert. Schimmerte eine gewisse Toleranz, manchmal Skeptizismus oder sogar Zynismus (ich erkannte nur wenige für mich wahre Werte) meiner Person durch? Mein Lehrstück von *Anti-Fanatismus* habe ich offenbar schon sehr früh gelernt und, so hoffe ich, bis heute nicht vergessen (siehe mein Buch über Fanatismus).

Nach der Niederwerfung des Volksaufstandes im November 1956 wurde ich zweimal abends von einem Studienkollegen in Lederjacke kontaktiert (nur sie haben Ledermäntel gehabt). Er hieß *Kakuk* (oder ein anderer Vogelname?) und wollte mit mir darüber »sprechen«, was in diesem Revolutionskomitee vor sich gegangen war (er war früher ein Mitglied des KGB/AVO[6]). Wahrscheinlich war es ein Glück, dass ich nicht im Spital anwesend war. Das hat mir den Hinweis gegeben, dass die Sache des Revolutionsrates als nicht beendet betrachtet wurde, sondern die Rache erst kommen würde. Tatsächlich, von den fünf Studenten, die dieses Komitee gebildet haben, blieben zwei im Lande und wanderten in den Kerker. Drei von uns verschwanden ins Ausland und haben ein neues Leben anfangen können. Damit beginnt auch ein *neues Kapitel* in meinem Leben, wieder von Zufällen, Glück und Abenteuer gezeichnet.

Bereits die »*Reise*«. Ein Zug am Ostbahnhof von Budapest, von dem man nie wusste, wie weit er fahren würde, und vor allem, welchen Kontrollen durch die Macht, die sich langsam wieder zu organisieren begann, die Passagiere unterworfen sein würden. Das erste Mal auf halber Strecke zur Grenze in Györ (Raab) ausgestiegen und nichts Vernünftiges zum Übernachten gefunden, kehrte ich nach Buda zurück – nicht mehr ins Spital,

---

[6] Wir wussten es, da die Akten während der Revolutionstage zugänglich wurden.

sondern zu einer meiner Tanten für die Nacht. Am nächsten Tag – »Versuch bringt Glück« – hatte ich in Györ plötzlich die gute Idee, ins Spital zu gehen, da wir, unsere Studentenklasse, im ganzen Land verstreut unser Spitalspraktikum absolvierten. Ich stieß auf einen wohlwollenden Studienkollegen, der mir im Röntgenzimmer auf einem harten Brett einen Platz zuwies, in der Hoffnung, dass ich in der Nacht nicht bei einem Notfall entdeckt werden würde – und wenn doch, »dann werden wir sehen, was wir machen können«.

Zum Glück: kein Notfall. Der auf sieben Uhr morgens angezeigte Zug nach Sopron (Ödenburg) fuhr tatsächlich um neun Uhr ab. Ich las so leidenschaftlich, wie ich nur konnte, *The Razor's Edge* von Somerset Maugham, und hoffte, mit meiner Budapester Identitätskarte ins »Grenzgebiet« reisend, keine Kontrolle anzutreffen. Ich kannte Sopron von einem Besuch bei einem Onkel nach der Maturität (er wurde später interniert, um ihn aus dem Grenzgebiet zurückzuziehen). Ich bin vorsichtshalber von dem Zug gesprungen, bevor er in den Bahnhof hineinbummelte. »Learning from experience«, aus den Erfahrungen in Györ gewitzigt, bin ich sofort ins Spital und dort ins Zimmer des Praktikanten. Er rasierte sich eben und schaute durch den Spiegel rückwärts und sagte nur: »Du auch?« Dies bedeutete, wie sich später herausstellte, dass er alles vorbereitet hatte, am Abend mit einer Ambulanz in Grenznähe zu fahren, wo ein *passeur* (ein Fluchthelfer), selbstverständlich gegen Geld, uns nach Österreich bringen sollte. Ob die Szene, die die Ehefrau dieses Mannes uns vorführte, ihn anflehend, dass er nicht mehr gehen sollte (»die Grenze sei bereits fast geschlossen«), gespielt war oder nicht, werde ich nie wissen. Er hat ihr versprochen, dass dies das letzte Mal sei, und er ließ uns vorsichtshalber auf halber Strecke allein weitergehen. Die Leuchtraketen, die damals »Stalin-Kerzen« hießen, waren nicht eine Höflichkeit der Roten Armee (damit wir unseren Weg besser finden), sondern dazu angetan, dass die glorreiche Unterdrückungsarmee uns beim Schießen sicherer trifft... Nicht gelungen: Wir sahen nach einigen Stunden die Lampen eines schön beleuchteten Dorfes, wie es sie in Ungarn nicht mehr gab. Vorsichtig näherten wir uns einer Tafel: *Deutschkreuz!* Später haben Päpste den Brauch eingeführt, bei der Ankunft in einem fremden Land den Boden zu küssen. Hätte ich diese Sitte gekannt, hätte ich es sicher nicht versäumt, dies ebenfalls zu tun, und ich hätte es von ganzem Herzen getan.

Das Weitere ist nicht weniger ein Abenteuer gewesen. Nach einer Nacht im Stroh eines Stalles und dem Rasieren beim Dorfarzt (der eine ungarische Großmutter gehabt hat, die sich in ihrer Jugend in Budapest köstlich zu amüsieren pflegte) zahlte uns dieser die Buskarte bis Wienerneustadt und die Bahnkarte bis Wien, wo wir wie *Herren* (und nicht Genossen!) ankamen. Das Wartezimmer des Bahnhofes war geheizt (so etwas gab es in Budapest nicht mehr), obschon zweite Klasse. Am nächsten Tag meldete ich mich bei Bekannten meines Vaters, einem Tee- und Kolonialwarenhändler, der seine ganze (geschiedene) Familie aus Budapest bereits unter sein Obdach genommen hatte und mir einen Schlafplatz nur in seinem Badezimmer, möglicherweise in der Badewanne, zuweisen konnte. Da er, um seinen Geschäften nachzugehen, früh aufstand, wurde dies eine nicht sehr komfortable Situation. Ich musste eine Alternative finden. Aber bevor ich mit meiner Erzählung fortfahre, möchte ich der Herzlichkeit und dem Verständnis der Wiener Bevölkerung ein Denkmal setzen und meinen innigen *Dank* aussprechen. Es ist wahr, dass es sich um die Stadt des »*Dritten Mannes*« handelte. Nach einer ein Jahrzehnt langen, harten Besetzung und Omnipräsenz der militärischen Sowjetbehörden, mit Menschenraub gespickt (unter anderem wurden ungarische Flüchtlinge häufig mit Äthermasken betäubt und auf Donauschiffen nach Ungarn zurückgeschleppt), wussten die Wiener, was Sowjetbesetzung ist. Aber trotzdem…

Ich verbrachte den Tag in den Straßenbahnen – die Benützung war gratis, und sie waren geheizt, im Gegensatz zum eiskalten Wind in den Straßen –, so dass ich noch heute gewisse Wiener Tramlinien auswendig kenne. Der *punctum saliens* der Geschichte zeigt mir bis heute, wie kleine Zufälle wichtige Ursachen großer Entscheidungen werden können. So wanderte ich auf einer der Ringstraßen, als ich plötzlich eine Kollegin (Medizinstudentin) traf, die, relativ elegant angezogen, Haare und Fingernägel gepflegt, mir mit einem großen Lächeln begegnete. Sie hieß Etelka *Ferenczi*, ein Familienname, der später in meinen Leben eine große Rolle spielen sollte. Guter Laune, gut angezogen – was geschieht mit ihr? *Sie* lädt mich zu einem Kaffee ein – sie hat Geld, woher? – und lässt mich wissen, dass sie für eine Flüchtlingsorganisation an einer Liste arbeite, die die Namen von 1000 Personen beinhalten solle, die in der Schweiz aufgenommen werden. Sie sei etwa bei Nummer 999 angelangt und, wenn ich mit ihr käme, könnte sie mich ihrer Chefin beim Schweizer HD (»Hilfsdienst«, einem militärischen Frauendienst) vorstellen, und wer weiß, vielleicht könnte ich schon am nächsten Tag in die Schweiz fahren. Meine ursprüngliche Absicht, in die Vereinigten Staaten, mit Referenzen von Verwandten dort (der Schwester meiner Mutter und ihrer Familie), oder nach Kanada auszuwandern, fiel im Nu in sich zusammen (es war keine attraktive Perspektive, monatelang die Nächte in einer Badewanne zu verbringen). Obschon ich die Idee der Übersee-Emigration noch lange Zeit nicht aufgab und vielleicht als Fortsetzung davon meine Kinder später in Amerika geboren wurden und meine Tochter heute in Nordkalifornien lebt, bin ich *nolens volens* Europäer geblieben.[7] An meine Tochter denkend, kommt mir der Begriff des familiären Unbewussten in den Sinn. Wenn es so etwas gibt, dann stellt sich auch die Frage, durch welche (unter anderem nonverbale) Zeichen es übermittelt wird.

Die »Zufälligkeiten« halten an. Der Flüchtlingszug sollte nach Neuenburg fahren, aber wegen eines Falles von Typhus wurden wir im letzten Moment in der Kaserne *La Pontaise* in Lausanne untergebracht. Es war der 6. Dezember 1956. Da alles improvisiert werden musste, dauerte es eine Weile, bis sich das dickwandige, feuchte Gebäude etwas aufgewärmt hatte. Ich versuchte, als Rumänisch-Französisch-Übersetzer einer Kinderkolonie unweit von Genf etwas Geld zu verdienen. Zu meinen Glück konnten die Kinder etwas Ungarisch und die Pflegerinnen Deutsch, so dass ich am Ende einige Franken in der Tasche hatte, um nach Zürich zu fahren, wo ich mich dann an der Universität immatrikulierte, um meine Medizinstudien zum Abschluss zu bringen. In Ungarn hatte ich fast fertig studiert, es fehlten mir nur so »wichtige« Fächer wie Russisch, Marxismus-Leninismus (obschon ich wahrscheinlich einer von den wenigen war, die zum Beispiel Engels aus Interesse gelesen hatten) und einige andere kleinere Fächer, aber ich wurde in Zürich verpflichtet, nochmals sechs Semester nachzuholen. Wenn ich alles zusammenzähle, wurde ich in meinem Leben *viermal* als Mediziner geprüft: in Ungarn, dann als Ausländer in Zürich, später als Schweizer in Genf und auch in der kanadischen Botschaft (mit der Idee der Auswanderung).

Zehn Jahre nach dem Krieg, in deutschem Sprachgebiet, in Zürich, waren wenige Kandidaten, die sich mit Genetik beschäftigen wollten. Diese Disziplin und die deutschsprachige Literatur dazu waren zu sehr durch rassis-

---

[7] Eher *nolens*, da ich an die Zukunft Europas nicht glauben kann (veralteter Nationalismus, ideologische Barragen, mit Russland im Rücken).

tische Elemente belastet. Aber für den Broterwerb als Halbtagsstelle neben dem Studium war sie fast ideal. *En mangeant vient le goût*, alles, was man wirklich vertieft, wird interessant, und die englischsprachige Literatur, die ich bevorzugte, war spannend. Es war wiederum der Beginn einer neuen Epoche. Ich bin bis heute Professor Urs W. Schnyder – später Dekan in Heidelberg – sehr dankbar, mir diese Gelegenheit gegeben zu haben. Ich habe getan, was man für eine Broterwerbsarbeit tun kann, habe keine genialen Resultate erzielt, aber wahrscheinlich wurde das auch nicht erwartet. Ich las viel deutschsprachige Belletristik, Thomas Mann, Bertolt Brecht, Erich Kästner oder die Wiener wie Stefan Zweig und Franz Werfel, um mein Deutsch zu verbessern und natürlich auch aus Interesse, da ich davon mehr für die Psychologie (ich besuchte zu dieser Zeit das Szondi-Institut) profitierte als für die Medizin. Ich hörte an der ETH zum ersten Mal von Kybernetik – wollte aus Begeisterung meine Medizinstudien abbrechen und Kybernetik studieren: Nicht nur meine Freunde haben mich davon abgehalten, sondern auch meine mathematische Unfähigkeit. Wer weiß, wie anders sich mein Schicksal entwickelt hätte, wenn ich meinem impulsiven Enthusiasmus stattgegeben hätte...

Die Euphorie ist sonst eher einer gedrückten Stimmung gewichen. Die Nostalgie nach den Freunden und Freundinnen in Budapest, die gestohlenen Träume einer besseren Zukunft in der Heimatstadt und wahrscheinlich viele andere Gründe, über die ich mir damals nicht Rechenschaft ablegen konnte, bedrückten mich. Dabei habe ich mein Ärztediplom und Doktorat erworben und eine erste reguläre Stelle in einem kleinen Spital im Norden des Kantons Zürich, in Bülach, erhalten. Ich war begeistert, die Allgemeinmedizin in ihrer ganzen Bandbreite ausüben zu können. Wir waren nur zwei Assistenzärzte, die für alle Abteilungen zuständig und alle zwei Nächte im Dienst waren. Als Entschädigung durften wir abends das Spitalnachtessen einnehmen, wenn möglich in wenigen Minuten. Geburten in der Nacht gehörten natürlich zum Menü. In kompensatorischer Begeisterung erzählte ich allen meinen Freunden, dass ich jetzt fähig wäre, als *Schiffsarzt* zu arbeiten. Zu jener Zeit mussten Schiffsärzte gegebenenfalls auch operieren können – diese leicht manische Stimmung war aber sehr schön.

Warum befinde ich mich wenige Jahre später dann in einer Psychoanalyse, zum Teil fünf- oder sechsmal in der Woche? Ja eben, dies gehört zur inneren Geschichte des Suchens nach einem befriedigenden inneren Gleichgewicht. Als Adoleszent versuchte ich es mit Meditation, unter dem Einfluss eines Buches über wundertätige buddhistisch-tibetanische Mönche, dann eines Meditationsbuches einer lokalen katholischen literarischen Berühmtheit, Prohaszka (eine Art Vorläufer von Teilhard de Chardin), und spielte sogar mit dem Gedanken, Mönch zu werden. Diese letztere Idee dürfte stark überdeterminiert gewesen sein, unter anderem von dem Drang, von zu Hause *weg* zu kommen, um sich von der Autorität eines unterdrückenden Vaters zu befreien und endlich ein sehr konfliktreiches Elternhaus zu verlassen. Die Traditionen, die Wohnungsnot in Budapest und die materielle Abhängigkeit von den Eltern erlaubten nur wenige oder keine Alternativen. Nun, in Zürich und Bülach, stellte sich das Gegenteil ein: befreit – aber *allein*. Freundinnen und Freunde brachten momentan Erleichterung. Offensichtlich hatte ich mich schon lange Zeit um die Psychologie herumgeschlichen, diejenige in Budapest war sogar von den Resten der Psychoanalyse, die dort bis 1949 überlebt hatte, beeinflusst. Ich studierte vor allem eifrig die Arbeiten von Szondi, die in Budapest sogar das Ghetto überlebten,[8] aber dann, in den 50er Jahren, in der Universitätsbibliothek zum Ausleihen nicht mehr »zur Verfügung standen« (die einzige erlaubte Psychologie waren die Hundeexperimente von Pawlow: Wir waren definitiv auf den Hund gekommen…). Im Namen des Marxismus-Leninismus wurde beschlossen, dass keine Tiefenpsychologie mehr existierte und die entsprechenden Bücher nicht mehr in Bibliotheken ausgeliehen werden konnten. Einer meiner Freunde, der das Unglück hatte, »einen Freud« ausleihen zu wollen, wurde danach verhört und befragt, wieso und zu welchem Zweck er »so etwas« haben wollte. Für ein solches Verhalten landete er später im Gefängnis, bis er dann im Oktober 1956 von seinen Kameraden, die sich seiner erinnerten, befreit wurde und sich der Weg Richtung »Westen« auch für ihn öffnete.

Auch in Zürich war die Psychologie an der Universität noch von der späten deutschen phänomenologischen Philosophie überschattet. Eine Wende begann mit einem jungen Privatdozenten namens Ulrich Moser, damals noch Szondianer, der später ein berühmter kreativer Psychoanalytiker wurde…

Wie dem auch sei, ich war also in Psychoanalyse, um mich von meiner Bedrücktheit und kompensatorischen Befreiungseuphorie zu entlasten. Die

---

[8] Er selber wurde nach Bergen-Belsen verschleppt – wo er einen *Humanistenbund* Ghandi'scher Inspiration gründete.

Bearbeitung der Depression hat mich dann noch lange beschäftigt. Als ich 1976 am *Congrès des psychanalystes de langue française* den Hauptvortrag halten sollte, der später in Buchform (Französisch und Englisch) erschien, wählte ich als Titel: *Le sens du désespoir*[9]. Es dürfte die erste französische psychoanalytische Arbeit sein, die sich dem Thema Depression *tel-quel* widmete. Ich versuchte, die diesbezügliche Literatur darzustellen, um sozusagen alle Psychoanalytiker zu Hilfe zu rufen, die Beiträge zur Lösung des Problems geliefert hatten.

In dieser Arbeit betone ich stark die Parallelität zwischen dem Durcharbeiten und dem Trauerprozess. Das Negative muss betrauert werden, sonst kann man sich davon nicht befreien. Meiner Meinung nach ist die Analyse in einem ihrer Aspekte auch ein Trauerprozess. Wegen der trau(e)rigen Konnotation dieses Begriffes wird dieser Aspekt häufig zu wenig betont oder sogar unterschlagen. Andere dachten sogar, Trauer sei kein psychoanalytischer Begriff – vielleicht aus einem anti-kleinschen Reflex heraus, vor allem in Frankreich. Ich selber neige dazu zu glauben, dass alle größeren psychoanalytischen Denker nach Freud, wie Klein, Winnicott oder Bion und andere, *Lücken* stopften: Sie dachten daran, woran Freud nicht gedacht oder es nicht im Detail »bis zu Ende« *durch*gedacht hatte. Nach meiner Ansicht sind die Arbeiten anderer häufig Ergänzungen und keine ausschließenden Alternativen oder Abschaffungsversuche von nachgewiesenen Wahrheiten.

In der Zwischenzeit habe ich Jahre in der Neurologie und sogar ein Jahr in der Neurochirurgie verbracht und blieb immer fasziniert von den Wegen, wie unsere Affekte und Emotionen in unseren Organismus eingebettet sind. In der Schweiz war es nicht mehr gebräuchlich, *beide*, Neurologie *und* Psychiatrie beziehungsweise Psychotherapie, als Spezialfächer zu wählen. Ich dürfte für lange Zeit der Letzte gewesen sein, der dies in einer langen Ausbildung noch unternommen hat.

Meine psychoanalytische Ausbildung erfolgte zuerst einmal in Zürich, 1960-64, parallel zu meiner persönlichen Analyse mit Paul Parin. Wie ich es schon durchblicken ließ, habe ich diese bitter notwendig gehabt, um die Asperitäten meiner persönlichen Entwicklung abzuschleifen, aber auch, weil ich an einer mehr oder weniger chronischen und verheimlichten Depression litt, mit submanischen, eher gut gelungenen sozialen und sexuel-

---

[9] Referenz am Ende dieses Beitrags.

len Kompensationen. Ich entdeckte auch, dass sich Quellen zum Schöpferischen öffnen können. Wie mein Analytiker bemerkte: »Beklagen Sie sich nicht, Ihre so erworbene Sensibilität erlaubt Ihnen, sich Ihr Leben zu verdienen.« Dies schien mir kein billiger Trost gewesen zu sein, sondern eine Wahrheit über die Wege des *Irrationalen*.

Die Zürcher psychoanalytische Szene war damals bunt und stimulierend. Eine Reihe von interessanten Leuten war Teil davon. Fritz Morgenthaler und Frau Parin-Matthèy waren an Parins Afrikareisen und ethnopsychoanalytischen Erforschungen beteiligt, Jacques Berna repräsentierte die Kinderanalyse, Harold Lincke war an Beziehungen zu der aufkommenden Ethnologie interessiert, Gustav Bally an Anthropologie, Martha Eicke an den Beziehungen zur Psychiatrie (siehe Band II der *Selbstdarstellungen*) – um nur einige zu nennen, mit denen ich eine persönliche Beziehung gehabt habe. Sogar Medard Boss war Mitglied der Gesellschaft, aber er führte ein eigenes Institut. Mit Fritz Morgenthaler habe ich eine Supervision erlitten. Er war sehr sprunghaft, und ich, der eine Bewertung meiner Arbeit erwartete, war frustriert. Einmal konnte er sagen: »Woher wissen Sie das?... Ja, Sie sind Ungar« (was ich auch nicht gerne hörte: Ich wollte kein Ausländer sein). Ein anderes Mal: »Man sagt, Sie seien ein guter Neurologe, warum bestehen Sie darauf, Psychoanalytiker zu werden?« Seine Phantasie, ich würde bald nach Ungarn zurückkehren, überzeugte mich, dass er von meiner Situation nichts begreifen wollte. Heute denke ich, es war viel weniger eine olympische Indifferenz als das Nicht-sehen-wollen der sowjetischen Realität bei gewissen intellektuellen Kaviarlinken. Ich habe persönlich viel darunter gelitten, vor allem in Paris, dass meine Kollegen (mit Ausnahme von einigen wie Chasseguet-Smirgel[10] und Grunberger), progressive Intellektuelle, nichts von den Realitäten und Grausamkeiten des bolschewistischen Regimes, mit Millionen sinnloser Toten, zur Kenntnis nehmen wollten. Auch dies das Werk des *Irrationalen*? Abweichende Meinungen wurden mit Ausstoßung bestraft. Hannah Arendt, Raymond Aron, Arthur Koestler waren für diese Menschen nicht existent. Die französische Ausgabe unseres Fanatismus-Buches wurde auf der ersten Seite von *Le Monde* gefeiert. Auf Druck der Parti Communiste Français wurde nach zehn Tagen aber nicht mehr darüber gesprochen, und es verschwand aus den Schaufenstern. Wer fühlte sich durch den *Antifanatismus* so sehr in Frage gestellt?

---

[10] Obschon mit Diplom der eher linksorientierten London Economic School!

Meine andere Supervision in Zürich war eine sehr intuitive mit von Blarer und erlaubte mir eine ruhige, kontinuierliche Arbeit. Später habe ich durch René Henny eine psychoanalytische Persönlichkeit bei der Arbeit erlebt. Den größten Eindruck machte der *grand seigneur* Raymond de Saussure auf mich, ein Aristokrat nicht nur auf Grund seiner Geburt; er schien Toleranz, Ausgeglichenheit, ja Weisheit zu verkörpern. Er sagte mir in einer Supervision: »Diese Frau hat so viele Probleme, die werden Sie nie lösen können. Eines hingegen ja: das Problem, das sie mit Ihnen hat.« Das war seine Art, über Übertragung zu sprechen. In ähnlicher Weise hat sich René Spitz in seinem Fallseminar immer entschuldigt – er sagte »Pardon« –, wenn er Fachausdrücke benützte.

Als späte Zutat kommt Marcelle Spira dazu, die mich in die kleinschebionsche Welt einführte – ebenfalls eine außerordentliche Persönlichkeit. Mit diesen zwei bis drei Personen habe ich wirklich Glück gehabt, sie konnten auch meine Persönlichkeitsentwicklung fördern. Ist das nicht das eigentliche Ziel?

Wenn wir schon beim Fördern oder, besser gesagt, beim *Katalysieren* sind, dann muss ich meine positive Erfahrung mit zwei späteren persönlichen Analysen erwähnen, eine in Wien und eine andere anlässlich meines Aufenthaltes in San Francisco (Emanuel Windholz). Freud hat die Methode der Reanalyse befürwortet, aber unter dem Vorwand von Beziehungsschwierigkeiten wurde dieser Rat in den psychoanalytischen Gesellschaften selten befolgt. Ich habe von meinen wiederholten Analysen viel profitiert, die letzte *Tranche* war von einer neuen Heirat und dann zwei Kindern gefolgt; eine der schönsten Epochen meines Lebens begann damit.

Die Atmosphäre meiner psychoanalytischen Grundausbildung in Zürich war zuerst, vom Modell des späten Freud ausgehend, auf den männlichen Ödipuskomplex zentriert und vor allem durch die Behandlung der Überich-Problematik charakterisiert. (Eine meiner frühen Arbeiten über Ichstärke [*force du Moi*] trägt noch ein Zeichen dieses Einflusses.) Die typische Interpretation aller nicht überich-konformen Gedanken und Taten lautete zu dieser Zeit: »Warum auch nicht?« Dies führte in gerader Linie, mit Hilfe des äußeren Einflusses der 68er Jugendbewegung, zum Wunsch, alle Reglements, Vorschriften und sozialen Zwänge abzuschaffen. Der Konflikt mit der Psychoanalytischen Gesellschaft war durch dieses *enactment* vorprogrammiert. Die bunte und interessante Gruppe der Älteren (die meisten waren um die 50) fühlte sich in der zwanghaft (durch sie) kontrollierten Situation unwohl und fand einen neuen ideologischen Rückhalt in einer übermäßigen Begeisterung für Kohuts Narzissmustheorie. Die Nachfahren der Jugendbewegungsgruppe haben sich dann abgespalten und organisierten selber ein Seminar, zusammen mit einigen Älteren, die mit ihnen gingen. Für die Letzteren war es auch eine Verjüngungskur, die Gründung einer Bruderschaft mit den Jünger(e)n. Die Narzissmusbegeisterung flaute bald ab. Ich war zu dieser Zeit Präsident der Gesellschaft und war zunächst einmal sehr unglücklich über die ganze Entwicklung. Später glaubte ich jedoch, dass sie es auch erlaubte, eine Gruppenidentität zu kreieren und zu stabilisieren, da in der Geschichte der Psychoanalyse Abspaltungen nicht immer (nur) negativ sein müssen (siehe SPP-APF in Paris; verschiedene Gruppen in der Britischen Gesellschaft usw.).

Mein nächster Lebensabschnitt spielte sich in Genf ab, wo ich eine überraschende Begegnung mit der französischen Psychoanalyse erlebte. Bis dahin hatte ich gedacht, es gebe nur *eine* Freudsche Psychoanalyse – aber da hatte ich mich grundsätzlich geirrt. Ich musste umlernen. Neu betrachten. Fragen stellen. Dies tat gut, auch gegen die Kräfte der Beharrungstendenz, des Anklammerns am »Modellobjekt«. Damit öffnet sich die Freiheit, selber das Verstehen zu suchen.

Neurologie, Psychiatrie, Psychotherapie und persönliche Psychoanalyse waren also am Platz, um damit berufsmäßig etwas anzufangen. Da kam mir eine günstige Situation entgegen. Genf wollte, nach langer Zeit einer konservativen Asyl-Psychiatrie, sich sozialpsychiatrisch reformieren, und zwar unter der Leitung eines charismatischen Französisch-Basken, Julian *de Ajuriaguerra*. Die Psychoanalyse blühte plötzlich um ihn herum und in ihren eigenen Institutionen auf. Piaget lehrte Psychologie an der Universität, Raymond de Saussure kam nach dem Krieg aus New York zurück und wurde der charismatische Leiter der lokalen psychoanalytischen Szene und einer der Neugründer der EPF (*Europäische Psychoanalytische Föderation*).

Dies ergab einen Kontext, die Möglichkeit, Psychoanalyse auszuüben, Psychotherapie zu »unterrichten«, das heißt, das Interesse dafür zu stimulieren, Zeit zu haben, Eigenes zu denken. Die Genfer Jahre waren demnach durch eine ausgeglichene Stabilität gekennzeichnet. In meiner Praxis habe ich vor allem Analysen durchgeführt, an der Universität konnte ich theoretischen Unterricht und klinische Vorstellungen bezüglich psychologischer

Probleme in der Medizin, in den psychiatrischen Institutionen über Psychotherapietechnik und im psychoanalytischen Institut über Psychoanalyse durchführen. Es blieb Zeit zum Denken, Lesen und Schreiben. Es war ein Geschenk der Götter. Eine Zeitlang eine wunderbare Situation – die dann mit der Bürokratisierung der Psy-Berufe und der Unterjochung durch Staat und Krankenkassen langsam zu Ende ging.

Zunächst erlaubte mir die Zeit in Genf auch, zwei Jahre als Gastprofessor an der Stanford University in Nordkalifornien zu verbringen, als Psychoanalytiker in einem *interface* und einer Interaktion mit Kognitivisten und Neurowissenschaftlern, von denen ich viel gelernt habe, und in der mir Zeit zum Schreiben blieb und ich sogar auch etwas zum Unterricht der »residents« beitragen konnte. Zu jener Zeit eröffnete sich für mich die Möglichkeit, als das noch nicht modisch war, für ein Studium der medizinischen Ethik ein Stipendium der *Kennedy Foundation* zu erhalten. Ich habe aber darauf verzichtet und bin der Psychoanalyse treu geblieben.

Mein Aufenthalt in den Vereinigten Staaten an der Stanford Universität erlaubte es mir, das Englische zu einer richtigen Arbeitssprache zu entwickeln und mehr als früher von der englischsprachigen Literatur zu profitieren. Dazu kamen etwa zu derselben Zeit einige Begegnungen mit Michael Balint. Er hat mich ermuntert, anstatt sekundäre Beiträge zeitgenössischer Autoren zu lesen, alte Jahrgänge psychoanalytischer Zeitschriften zu studieren. »Narzissmus in den 1910er Jahren« dürfte zum Beispiel, wenn ich mich richtig erinnere, eines der vorgeschlagenen Themen gewesen sein. Er war einer von zweien, Raymond de Saussure war der andere, der mich stark angehalten hat, mich mit der Geschichte der Psychoanalyse zu beschäftigen (de Saussure hatte eine wunderbare Bibliothek, mit Büchern aus dem 19. Jahrhundert, in Paris gekauft, als er dort gegen 1939 als *hypnotiseur* gearbeitet hatte). Nach dem Tod Balints kam dann der ausschlaggebende Anstoß von seiner Witwe, Enid Balint-Edmonds. 1987 rief sie mich in Stanford an, ob ich es übernehmen würde, bei der Ausgabe der Freud/Ferenczi-Korrespondenz eine koordinierende und supervisorische Rolle zu spielen. Die Geschichte dieser Ausgabe wurde im Band V dieser *Selbstdarstellungen* von Judith Dupont teilweise beschrieben – daher möchte ich hier nicht näher darauf eingehen. Aber ein Abenteuer war es doch, in einem Koffer im vierten Untergeschoss einer Bank in einer Vorstadt von London das Manuskript zu lokalisieren. Bei dieser Gelegenheit hat Frau Ilse Grubrich-Simitis die Hand auf den famosen zwölften metapsychologischen Beitrag Freuds gelegt und diesen später unter dem Titel *Übersicht der Übertragungsneurosen* (Freud 1985b [1915]) veröffentlicht. Wie gesagt, eine komplizierte Geschichte, mit Diskussionen über Erlaubnisse und Copyrights – wie ich das zum Teil in der Einleitung zum ersten Band dieser Korrespondenz geschildert habe. Hier möchte ich nur darauf verweisen, dass mir die Arbeit mit Ernst Falzeder und Eva Brabant und die Zusammenarbeit mit und Hilfe von Judith Dupont eine neue Welt eröffnen konnten. Aus der Nähe zu sehen, wie ein Genie und ein sehr talentierter Mann Psychoanalyse denken und erdenken konnte, ist ein *Faszinosum*. Freud als Mensch zu sehen eröffnete eine neue Perspektive. Die Hintergründe der Geburt gewisser seiner Arbeiten zu erforschen ist etwas überaus Interessantes. Es wurde mir nach einem meiner Vorträge die Bemerkung gemacht, dass ich in meinen Erörterungen mehr an Freud als an Ferenczi interessiert gewesen sei. Dies traf zu. Was ich über Ferenczi und seine technische Einstellung begriffen habe, habe ich in zwei Büchern (1989, 2002[11]) und einigen Artikeln (zum großen Teil mit Ernst Falzeder) veröffentlicht. Aber mir hat dieser Briefwechsel – eben die Entstehungsgeschichte gewisser psychoanalytischer Gedankengänge, Konzepte, Einsichten und »Durcharbeitungen« – eine neue Sichtweise gegeben. So wie ich glaube, dass keiner ein kompetenter Biologe werden kann, ohne ein paar Jahre in einem Laboratorium verbracht zu haben, so glaube ich auch, dass ohne das Studium der Briefwechsel der Pioniere der Psychoanalyse die Geschichte der Psychoanalyse und die Psychoanalyse selbst nicht adäquat begriffen werden können. Meine Beschäftigung mit Ferenczis Überlegungen führte mich auch zu Einsichten die Entwicklung der psychoanalytischen Technik betreffend (die ich in einer Konferenz in New York und dann in meinem Beitrag zum Buch von Aron et al. dargestellt habe).

Das Studium von Ferenczi führte mich auch irgendwie zu meiner ursprünglichen Kultur der Monarchiezeit zurück. Die 1980er Jahre waren durch die politischen Entwicklungen im Sowjet-Glacis gekennzeichnet – die Ungarn schnitten den Stacheldraht an der österreichischen Grenze durch –, Gorbatschow wollte etwas Freieres, Luftigeres anstelle der reststalinistischen Ordnung einführen. In den 1980er Jahren, zu Beginn un-

---

[11] *Die Technik-Debatte in der Psychoanalyse. Freud, Ferenczi, Balint*. Fischer, Frankfurt am Main 1989; *Un psychanalyste pas comme un autre* (Ein Psychoanalytiker wie kein Anderer), auf English: *Disappearing and Reviving. Sándor Ferenczi in the History of Psychoanalysis*. Karnac, London 2002.

serer Arbeit am editorischen Apparat dieses Briefwechsels, war die Beschaffung geschichtlicher und literarischer Dokumente noch mit allerlei Schwierigkeiten verbunden und häufig eine schiere Unmöglichkeit. Als wir zehn Jahre später die Arbeit beendigten, wurde die Erforschung des Beginns der Psychoanalyse in Budapest nicht mehr als eine Spionagetätigkeit angesehen. Ein wichtiger Wechsel, vor allem für die Forscher im Lande, aber auch eine Widerspiegelung einer positiven Entwicklung für die viel geprüfte Bevölkerung.

Eine interessante Erfahrung bestand darin, dass man sogar seine Muttersprache verlernen kann – im Gegensatz zu dem, was so allgemein darüber gesagt zu werden pflegt. Mein Ungarisch war 1989 eine gute Hotelsprache, ausreichend, um Zimmer und Verpflegung zu bekommen. Ein Taxichauffeur fragte mich aber: »Wo kann man so gut Ungarisch *lernen*?« Meine Antwort »in Budapest« stieß auf Unglauben. In der Folge habe ich mich entschlossen, während zehn Jahren ein psychoanalytisch-technisches Seminar in Budapest anzubieten und sechs- bis achtmal pro Jahr ein Wochenende in der Hauptstadt zu verbringen – was mir durch die Falldarstellungen auch die Sprache, die ich nach Meinung gewisser Leute nie hätte vergessen sollen, wieder zurückbrachte. Ich weiß, dass für mich diese Distanzierung (von den schlechten Erinnerungen) notwendig war, und habe diesbezüglich nichts zu bereuen. Wenn ein Polyglotter eben jemand ist, der *keine* Sprache richtig kann, dann ist ein Kosmopolit jemand, der sozusagen *kein* Land als das seine betrachtet. Dadurch werden aber auch *alle* Länder irgendwie die seinen (hier ist der »Krankeitsgewinn«!).

Nun, was ich von und über Ferenczi gelernt habe – im Gegensatz zu anderen –, ist eben nicht die *relationelle Psychoanalyse,* sondern die Tatsache, dass sich hinter der Beziehung auch die Geschichte, die Identität und die Triebnatur verstecken. Von Ferenczi, einem treuen Freud-Anhänger (*ja!* siehe Korrespondenz), können wir lernen, dass man alle diese Fäden zusammenknüpfen muss, um wirklich nützliche und respektvolle Psychoanalyse betreiben zu können.

Ich bin zwar kein Gruppenmensch, eher ein Individualist, aber den Gedanken- und Erfahrungsaustausch mit meinen Kolleginnen und Kollegen finde ich wertvoll. So blieb ich immer in der *Schweizerischen Psychoanalytischen Gesellschaft* (und damit der IPV), trat der Alexander'schen *Academy of Psychoanalysis* bei und wurde Ehrenmitglied der Ungarischen Vereinigung. Gefühlsmäßig stand ich der britischen Psychoanalyse am nächsten – später fand ich heraus, dass zwei der drei Gruppen innerhalb der Britischen Vereinigung auf die eine oder andere Art von Ferenczi abstammten. Dies war jedoch erst eine spätere Einsicht; am Anfang stand meine Affinität zur Middle Group und zu gewissen Klein'schen Ideen und vielleicht auch die Person von Michael Balint. Es haben mich aber auch wichtige Beiträge von anderen Gruppen, wie von den Franzosen, von Lagache bis zu Chasseguet, Fain, Neyraud, Luquet und anderen, wesentlich stimuliert.

Von meinen verschiedenen Begegnungen mit dem *Irrationalen* habe ich in über 300 Artikeln Rechenschaft gegeben. Ein Beispiel dafür ist mein Artikel über die *Couvade* (deutsch auch »Männerkindbett« genannt), ein Ritual (*rite de passage*, Arnold van Gennep), das mit weiblichen und männlichen Identitätsproblemen verknüpft ist und für mich auch zeigt, wie durch anthropologisches Material das Verständnis eines akut psychotischen Zustandes analytisch vertieft werden kann. In diesem Zusammenhang ist zu erwähnen, dass ich von einem längeren Aufenthalt in Kuala Lumpur, Malaysia, in Verbindung mit dem dortigen neuropsychiatrischen Institut, das damals mit der Universität Zürich in engem Kontakt stand, sehr viel profitieren konnte. Die zu beobachtende Pathologie in diesem Land, zum Beispiel der Amoklauf als akut psychotischer, eigentlich hysteriformer Zustand und eben auch Sitten wie die *Couvade*, zeigten plötzlich die Dialektik zwischen den darunterliegenden unbewussten Kräften und den klinischen Manifestationen (der klinischen Phänomenologie) in einem helleren Licht, in dem sowohl das unbewusst Latente wie auch das offen Manifeste (im Bewusstsein und Verhalten) kultureller Formen erkennbar werden.

Was die kulturellen und traditionsabhängigen Unterschiede betrifft, habe ich in meinen Kontakten mit verschiedenen psychoanalytischen Gemeinschaften viel Erfahrung sammeln können. Meine regelmäßigen Kontakte im Rahmen meiner Arbeit für die IPV (IPA) in Warschau und in Berlin (DPG) haben mir interessante Begegnungen beschert. Die Seminare in Budapest (siehe oben), gehalten in für mich ungewöhnlichen soziokulturellen Bedingungen, waren ebenfalls ein sehr interessantes Lehrstück über die Varianz *und* Konstanz *des Irrationalen*.

Bis jetzt habe ich viel über Politisches und Historisches geredet. Tatsächlich haben diese äußeren Ereignisse vielfach bis zum Ende der 1950er Jahre mein Schicksal bestimmt. Später dachte ich viel darüber nach. Einerseits interessierte ich mich für das Eingebettetsein der Psychoanalyse in die allgemeine Geschichte und jene der Kultur, der Ideen und der Philosophie, andererseits für die Frage, was die Psychoanalyse zur Erklärung gewisser sozialer Phänomene, präziser gesagt, von Mentalitätsproblemen beitragen kann. An die erste Fragestellung knüpfte mein Interesse an der psychoanalytischen *Ideengeschichte* an, besonders um die Ferenczi-Polemik und ihre Konsequenzen; an die zweite mein Interesse für die Problematik des *Fanatismus*, der nicht nur bei den *anderen*, sondern auch in uns selbst (sogar bei den Psychoanalytikern!) lauert. Ich habe darüber ein Buch verfasst, zusammen mit Miklos Molnar, einem Geschichtswissenschaftler, Professor am Institut Universitaire des Hautes Etudes Internationales in Genf, und einem Anthropologen, Gérard de Puymège aus Paris.[12]

Melanie Klein hat das Phänomen der Gewalt und Gewalttätigkeit (*violence*) näher untersucht, unter Benützung des Konzeptes des Todestriebs oder Destruktionstriebs. (Freud hat nach der Freud-Konkordanz von Guttman et al. letzteren Begriff immerhin 33-mal benützt.) Sie hat damit erlaubt, dass man dieser Tendenz klarer ins Auge schaut. Ich glaube, die Klein'sche Entwicklung ist *diesbezüglich* ein wichtiger Zusatz zu Freuds Gedanken und zum Freud'schen Erbe.

Wenn ich in dieser Selbstdarstellung häufig auf Politik und Fanatismus zu sprechen komme, dann ist es auch wegen der Wichtigkeit dieser Themen für meine Anschauungen und in meinem Lebensablauf. Darüber hinaus haben sie zweifellos einen wichtigen Einfluss auf das Leben und die Kultur im 20. Jahrhundert überhaupt gehabt. Die Psychoanalyse hat in Freuds kulturpsychologischen Arbeiten ja schon einige Betrachtungen darüber vorgeschlagen. Die Themen von Gewalt und Gewalttätigkeit kommen dann mehr in der post-freudianischen Entwicklung zum Vorschein. Diese hat auch einen wichtigen Verständnishorizont für die Borderline-Pathologie eröffnet (oder ist diese »Pathologie« eine andere Manifestationsform der in der Zivilisation anwesenden latenten Aggression?). (Es ist wahrscheinlich kein Zufall, dass in der nordamerikanischen Psychoanalyse das Inbetrachtziehen der Wichtigkeit der Aggressivität von einem aus Südamerika eingewanderten, kleinianisch beeinflussten Analytiker, Otto Kernberg, kam.)

Nach dem Zweiten Weltkrieg war ein starker Wissensdurst vorhanden

---

[12] Referenz am Ende dieses Beitrags.

zu verstehen, wie »*das alles*« passieren konnte. Dazu kam eine generelle *passe-partout*-Antwort. Kein wirksames Heilmittel war in Sicht. Die Enttäuschung musste kommen, und unsere raschlebige Gesellschaft ist auf andere (vor allem ökonomische) Verstehensmodelle übergegangen, obschon das eine das andere nicht ausschließt und ein Zusammenwirken verschiedener Faktoren naheliegend ist (siehe zum Beispiel die Arbeiten von Volkan, im sozialen Feld Mitscherlich, später Castoriadis in Frankreich).

Ich bin der Ansicht, dass die Psychologie des Fanatismus in einer psychoanalytischen Betrachtungsweise *verständlich gemacht werden kann*, und zwar als ein Phänomen, das durch das Zusammenspiel verschiedener Elemente bedingt ist. Diese Elemente sind durch extreme und karikaturenhaft anmutende Züge gekennzeichnet, die kein stabiles Gleichgewicht zulassen, sondern unter dem Druck extremer Persönlichkeitseigenschaften sowie ökonomischer oder sozialer Faktoren vielfach zu explosionsartigen Handlungen führen.

Im regressiven Zustand des Fanatikers reduziert sich alles auf einfache Alternativen: Es gibt das Gute und das Böse. Die Guten – die Schar der Auserwählten – sind wir selbst, die Bösen sind die *anderen*, weil sie nicht an unser Wort glauben. Auch im religiösen Diskurs fand oft eine manichäische Teilung der Welt in die Guten und die Schlechten statt, eine Reduktion des Polyphonen auf das Binäre. Die christliche Tradition der *Civitas Dei*, das himmlische Königreich des Heiligen Augustinus, ist ein Beispiel, das sich in allen christlichen Traditionen, ob katholisch oder reformiert, erhalten sollte. Eine solche kognitive Struktur kann mächtige irrationale affektive Kräfte mobilisieren.

Wie bereits angedeutet, ist das Jahrhundert des Fanatismus *par excellence* das 20., mit all seinen Abscheulichkeiten, den Gräueltaten der politischen Totalitarismen, seinen wiederauferstandenen Sekten und seinen wiederbelebten oder neugeschaffenen Nationalismen und Ideologien sowie religiös untermauerten oder gerechtfertigten Fanatismen. Wir finden hier eine Wechselwirkung zwischen religiösen und anderen institutionellen (zum Beispiel politischen), mit dem Staat vernetzten Kräften einerseits und einer Zivilgesellschaft andererseits vor, wobei die Letztere glücklicherweise oft einem über Generationen tradierten Ideal des Nicht-Fanatismus treu bleibt, wenn diese Regel auch nicht ohne Ausnahmen ist.

In einer fanatischen Gesellschaft wird Realität nicht mehr analysiert. Fanatismus bleibt bis zum Kollaps des »Imperiums«, das auf ihm gründet, bestehen, bis dieses Imperium durch den Brand eines Krieges oder durch den Zusammenbruch der Ökonomie untergeht: wie bei den Imperien von Hitler oder Stalin, in Serbien usw. Wie im absurden Genozid, in dem Millionen von Kambodschanern von den Roten Khmer im Namen einer mystischen »tabula rasa« massakriert wurden (für die Errichtung eines illusionären Utopiens). Wie im »unerklärlichen« kollektiven Selbstmord von 900 Anhängern des Reverend Jim Jones im Dschungel von Guyana. Wie in Ayatollah Khomeinis blutiger Islamischer Revolution, die Musik und gemischte Bäder unter einen Bann stellte und die Erschießung von Homosexuellen befahl. Wie in den Exzessen der Französischen Revolution, als Lyon zerstört werden sollte aus dem einfachen Grund, weil es nicht genügend jakobinisch war. All diese Beispiele zeugen von der überwältigenden Kraft und Gefahr der Destruktivität, die auftritt, wenn Probleme emotional kurzgeschlossen, anstatt *analysiert* und mit *rationalen* Mitteln gelöst werden.

Jeder von uns hat schon Fanatiker getroffen, und jeder von uns hat sich schon gefragt, wie ein Individuum sich derart extreme Positionen aneignen kann. Die Untersuchungen (zum Beispiel durch Hannah Arendt) über den Nationalsozialismus und seine Handlanger haben gezeigt, dass es oft sehr durchschnittliche Menschen waren, die dann zu eifrigen Exekutoren, sozusagen zur »Infanterie«, fanatischer Ziele geworden sind. Jeder Fanatismus baut auf einem System auf, das beansprucht, es sei im Besitz der einen und einzigen Wahrheit, sei es im Namen einer Gottheit oder einer anderen vergleichbaren Autorität (heute oft der Wissenschaft). Die Illusion, man hätte einen Schlüssel gefunden, der alle Türen öffnen würde, kann eine Exaltation zur Folge haben. Eine solche narzisstische Exaltation erlaubt dem Einzelnen, sich als Auserwählten, als »Übermenschen«, weit über den anderen, zu sehen, mit einem Gefühl der (anscheinenden) Überlegenheit. Auch politische Ideologien, Stalinismus, Pol-Potismus, können die Notwendigkeit einer Analyse der Realität zu Gunsten eines Glaubenssystems verwerfen. Wie oft wurde eine empirische Wissenschaft durch einen derart autoritären Akt ersetzt, in der Kirche (Galilei) wie in der Politik (Genetik oder Psychologie in der Sowjetunion). Aber auch andere Ideen, wie zum Beispiel in unserer Zeit die Idee der Privatisierung als absolute Notwendigkeit, können emotionell zu einem ideologischen Allheilmittel aufgebläht werden. Messianismus, Eschatologismus und Utopismus sind alles Kinder dieser Einstellung. *Messianismus* geht vom Glauben an die bevorstehende Ankunft eines Messias aus, der fähig sein wird, die gesamte Welt zu verändern. Oder man erwartet den Weltuntergang (*Eschatologie*) oder die verheißenen 1000 Jahre (*Milleniarismus*). Die säkulare Variante eines vollkommenen Königreichs (*Utopismus*) wurde von Thomas More benannt (nach dem griechischen »*ouk topos*« = »Nicht-Ort«, ein Ort, der nicht existiert). Ein solcher Utopismus treibt den fanatischen Islamisten an, der durch sein Selbstmordattentat ins Paradies zu gelangen glaubt. Genauso meinten die Stalinisten oder Hitleristen, über das Opfer von sechs oder 20 Millionen Menschen zu jener vollkommenen Gesellschaft zu gelangen, wie sie von Marx und Lenin oder den Träumern des Dritten Reichs erwartet wurde.

Der Fanatiker ist ab einem bestimmten Zeitpunkt, jenem des »Eureka«, der Entdeckung der »Wahrheit«, eine Zeitlang *glücklich*. Er ist genau so lange glücklich, solange er im System des Fanatismus verbleibt. Sobald er Zweifel hegt oder auf Grund seiner vorhergehenden Sozialisation ein schlechtes Gewissen bekommt oder beim »Deprogrammieren«, zerfällt das Gleichgewicht, auf dem sein Glück ruht. Da der fanatische Inhalt sein Leben erfüllt hat, wird er bei seinem Verlust deprimiert. Literarisches Zeugnis davon geben die von der Unvollkommenheit des Sowjetsystems enttäuschten ex-kommunistischen Schriftsteller wie zum Beispiel Arthur Koestler, Ignazio Silone oder André Gide.

Auch einer meiner Patienten hatte, nach der *Résistance* während des Zweiten Weltkrieges, anlässlich der Machtergreifung der Partei in einem Ost-Staat bei Lügen, falschen Verurteilungen und Folterungen mitgemacht, um mich dann inmitten seiner Psychotherapie wegen schwerer Depressionen zu beschwören, ihm zu sagen, dass *es* wenigstens »*damals wahr gewesen*« sei. Er wollte eine letzte Illusion aufrechterhalten. So haben auch verschiedene »Reform«-Strömungen in der Sowjetunion der 1960er bis 1980er Jahre – von Chruschtschow bis Gorbatschow – vor allem den Stalinismus angegriffen, um zunächst den Leninismus zu retten, im Glauben, dass wenigstens der Leninismus »wahr« gewesen wäre – nur um später den Zynismus und die Grausamkeit Lenins und seiner Komplizen wie Dsershinski (Gründer des GPU und seiner Nachfolger) zu erkennen.

Der »trockene« Fanatiker ist oft jemand mit eiskalten Augen, scheinbar völlig emotionslos, wie jener SS-Offizier in Auschwitz, der die Schädel der von ihm umgebrachten Menschen zur Verzierung seines Schlafzimmers sammelte. Nach außen gewendete Leidenschaft muss nicht unbedingt Teil der Fassade sein. Fanatiker können zum Beispiel an der Oberfläche durchaus völlig an die amerikanische oder britische Lebensart und Kultur angepasst sein und gleichzeitig vom Wunsch verzehrt leben, sich beim nächsten Selbstmordkommando (aus der Luft oder in einer anderen Kamikazespielart) für die »gute Sache« zu opfern.

Die Beiträge der Psychoanalyse dazu scheinen wichtig und grundlegend (siehe meinen Lindauer-Vortrag, Referenz am Ende dieses Beitrags). Bereits Swift hat in *Gullivers Reisen* das Bild eines absurden Krieges vorweggenommen, in dem es um die richtige Art und Weise, ein Ei aufzuschlagen, ging (vgl. Volkan: *Blutsgrenzen*, Scherz, Bern 1997, S. 151). 11.000 Menschen zogen es vor zu sterben als sich zu unterwerfen und ihre Eier am spitzen Ende zu öffnen und damit ihre Identität zu verlieren. Die nationalistische Ideologie, die zur Machtergreifung der Bourgeoisie und zur Schaffung nationaler, dann kolonialer Märkte gedient hat, hat einen fruchtbaren und bis heute aktiven Nährboden für die Blüte des Fanatismus abgegeben.

Dies alles führt uns zu einer wichtigen Überlegung. Der Fanatismus stellt eine *Versuchung* dar, der praktisch jede und jeder jederzeit erliegen kann – *vorausgesetzt*, die Bedingungen passen. Eine Krise oder ein katastrophaler Zustand einer Gesellschaft in ökonomischen und politischen Schwierigkeiten spornt jedes Mitglied dazu an, einen *Ausweg* zu suchen (in dieser Welt oder im Jenseits). Die Versprechungen der verschiedenen *Ideologien* – in unserer Zivilisation der Religion, des Nationalismus und der Sozialutopien – sind geeignet, jene zu rekrutieren, welche es nach einer raschen und scheinbar wirkungsvollen Lösung dürstet.

Fanatismus beruht auf einem intellektuellem System, das von sich behauptet – sei es im Namen einer Gottheit oder einer anderen nicht hinterfragten Autorität, wie zum Beispiel der modernen Wissenschaft –, dass es im Besitz der einen und einzigen Wahrheit sei: »Das ist so, weil es wissenschaftlich bewiesen ist« oder »Das ist so, weil unser Wissen aus direkter göttlicher Eingebung stammt«. Solche Behauptungen beruhen auf einer *narzisstischen Überhöhung* und einer scheinbar enormen Selbstsicherheit: »*Wir sind im Besitz* der Wahrheit.« Für eine solche Einstellung muss allerdings der Intellekt »geopfert« werden, wie in der Formulierung *credo quia absurdum* (Ich glaube, weil es absurd ist), die vom Heiligen Anselm stammen soll. Mit anderen Worten: Jede Möglichkeit des Zweifels oder *Infragestellens* – das heißt jede Analyse der (äußeren oder inneren) Realität

– wird *verhindert*. Daraus wird deutlich, wie sehr Fanatismus auch einen *Verlust* für das Individuum oder die Gesellschaft bedeutet.

Zwischen der je individuellen Psychologie und sozialen beziehungsweise sozioökonomischen Bedingungen, die die Basis für das Auftreten von Fanatismus bilden, besteht eine Wechselwirkung. Es wäre *unzulässig*, die Entstehung des Fanatismus nur auf den einen oder den anderen Faktor *zu reduzieren*, da historische, psychologische und soziale Faktoren zusammenwirken. Die erste Frage, die sich stellt, dreht sich in der Tat darum, *warum das Individuum* eine innere *Einstellung* entwickelt, die man prä-fanatisch nennen könnte und die dann in einem bestimmten historischen und sozioökonomischen Zusammenhang zum Fanatismus wird.

Ein weiterer Anreiz fanatischer Bewegungen ist die Tatsache, dass das Individuum mit anderen sein kann, die seinesgleichen und seine Doppelgänger sind, mit einer außerordentlichen *Solidarität*, wie sie kaum je unter anderen Umständen erreicht wird. Mit anderen Worten, eine solche Bewegung ist nicht nur eine *Versuchung für jedermann*, sie bietet sich nicht nur *in ökonomischen und sozialen Krisen als effiziente Lösung* an, sondern schafft auch *das Gefühl, einer Elite anzugehören*.

Das mit Angst und Verachtung gemischte Befremden, das die Ostjuden – die späteren Hauptopfer der Shoah – in den Straßen Wiens, Budapests und der deutschen Städte am Beginn des 20. Jahrhunderts auslösten, ähnelt dem nicht minderen Befremden, das viele Leute im Westen gegen Muslime ärmlicher Herkunft empfinden. In Mitteleuropa handelt es sich dabei fast ausschließlich um türkische und kurdische Menschen aus dem Inneren Anatoliens. In seinem besten Eigeninteresse wird sich Europa diesmal hoffentlich um die konstruktive und eingehende Auseinandersetzung mit diesen »Anderen« bemühen, da die türkische Gesellschaft sich ganz besonders dafür eignet, gemeinsam zu einem tragfähigen Verständnis – wie es für das moderne Zusammenleben mit den »Anderen« nötig ist – zu finden, statt einer xenophobischen und zum Fanatismus neigenden Abwehrhaltung zum Opfer zu fallen. Man sollte sich auch daran erinnern, dass es nicht nur einen terroristischen, sondern auch einen anti-terroristischen Fanatismus geben kann…

Philosophie, Psychologie, Psychoanalyse, Neurowissenschaften, der Versuch, soziale und historische Vorgänge zu verstehen, haben mir ein interessantes Leben beschert. Ich habe mich um Verständnis bemüht, das *Irra-*

tionale zu begreifen, um Teile davon zu bändigen und um anderen dabei Hilfe zu leisten, es beherrschen zu lernen. Dadurch habe ich auch eine transgenerationelle Mission erfüllt, wie ich mir darüber im Nachhinein Rechenschaft ablegen kann, da es auch für meinen Vater eine der wichtigsten menschlichen Aufgaben war, nach Verstehen und Verständnis zu suchen. Dadurch wurde dies mein Ichideal, wenn man es fachsimpelnd ausdrücken will, auch eine wichtige Genugtuung (während der ganzen Zeit des Zweiten Weltkrieges hing das Bildnis des Erasmus an der Wand über seinem Bett). Aber vielleicht ist es auch K, *knowledge*, das Bion für die psychoanalytische Theorie als so wichtig eingestuft hat, was auch meine Ansicht ist.[13] So kommen wir »*durch die erlittene Erfahrung zum Verstehen*« (Aischylos).[14]

Auswahlbibliographie

Bücher (alle in mehreren Sprachen, Original in Französisch)

Depression and Creativity, International Universities Press, New York 1985 (1976).

Parental loss and achievement (mit Eisenstadt et al.), International Universities Press, Madison, CT 1989 (1978).

Abrégé de médecine psychosomatique (mit W. Pasini et coll.), Masson, Paris 1978.

Fanaticism. A historical and psychoanalytical study (mit M. Molnar u. G. Puymège), Schocken, New York 1983 (1980).

Die Technik-Debatte in der Psychoanalyse, Freud, Ferenczi, Balint, S. Fischer, Frankfurt am Main 1989 (1987).

100 Years of Psychoanalysis. Contributions to the History of Psychoanalysis (mit E. Falzeder), Cahiers Psychiatriques Genevois, Special Issue, IUPG, Geneva u. Karnac, London 1994.

Disappearing and Reviving. Sándor Ferenczi in the History of Psychoanalysis, Karnac, London 2002 (2001).

---

[13] Die Psychoanalyse ist nicht nur »Wiederherstellung der armen Kranken«, der *Anderen* aber auch unserer selbst, unseres armen Selbst…

[14] τώ Ππάθει μάθος (to pathei mathos)

Dans les secrets de la psychanalyse et de son histoire (mit E. Falzeder u. P. Roazen), PUF, Paris 2005.

Andere Beiträge (insgesamt um 350)

Contribution à l'étude de la notion de »force du Moi«, in: *L'Evolution Psychiatrique*, 32/3, 1967, 617-638.

Le syndrome de couvade (et contribution à la psychologie et psychopathologie de l'homme en face de la reproduction), in: *Annales Médico-Psychologiques*, 126/4, 1968, 539-571 (Nachdruck in: *Le Bloc-Notes de la Psychanalyse*, n° 13, 189-226).

Freud und Piaget. Parallelen und Differenzen zweier Entwicklungspsychologien, in: *Psyche-Z Psychoanal*, 29, 1975, 242-272.

The concept of trauma and its present meaning, in: *Int. Rev. Psycho-Anal.*, 16/3, 1989, 315-321.

Heilung durch Liebe? Ein aussergewöhnlicher Dialog in der Geschichte der Psychoanalyse (mit E. Falzeder), in: *Jahrbuch der Psychoanalyse*, 24, 1989, 109-127.

Ferenczi – dissident?, in: *Spaltungen in der Geschichte der Psychoanalyse*, L. M. Hermanns (Hrsg.), edition diskord, Tübingen 1995, 94-105.

Freud und kein Ende... in: *Jahrbuch der Psychoanalyse*, 40, 1998, 44-61.

Einleitungen zu: Bd I/1 u. III/2 der Gesamtausgabe: *S. Freud, S. Ferenczi: Briefwechsel*, E. Falzeder u. E. Brabant (Hrsg.), Böhlau, Wien 1993, 2005. Wissenschaftliche Aufsicht derselben Ausgabe.

Ferenczi and the origins of psychoanalytic technique, in: *The legacy of Sándor Ferenczi*, L. Aron u. S. Harris (Hrsg.), The Analytic Press, Hillsdale, N. J. 1993, 53-74.

Beitrag zu: *Sigmund Freud durch Lehrmans Linse*, L. Lehrman Weiner (Hrsg.), Psychosozial Verlag, Gießen 2006: (mit J. Meszaros) Psychoanalyse in Budapest, 1928-1929.

Fanatismus. Vortrag am 23. April 2003 bei den 53. Lindauer Psychotherapiewochen 2003. http://www.lptw.de/archiv/vortrag/2003/haynal.pdf

Lore Reich Rubin

Der Werdegang einer Psychoanalytikerin

Wie entscheidet man sich, Psychoanalytiker zu werden? Es gibt viele Wege, zu diesem Entschluss zu gelangen, aber jeder von ihnen ist eine persönliche Reise. Also ist meine Frage eigentlich: Wie entschied *ich* mich, Psychoanalytikerin zu werden? Diese Frage wird nicht leichter durch die Tatsache, dass meine Eltern beide Psychoanalytiker waren. Sie gehörten zu jener Generation junger Leute, die sich nach dem Ersten Weltkrieg für dieses neue Fachgebiet begeisterte. Sie fühlten sich wie Pioniere und Revolutionäre und wie Entdecker, die zum ersten Mal eine neue Welt erschlossen. Hinsichtlich ihrer Berufswahl strahlten sie eine seitdem unübertroffene überschwängliche Begeisterung aus.

Als kleines Kind dachte ich, dass es nur einen Beruf auf der Welt gäbe, und das war der des Psychoanalytikers. Meine Vorstellung von dem, was Psychoanalyse ausmachte, war natürlich sehr vage. Bruchstückhaft gehörten Gesprächen hatte ich entnommen, dass sie auf zwei Grundideen beruhte. Die eine war die Bergung vergessener und traumatischer Erinnerungen, und die andere war die sexuelle »Aufklärung«. Als ich älter war, revidierte ich diese Vorstellung, und ich verstand, dass die Psychoanalyse sich darum drehte, ein gesundes Sexualleben zu ermöglichen. Ich wuchs also mit der Vorstellung auf, die Psychoanalyse habe mit Sex und Trauma zu tun. Doch sollte man das nicht falsch verstehen und denken, ich hätte geglaubt, das Trauma sei vor allem sexuell.

Viel später gab es in den Vereinigten Staaten eine Bewegung, die behauptete, dass Menschen traumatische sexuelle Erinnerungen, meistens in inzestuöser Richtung, verdrängt hätten und dass ihre Heilung darin bestünde, diese Erfahrungen bewusst zu machen und den Täter zu konfrontieren. Allerdings wurde die »Bergung« dieser Erinnerungen durch Zwang und intensive Suggestion gelenkt, was zur Erfüllung der Erwartungshaltung des Therapeuten durch den »Klienten« und zu falschen Anschuldigungen führte. Mein eigenes Verständnis von Trauma ging weder in diese Richtung, noch begriff ich, dass sich das Bewusstmachen von Erinnerungen für meine Eltern auf »verdrängte Urszenen« bezog. Tatsächlich erfuhr ich aus späteren Gesprächen mit meiner Mutter, dass sie 14 Jahre lang Urszenen ausgesetzt war, da ihre Schlafgelegenheit im Elternhaus aus einer Couch am Fußende des elterlichen Ehebettes bestand. Aber ihre Erinnerungen waren sicherlich nicht verdrängt worden. In seinen Tagebüchern beschreibt auch mein Vater detaillierte sexuelle Szenen zwischen seiner Mutter und einem Liebhaber, die komplett bewusst und unvergessen waren. Ich entdeckte später, dass solche Erinnerungen zwar oft bewusst, in der Therapie jedoch nicht komplett zugänglich sind.

Meine Eltern durchlebten sehr schwierige und traumatische Zeiten in ihrer Kindheit und Jugend einschließlich des Ersten Weltkrieges, mit der Niederlage und dem Zusammenbruch des Habsburger Reiches und den folgenden Hungersnöten. Beide verloren Eltern und Geschwister. Meine Mutter verlor einen Bruder im Krieg und ihre Mutter während der spanischen Grippeepidemie in der Nachkriegszeit. Sie war damals 16. Mein Vater verlor im Alter von 13 Jahren seine Mutter durch Selbstmord und im Alter von 16 oder 17 Jahren seinen Vater, vermutlich auch durch Selbstmord. Zudem verlor er, als er Ende 20 war, seinen Bruder. Abgesehen von diesen Verlusten geriet mein Vater im Alter von 17 Jahren, als er bereits Vollwaise war, zwischen die österreichischen und russischen Frontlinien und wurde gefangengenommen, aber es gelang ihm zu fliehen. Er büßte das Gut ein, von dem er gelebt hatte, sowie seinen gesamten Besitz und war mit einem Schlag nicht mehr wohlhabend, sondern arm. Er schloss sich dann der österreichischen Armee an, mit der er an den Schützengrabenschlachten des Ersten Weltkrieges teilnahm.

In Anbetracht der Geschichte meiner Eltern ist es bemerkenswert, dass zumindest während meiner Kindheit ihr Traumabegriff so eng gefasst war und nur aus sexuellen und angeblich verdrängten Erlebnissen bestand. Mir entging diese engere Version des Traumabegriffs deshalb, weil ich nur Bruchstücke ihrer Unterhaltungen gehört hatte, die sich auf das Bewusstmachen von Erinnerungen im Analyseprozess bezogen.

Ich wuchs also in dem Glauben auf, dass Psychoanalyse aus dem Wiedergewinnen verlorener Erinnerungen bestand. Das führte zu einer besonderen Wachsamkeit, so dass ich versuchte, nie etwas zu vergessen. Ich entwickelte sehr früh die Fähigkeit, mich konsekutiv und linear zu erinnern. Erst in meiner Psychoanalyse als Erwachsene entdeckte ich, dass ich zu schwerer Verdrängung eines bestimmten Typs von Erinnerung fähig war,

nicht nur in meiner Kindheit, sondern auch in meiner Jugend – Erinnerungen, die sich nicht um Sexualität, sondern um traumatische Erfahrungen von Zurückweisung drehten, deren Bewusstmachung bei der Überwindung meiner eigenen Neurose äußerst hilfreich war.

Als ich Psychoanalytikerin wurde, orientierte ich mich zunächst an dem Traumakonzept von Greenacre[1], die ein Trauma als eine überwältigende Erfahrung ansah, durch die eine von ihr postulierte inhärente Reizbarriere durchbrochen wird. Greenacre bezog sich auf Kleinkinder. In meinem Verständnis bedeutete das, dass normale Abwehrmechanismen eine solche Erfahrung nicht auffangen können, was zu einem überwältigenden Angstanfall führt. Danach durchlebt die Person diese Erfahrung immer wieder, oder sie muss pathologische Abwehrmechanismen wie Verleugnung, Depersonalisation oder Derealisation einsetzen, um diese Erfahrung zu überwinden. Später konnte ich Ernst Kris[2] Recht geben, dass es chronische, wiederholte Situationen gibt, die kumulativ zum Trauma werden. Er nannte dies »Belastungstrauma«, während andere Erlebnisse akute Traumen darstellten, die zum Zeitpunkt des Geschehens überwältigend sind. In beiden Konzeptionen war das Trauma oft nicht sexuell, obwohl es später sexualisiert und in die sexuelle Phantasie einbezogen werden konnte. Edith Jacobson[3] hat verschiedene Möglichkeiten beschrieben, wie traumatische Verhöre überwunden werden können: Man kann immer wieder masochistisch darüber nachgrübeln und an diesen Erfahrungen verzweifeln, oder man kann kreative Antworten finden, um zu überwinden, zu vergessen und »weiter zu gehen«, wie sie es mit ihren Gefängniserfahrungen getan hat. Letztendlich kam ich zu der Ansicht, dass die Reaktion auf ein Trauma immer die Identität und die Selbstwahrnehmung verändert, unabhängig davon, ob sie kreativ oder masochistisch oder von Verdrängung und anderen Abwehrmechanismen bestimmt ist. Gleichzeitig wird die traumatische Erfahrung eingebaut in das bewusste und unbewusste Phantasieleben, in

---

[1] P. Greenacre, Predisposition to anxiety – Part II, in: *Psychoanalytic Quarterly* 1, 1941, 610-638, S. 612.

[2] E. Kris, The Recovery of Childhood Memories, in: *Psychoanalytic Study of the Child* 11, 1956, 54-88, S. 71f.

[3] E. Jacobson, *Depression. Eine vergleichende Untersuchung normaler, neurotischer und psychotisch-depressiver Zustände*, übers. von H. Deserno, Suhrkamp, Frankfurt am Main 1977 (1971), S. 192.

das Abwehrsystem und auf die eine oder andere Weise auch in die Charakterstruktur der Person. Wenn diese Lösung versagt, wird die traumatische Erfahrung zum Fixpunkt von Angstanfällen, ob die Erinnerung daran bewusst ist oder nicht.

Als Psychoanalytikerin gab ich die Vorstellung nie auf, dass das Bewusstmachen von Erinnerungen an vergessene Traumen mit seinen ganzen Begleitumständen und Folgen für die innere Entwicklung extrem hilfreich sei. Ich glaubte auch, dass das Verständnis von Sexualkonflikten ebenso wichtig sei hinsichtlich des Auslösens psychischer Veränderung. Ich war geradezu schockiert und entsetzt festzustellen, dass für die meisten meiner Kollegen diese Vorstellungen nicht zentral für ihre Arbeit waren. In der Folge von Theoretikern wie Kohut und Schwaber sind viele eher an kleineren narzisstischen Kränkungen interessiert, die hauptsächlich auf dem Gefühl beruhen, nicht verstanden zu werden. Ich habe über diese Tendenzen in der Psychoanalyse gerätselt und glaubte zuerst, es läge daran, dass nur wenige Amerikaner extreme Traumen erfahren haben. Aber dann fiel mir auf, dass sowohl Kohut als auch Schwaber Flüchtlinge aus Europa waren, die wahrscheinlich überwältigende Erfahrungen gemacht hatten, die sie zur Emigration zwangen. Die Lektüre von Anna Ornstein[4] ließ mich dieses Phänomen etwas besser verstehen. Dr. Ornstein hatte eine zutiefst traumatische Erfahrung im Konzentrationslager. Sie wurde später eine große Anhängerin der Selbstpsychologie, so wie ich ihren Artikel verstanden habe, da sie jemanden brauchte, der ihr zuhörte, sie verstand und sich in ihre Erfahrungen einfühlte, während ihr konventioneller Analytiker, so schien es ihr, ihren Geschichten über diese Erfahrung nicht zuhören wollte.

Ich habe danach gedacht, dass sich meine Eltern, die so viel gelitten haben, an niemanden wenden konnten, dessen Mitgefühl, das Anna Ornstein sich so offen wünschte, sie hätten in Anspruch nehmen können. Obwohl sie sicher am meisten gelitten hat, bekam Ornstein die unterstützende und lebenserhaltende Liebe ihrer Mutter, während meine Eltern beide Mütter verloren hatten und ihre Traumen allein bewältigen mussten. Zudem glaube ich, dass keiner von beiden je die liebevolle Wärme empfangen hat, die Ornsteins Glück im Unglück zu sein schien. Also suchten meine Eltern, die

---

[4] Den Traum meiner Eltern leben, in: *Psychoanalyse in Selbstdarstellungen, Band VI*, L. M. Hermanns (Hrsg.), Brandes & Apsel, Frankfurt am Main 2007.

in ihren Tagebüchern ihr Leiden offenbarten, einen Mentor in Freud und leugneten und vergaßen aufgrund ihrer unerschütterlichen Loyalität zu seinen Theorien der Zentralität der Urszene ihre traumatische Vergangenheit.

Auf ähnliche Weise vergaß für eine Weile die gesamte psychoanalytische Profession die Bedeutung von Traumata und äußeren, realen Ereignissen; sie behauptete stattdessen, dass in der Neurosenbildung nur die innere Welt zähle. Sie berief sich auf Freuds Sinneswandel in Bezug auf die Häufigkeit von Inzest als Ursache von Neurosen, die er dann aus den inneren Konflikten der ödipalen Phase erklärte. Freud selbst gab jedoch nie die Vorstellung eines überwältigenden Traumas auf, das zu überwältigender Angst führt, dann zu der Furcht, dass diese Angst wiedererlebt werden könnte, und schließlich zu einer defensiven Signalangst. Warum aber waren die Analytiker überwiegend nur an der inneren und nicht an der äußeren Wirklichkeit interessiert? Anna Freud hat ihr Interesse an der äußeren Wirklichkeit nie aufgegeben; Hartmann auch nicht. Das 20. Jahrhundert war übervoll von Traumen, was die Psychoanalyse insofern leugnete, als sie einer solchen äußeren Wirklichkeit und ihren Auswirkungen auf die Patienten hilflos gegenüberstand. Es ist meiner Meinung nach ein zu begrüßender Trend, dass die Psychoanalyse in jüngster Zeit zu ihrem Interesse am Trauma zurückgekehrt ist.

Ich wende mich nun meiner eigenen Situation zu. Meine ersten zehn Jahre waren sehr turbulent. Sie könnten unter Ernst Kris' Begriff des »strain trauma«, eines wiederholten, kumulativen Traumas, eingeordnet werden. Das hat zum Teil mit den Ideen von Kindererziehung zu tun, die damals in Europa vorherrschten und bestimmte Intellektuellenkreise veranlassten, Kinder in Heimen aufziehen zu lassen, damit sie innerhalb ihrer Gruppe besser sozialisiert würden und das Auftreten des Ödipuskomplexes verhindert würde. Daneben wurden viele andere Kinder auf diese Weise erzogen, die infolge von Krieg, Pogromen und Revolutionen ihre Heimat und ihre Eltern verloren hatten. Mein Vater glaubte an die gemeinschaftliche Kindererziehung. Als ich drei Jahre alt war, wurden meine Schwester und ich in ein kommunistisch geprägtes Kinderheim gebracht. Dies war nicht die erste Trennung von meinen Eltern, die zwei Jahre zuvor in die Sowjetunion gereist waren und mich ungefähr vier Monate allein gelassen hatten. Ich kann die Verwirrung und Isolierung, die ich mit drei Jahren durchlebte, nicht beschreiben. Mir wurde von meiner Mutter erzählt, dass ich aufhörte zu sprechen und in eine tiefe Depression verfiel sowie eine Reihe von bereits erworbenen Fähigkeiten wieder verlernte. Nach sechs Monaten bestand meine Mutter darauf, dass ich herausgenommen und nach Hause zurückgebracht wurde. Doch aufgrund der politischen Umstände wurden meine Schwester und ich ungefähr ein Jahr später zu meinen Großeltern geschickt. Da sie bereits sehr alt waren, kam ich ungefähr nach sechs Monaten, im Alter von fünf Jahren, zusammen mit meiner Schwester in eine »Gruppenpension« für Kinder. Diese »Pension« war von Anna Freud und anderen Wiener Kinderanalytikern für ausländische Kinder organisiert worden, die nicht bei ihren Eltern leben konnten, da sie in Wien eine Kinderanalyse machten. Es handelte sich nicht um das berühmte Anna-Freud-Heim, sondern um eine Nachfolgeeinrichtung mit einer neuen Leiterin, Grete Fried. Dort blieb ich drei Jahre.

Darauf folgte die Wiedervereinigung mit meiner Mutter. Ich zog erst nach Prag und dann in die Vereinigten Staaten und durchlebte alle Probleme, die die Anpassung an neue Kulturen, Sprachen und Sitten mit sich bringt.

Eine andere traumatische Situation in meiner Kindheit war die zunehmende Zerrüttung der Ehe meiner Eltern. Sie führte zu lauten Auseinandersetzungen, bei denen mein Vater schrie und meine Mutter weinte, gefolgt von ausgedehnten Kämpfen um Loyalität nach ihrer Trennung. Beide neigten dazu, den anderen zu dämonisieren. Wir wurden von meiner Mutter indoktriniert, die uns sagte, dass unser Vater »verrückt« sei, und alles tat, uns von ihm fernzuhalten, während mein Vater in wütende und anklagende Tiraden verfiel und sich jedes Mal aufregte, wenn es ein Problem mit meiner Mutter gab. Viele glauben, dass mein Vater bereits verrückt war, weshalb es schwer zu vermitteln ist, dass er ziemlich charmant, humorvoll und entspannt sein konnte, wenn er guter Laune war. Nur mit modernen diagnostischen Kategorien kann man letztendlich feststellen, dass er an einer dysphorischen Störung mit starken Stimmungsschwankungen litt. Er konnte, wenn er schlecht gelaunt war, sehr schwierig sein, aggressiv, anklagend und immer fordernd, was Zeit und Engagement anging. All das führte schließlich zu meiner Rebellion und dann zu seiner Tendenz, mich »fallen« zu lassen. Auf diese Weise kam es zum endgültigen Bruch, und ich habe ihn in seinen letzten zehn Jahren nicht mehr gesehen. Sein Geisteszustand am Ende wird unterschiedlich dargestellt, aber ich kann nicht sagen, wie er zu dem Zeitpunkt wirklich war.

Genauso traumatisch war, dass ich unter dem Schatten des Faschismus, des Holocaust und des drohenden Krieges aufwuchs und auf einer noch persönlicheren Ebene mit der realen Gefahr, dass meine Eltern verhaftet und ermordet würden. Mir selbst ist nichts wirklich Furchtbares passiert. Aber es war Anna Freud, die in *Kriegskinder*[5] beschrieben hat, dass es manchmal schlimmer sein kann, unter der Bedrohung und in ständiger Angst vor schlimmen Ereignissen aufzuwachsen, als wenn diese Ereignisse wirklich eintreten – vorausgesetzt, man überlebt sie. In diesem Fall ist das Durchleben, Bewältigen und Meistern der Gefahr stärkender für das Ich als das Leben mit einer Bedrohung, der man entkommt, von der man aber nicht weiß, ob man stark genug gewesen wäre, sie zu überwinden.

Mein Vater zog 1930 von Wien nach Berlin um. Er hatte viele Motive, von denen eins war, »die Nazis zu bekämpfen«. Wir kamen 1931 nach. Ich war drei Jahre alt. Mir wurde in diesem jungen Alter klar, dass es sehr schlechte Menschen gab, die Nazis hießen, Männer in braunen Hemden mit Hakenkreuzen an den Ärmeln, die durch Berlin zogen und Menschen verprügelten. Ich begriff auch, dass es gute Menschen gab, wie meinen Vater, die Kommunisten waren und die bösen Menschen bekämpften. Zunächst war dies nur ein sehr allgemeines Wissen, aber es wurde zunehmend deutlich, dass die bösen Menschen die Oberhand gewannen, und es entstand eine angespannte Atmosphäre bei uns zu Hause. Ich hörte eines Morgens, dass die »Braunhemden« die Fahne von meiner Schule eingeholt und stattdessen die Hakenkreuzfahne gehisst hatten – so wurde die Bedrohung zunehmend persönlicher. Ich mag sehr jung gewesen sein, aber ich war eine glühende Antifaschistin. In späteren Jahren sammelte ich wesentlich mehr Informationen, als mir zuerst zur Verfügung standen, so dass meine Haltung immer wieder bestärkt wurde, sobald ich etwas Neues erfuhr.

Als die Bedrohung konkreter wurde, wurde mein Vater immer nervöser, aufgeregter und wütender. Seine Wut verband sich für uns mit der Bedrohung von außen, so dass wir in ständiger Angst vor seinen Ausbrüchen lebten. Weil er über die Ereignisse informiert sein musste, waren wir gezwungen, Radio zu hören und die hysterische Stimme Hitlers zu vernehmen, die sich zu einem schrillen Gekreisch steigerte, gefolgt von dem wirklich überwältigenden dumpfen Klang der »Sieg Heil« rufenden Massen.

Die Dinge spitzten sich immer weiter zu, und eines Abends veränderte

---

[5] A. Freud, *War and Children*, International Universities Press, Madison C. T. 1944.

sich alles für uns. Meine Mutter setzte meine Schwester und mich in die Badewanne und wusch uns die Haare. Dann zog sie uns an und brachte uns zum Bahnhof. Dort sprach sie mit dem Schaffner, und wir wurden allein in den Nachtzug nach Wien gesetzt. Meine Schwester war acht Jahre alt und ich vier. Uns wurde keine Erklärung gegeben. Mein Vater kam erst gar nicht zum Bahnhof. Anscheinend war der Schaffner für uns zuständig, aber ich bezweifle, dass mir das klar war. Wir teilten uns eine für eine Person bestimmte Schlafkoje aus hartem Holz, in der wir Kopf an Fuß nebeneinander lagen. Von dieser albtraumhaften Reise erinnere ich nur, dass meine Schwester mich ständig trat und ich ständig heulte. Sie dachte, dass niemand ins Abteil kommen würde, wenn man glaubte, wir schliefen. Sie sagte mir immer wieder, doch leise zu sein, aber je mehr sie mich trat, umso mehr heulte ich. Irgendwann überquerten wir auch Grenzen (zur Tschechoslowakei und zu Österreich), und ich hörte wütende Beamtenstimmen und Aufforderungen, den Pass zu zeigen. Ohne ganz zu verstehen, wovor ich Angst hatte, verstärkten diese Grenzübergänge meine Panik. Ganz in der Frühe, als es noch dunkel war, erreichten wir endlich Wien, wo wir von einem sehr besorgt aussehenden Großvater abgeholt wurden. In meiner Verwirrung wirkte sein Gesicht wütend auf mich, so dass ich dachte, er sei böse, dass wir gekommen waren.

Diese Episode erfordert eine Erklärung. Mein Vater war ein sehr aktiver und redegewandter Gegner der Nazis. Er war auch eine öffentliche Person, der Kopf einer Organisation, die er Sex-Pol nannte, und damit war er den Nazis bekannt. Wie ich jüngst las, war selbst meine Mutter den Nazis bekannt und stand auf der Liste ihrer politischen Gegner. Die Nacht, in der wir Kinder weggeschickt wurden, war der Tag nach dem Reichstagsbrand im Februar 1933. Das Feuer war von den Nazis gelegt worden, und die Schuld dafür wurde, glaube ich, auf die politische Opposition geschoben. Der Brand diente als Vorwand für Hitler, die Macht von Hindenburg zu übernehmen und die Bürgerrechte außer Kraft zu setzen. Mein Vater musste annehmen, dass er auf der Liste der politischen Gegner stand, die sofort festgenommen werden sollten. Also wollten meine Eltern ihre Kinder in Sicherheit bringen. Dann verließen sie Deutschland zu Fuß über die Berge, wahrscheinlich in die Tschechoslowakei. Sie waren nur mit Rucksäcken unterwegs, in denen sie so viel von ihrem Besitz mitgenommen hatten, wie sie gerade tragen konnten. Sie wussten, dass die Züge und Straßen an den Grenzübergängen überwacht wurden, so dass andere Transportmöglichkeiten nicht sicher waren. Auf einem Berggipfel allerdings hatte meine Mutter, die so oft unter dem Temperament meines Vaters gelitten hatte, plötzlich, oder sollte man sagen endlich, genug von ihm. Sie drehte um, lief zurück nach Deutschland und fuhr wieder nach Berlin. Dort gelang es ihr, die Wohnung aufzulösen und alles zu verschicken, wahrscheinlich nach Wien. So kam es, dass ich Möbelstücke, die mir aus meiner frühen Kindheit vertraut waren, in den späteren Wohnungen meiner Mutter und meines Vaters entdeckte.

Diese Flucht beseitigte nicht das Weltuntergangsgefühl, das über Europa hing, zumindest über mir. Wir hörten von Konzentrationslagern, nicht den Todeslagern der folgenden Jahre, aber den Lagern, die man hauptsächlich für politische Gefangene eingerichtet hatte und von denen auch Freunde meiner Familie betroffen waren. In dieser Zeit wurden Häftlinge manchmal noch entlassen, und einem solchen gerade aus dem Lager kommenden Mann begegnete ich. Er sah aus wie ein Gerippe, mit so dünnen Armen als wären es nur noch Knochen. Sein Aussehen machte einen unauslöschlichen Eindruck auf mich, der vielen Angstzuständen und Albträumen einverleibt wurde. Einige Jahre später wurde unsere Freundin Edith Jacobson verhaftet, was unsere Familie und auch ihren Freundeskreis zutiefst verstörte. All das wurde wie eine chronische Anspannung empfunden.

Zur selben Zeit machte auch Wien, wo ich bis 1936 lebte, politische Turbulenzen durch. Es gab eine Revolte, und Schuschniggs Erschießung von Gegnern seiner Regierung führte zur Ausrufung des Ausnahmezustandes. Wir waren in Wien unterwegs gewesen, und plötzlich saßen wir fest und konnten nicht in die »Pension« zurück, da die Armee den Verkehr zwischen den Bezirken eingestellt hatte. Aus der Ferne hörten wir Gewehrfeuer. Aus diesem Grund hat dieses Ereignis, obwohl ich erst sechs Jahre alt war, einen tiefen Eindruck bei mir hinterlassen. Nach dieser Revolte wurden die Bürgerrechte allgemein eingeschränkt und die politische Opposition verhaftet. Mir blieb jedoch das Wissen über diese Konsequenzen bis ins Erwachsenenalter erspart.

Heute weiß die allgemeine Öffentlichkeit sehr wenig darüber, was in Deutschland passierte. Sie weiß genau Bescheid über die Judenverfolgung und die späteren Todeslager, aber niemand scheint die Terrorherrschaft und die Verhaftungen zu erwähnen oder sich daran zu erinnern, die im Dritten Reich und in Österreich gegen die politische Opposition gerichtet waren. Selbst die Deutschen und die deutschen Analytiker scheinen nicht auf diese Ereignisse Bezug zu nehmen. Eine Ausnahme ist Regine Lockot, die mir den Ort zeigte, wo die Braunhemden auf die Linken warteten, die auf dem Weg zu ihren Treffen aus der U-Bahn kamen, so dass sie sie zusammenschlagen konnten. Das war noch bevor Hitler an die Macht kam. Wir verließen Deutschland im Februar 1933, am Tag nach Hitlers Machtübernahme, und so umfassen meine persönliche Erfahrung und mein Wissen nur diese politischen Ereignisse. Sie hinterließen in mir einen Zustand der Angst und einen altklugen Blick auf die Welt um mich herum. Später verwandelte ich meine Angst in einen unerbittlichen Hass auf Diktatoren wie Stalin und Hitler, und schließlich gelang es mir, diese Gefühle in Zynismus und Misstrauen gegenüber Politikern zu kanalisieren.

Zu der bedrückenden Stimmung um mich herum kamen die ständige Expansion Deutschlands und die Kriegsbedrohung. Das bedeutete für uns, dass wir uns nicht entspannen und sicher fühlen konnten, selbst nachdem wir das Land verlassen hatten. Ich musste vor unserer Emigration nach Amerika mehrere Male umziehen. Zudem herrschte, eigentlich schon seit meiner Geburt, eine schwere ökonomische Depression mit Arbeitslosigkeit und vielen Bettlern auf den Straßen. Meine Mutter hatte oft kein Geld und machte sich große Sorgen, was sich auf uns Kinder übertrug. Wir hatten viel von der Hungersnot nach dem Ersten Weltkrieg gehört, als meine Mutter ein ganzes Jahr lang nichts als Rüben aß und nur durch die Spenden amerikanischer Quäker vor dem Verhungern gerettet worden war. Da ich so viele Bettler sah und wusste, dass wir wenig Geld hatten, kam ich nicht umhin zu befürchten, dass auch wir verhungern würden. Tatsächlich gab es Zeiten, wo wir Kinder sehr schlecht ernährt waren und nur Haferbrei zum Abendessen bekamen. Infolge dieser Mangelernährung hatte ich Rachitis, eine Krankheit, deren Langzeitfolgen meine Knochen im Alter beeinträchtigten.

Die Emigration 1938 in die USA mit meiner Mutter und meiner Schwester war mit keiner der Schwierigkeiten verbunden, von denen andere Flüchtlinge schrieben. Wir hatten keine Probleme, ein Visum oder Affidavit zu bekommen. Es gab keinen langen Aufschub beziehungsweise die Notwendigkeit, zunächst in ein Dritte-Welt-Land zu reisen, bevor wir aufgenommen wurden. Aufgrund des Anschlusses konnten Österreicher das Land nicht mehr verlassen, so dass die amerikanische Quote für österreichische Emigranten nicht ausgeschöpft war. Wir lebten damals in Prag und konnten daher von der unausgeschöpften Quote profitieren. Unser Fall wurde recht schnell bearbeitet. Ein Jahr später konnte auch mein Vater mit einem Sondervisum von Norwegen nach Amerika nachkommen. (Zu diesem Zeitpunkt waren meine Eltern geschieden, und meine Mutter hatte wieder geheiratet.) Auch hatten wir keine großen Schwierigkeiten mit Eltern, die eine neue Sprache lernen mussten, da beide mindestens acht Jahre in der Schule Englisch gelernt hatten und es fließend sprachen. Trotz der überwiegend abweisenden Haltung der amerikanischen Psychoanalytiker konnte meine Mutter innerhalb weniger Monate eine kleine Praxis eröffnen; mein Vater kam bereits mit einer Stelle an der *New School for Social Research*. Von daher sollte man annehmen, dass unsere Übersiedlung relativ reibungslos verlief, und doch erlebte ich diese Entwurzelung als Trauma. Im Gegensatz zu meinen Eltern konnte ich kein Englisch und wurde erst in ein *camp* und dann in die Schule hineingeworfen, ohne mich verständigen zu können, was zu dem Gefühl der Fremdheit beitrug.

Aber die Hauptursache war, dass Amerika so anders war als alles, was ich bisher erfahren hatte: Moralvorstellungen, zwischenmenschliche Beziehungen, Kleidung, Verhalten. Ich fühlte mich mir selbst und meinen Altersgenossen gegenüber entfremdet. Ich kann das als Identitätskrise oder als Entfremdung von meinem Selbstbild und meinen Ich-Idealen beschreiben. Welche psychoanalytische Terminologie man auch benutzen mag, ich empfand es als eine Art Verschiebung, Verwirrung, ein Ringen um ein solides Selbst- und Zugehörigkeitsgefühl. Ich habe Schriftsteller wie Eva Hoffman[6] gelesen, und mir ist klar, dass ich mit meiner Erfahrung nicht allein dastehe. Andererseits habe ich viele Berichte von Flüchtlingen gelesen, die die Veränderung gelassener überstanden haben oder zumindest in ihren Erinnerungen nicht immer wieder auf diese Gefühle zurückkamen. Vielleicht erschien ihnen die Anpassung an Amerika als das kleinere Übel, nachdem sie extreme Traumen erlitten hatten. Ich war zehn, als ich hierher kam, und die Anpassung fand größtenteils während meiner Pubertät und Adoleszenz statt, die an sich schon als Perioden der Anpassung gesehen werden. Auf der anderen Seite bereitete unsere Emigration der bedrückenden Atmosphäre der Bedrohung in meinem Leben ein Ende und ermöglichte mir von da an ein stabileres, berechenbareres und gesichertes Leben.

Im Gegensatz zu dem allgemeinen Gefühl der Unterdrückung, das wir in Europa empfanden, stand die Begeisterung meiner Eltern für die Psy-

---

[6] E. Hoffman, *Lost in Translation; a life in a new language*, Penguin Books, New York 1990.

choanalyse. In dieser Hinsicht strahlten sie die optimistische Auffassung aus, dass die Psychoanalyse die Menschheit retten würde. Ihre Einsichten würden die Kindererziehung verwandeln und die Welt von Neurosen befreien. Diese Ansicht wurde von vielen ihrer Kollegen einschließlich Anna Freud geteilt, während Sigmund Freud seinen Optimismus im Ersten Weltkrieg verloren zu haben schien. Von daher erfüllten meine Eltern ihre Aufgabe mit einer Hingabe und einem Gefühl von Bedeutsamkeit, das in der modernen Gesellschaft selten ist – wie ich später erfuhr. Gleichzeitig entwickelten sie enge persönliche Kontakte zu Kollegen, besonders wenn diese ihre politischen Ansichten teilten. Zumindest im Fall meiner Mutter hielten diese Bindungen ein ganzes Leben.

Als ich klein war, glaubte ich, zu ähnlicher Begeisterung und Kollegialität zu gelangen, wenn ich ihrem Beispiel folgte. Doch trat ich der psychoanalytischen Gemeinschaft in einem späteren Entwicklungsstadium bei. Als ich hinzukam, war die Psychoanalyse schon ein gesetzter Beruf, intellektuell erstarrt – zumindest zu diesem Zeitpunkt – und von Orthodoxie durchdrungen. Verschwunden war die Aura der Begeisterung und Entdeckung, und die kollegialen Beziehungen waren zivil und förmlich geworden mit vielen obligatorischen Abendeinladungen.

Als Kind nahm ich nur die Gefühle meiner Eltern in Bezug auf die Psychoanalyse wahr, und erst nach meinem eigenen Abschluss und dem langsamen Erlernen des Berufs begann ich zu verstehen, was beide eigentlich zur Psychoanalyse beigetragen hatten. Obwohl er nicht oft genug dafür gewürdigt wird, war mein Vater der Erste, der verstanden hatte, dass Widerstandsanalyse in Wirklichkeit Charakteranalyse der Kompromissbildungen ist, sowohl libidinöser Wünsche als auch ihrer Abwehrmechanismen. Er begriff auch, dass der Übertragungswiderstand in diese Charakterabwehrmechanismen eingebettet ist und zuerst analysiert werden muss. Ich bin überzeugt davon, dass seine Betonung der negativen Übertragung übertrieben war und aus seinen eigenen Konflikten mit jeder Art von Autorität herrührte. Mir wurde bald klar, vielleicht durch meine eigenen Kämpfe, dass sich viele Menschen für ihre positiven Übertragungsgefühle zutiefst schämen, was zu ernsthaftem Widerstand in der Analyse führen kann. Seine späteren Studien zum Körperpanzer galten in meiner psychoanalytischen Ausbildung als nicht »analytisch«. Dennoch besteht für mich kein Zweifel, dass in der Körperstarre Affekte abgewehrt werden und dass er auf dem Weg zu einer großen Entdeckung war.

Von dem Ausschluss meines Vaters aus der Internationalen Psychoanalytischen Vereinigung 1934 wusste ich als Kind nichts. Dass die IPV-Führung dafür politische Motive hatte, ist mittlerweile weitgehend dokumentiert durch die Briefe Anna Freuds, die in den Archiven der Britischen Psychoanalytischen Gesellschaft und der Library of Congress gefunden wurden.[7] Dieser Ausschluss trieb meinen Vater weiter in seine Betonung der Körperpsychotherapie, vielleicht zum Teil als Rebellion gegen die »Bloß-nicht-anfassen-Ethik« der Psychoanalytiker. Er interessierte sich weiterhin für die negative Übertragung, aber mir ist nicht klar, ob er auch über die Gefahr der Erregung einer positiven sexuellen Übertragung nachdachte. Vielleicht interessierte es ihn einfach nicht mehr. Mit Sicherheit bedeutete der Ausschluss aus der IPV ein schweres Trauma für ihn. Die spätere »Vertuschungsbehauptung« von Ernest Jones, mein Vater sei freiwillig aus der IPV ausgetreten, ist gründlich als Unwahrheit entlarvt worden.

Der Beitrag meiner Mutter zur Analyse entwickelte sich erst nach ihrer Berggipfeltrennung von meinem Vater; vorher war sie entweder zu jung oder zu unerfahren oder stand, wie ich glaube, weitgehend in seinem Schatten. Nach ihrem Exodus aus Berlin war Prag die Stadt, wo sie in der intimen kleinen psychoanalytischen Gemeinschaft aufblühte. Diese von Otto Fenichel geleitete Gruppe hatte einen sehr beflügelnden *esprit de corps*, der sich auch mir mitteilte, ohne dass ich im Alter von acht oder neun Jahren verstanden hätte, worum es genau ging.

Unter den Psychoanalytikern wird meine Mutter vor allem für ihre Arbeiten zum Narzissmus und zur Übertragung und Gegenübertragung geschätzt, auch wenn sie in diesem letzten Punkt von der relationalen Schule der Psychoanalyse heftig kritisiert wird auf Grund ihrer Annahme, dass Gegenübertragungen eher gelegentlich als konstant auftreten und dass sie nicht das einzige Instrument psychoanalytischer Beobachtung seien. Was mich erst später im Laufe meiner eigenen psychoanalytischen Entwicklung am meisten an ihr beeindruckte, war ihre unheimliche Fähigkeit, die dynamischen Konflikte eines Patienten in wenigen Sätzen präzise zusammenzufassen. Sie blieb dabei nicht an der Oberfläche, sondern traf genau ins Schwarze und war sehr informativ.

Es wäre falsch zu glauben, mein Weg zu diesem Beruf wäre ein gerad-

---

[7] L. Reich Rubin, Wilhelm Reich and Anna Freud: His Expulsion from Psychoanalysis, in: *Int. Forum Psychoanal.* 12, 2003, 109-117.

liniger gewesen, nur weil ich in späteren Jahren die Arbeit meiner Eltern zu bewundern begann. Im Gegenteil, die langen Arbeitszeiten meiner Mutter zusammen mit ihren Verpflichtungen am Psychoanalytischen Institut und in der Gesellschaft sowie den endlosen Sitzungen nach einem vollen Arbeitstag schreckten mich ab. Zudem wurde sie von ihrer freiwilligen Lehrtätigkeit in Anspruch genommen. All das bedeutete, dass sie außer an den Wochenenden und in den Ferien wenig Zeit für das Familienleben hatte. Wenn sie abends keine Sitzung oder Lehrveranstaltung hatte, schloss sie sich in ihrem Zimmer ein und schrieb eine Reihe von Arbeiten, die posthum als Sammelband veröffentlicht wurden.[8] Lange Zeit hatte ich das Gefühl, dass diese Arbeiten »auf meinem Rücken« geschrieben wurden, also auf meine Kosten, weshalb ich mich viele Jahre weigerte, sie zu lesen. Als ich mir schließlich die Lektüre gestattete, war ich wieder beeindruckt von ihren prägnanten Beschreibungen und genauen Formulierungen. Doch war sie keine wirkliche Innovatorin der Art, die eine neue Schule begründet. Und rückblickend kann man vielleicht auch sagen, dass ihr Mentor, Fenichel, eher ein Erklärer als ein Innovator war.

Als ich mit dem Studium begann, war ich weit entfernt von einer Karriere in der Psychoanalyse. Ich wollte Geschichte studieren und nahm Psychologie als Nebenfach. Nach dem Abschluss hatte ich einige Fehlstarts, ich hatte Schwierigkeiten, mich für ein Promotionsstudium zu entscheiden, und unterrichtete zunächst im Kindergarten und anschließend in einer ersten Grundschulklasse. Mir wurde bald klar, dass ich für den Umgang mit kleinen Kindern nicht geeignet war. Ich schwankte hin und her und dachte, dass ich Psychologin werden sollte. Meine Mutter sprang auf diese Idee an und setzte sozusagen Himmel und Hölle in Bewegung. Leute wie Ernst Kris und Kurt Eissler wurden beschworen, mich zum Medizinstudium zu überreden, da man ohne den Doktor der Medizin nur ein Psychoanalytiker »zweiter Klasse« sei. Kris, der selbst keinen Doktor hatte, war besonders überzeugend. Er erklärte mir, dass er außerordentliches Mitglied der American Psychoanalytic Association sei (APsA) und nur Lehranalysanden in seiner Praxis annehme. (Zu diesem Zeitpunkt nahm die APsA, von ganz wenigen Ausnahmen abgesehen, keine Nichtmediziner auf.) Eigentlich war ich mir noch nicht klar darüber, ob »Psychologin« notwendigerweise

---

[8] A. Reich, *Psychoanalytic Contributions*, International Universities Press, New York 1973.

»Psychoanalytikerin« bedeutete, aber ich war enorm unter Druck, eine medizinische Ausbildung anzufangen. Gleichzeitig zeigte meine Mutter ihre Enttäuschung, dass ich nicht voller Begeisterung Freud las. Sie erwartete, dass ich dasselbe überwältigende Entdeckungsgefühl haben würde, das sie erlebt hatte. Ich gebe nur ungern zu, dass ihr Druck auf mich meinen eigenen Wunsch, Freud zu lesen, für einige Jahre hinauszögerte. Mein Vater gab sich mit jeder Berufswahl zufrieden, hatte aber die unausgesprochene Anforderung, dass ich berühmt werden sollte.

Was mir trotz des elterlichen Drucks meine Berufswahl ermöglichte und attraktiv gestaltete, waren die anfänglichen Erfahrungen in meiner ersten Psychoanalyse. Es war nicht das Wiedergewinnen einer vergessenen Erinnerung, sondern der vergessenen Affekte, die mit dieser Erinnerung assoziiert waren, was für mich so erleuchtend und weltbewegend war. Ich glaube, man erlebt ein Gefühl von überwältigender Ehrfurcht, wenn man das erste Mal in Kontakt mit seinem Unbewussten kommt und versteht, dass es eine ganze Welt der Erfahrung gibt, die einem nicht bewusst ist. Das ist wie die Entdeckung eines unbekannten Teils der Weltkugel, wo man glaubte, die ganze Weltkarte schon vor sich zu haben. Ich glaube, ich war hingerissen und begeistert von den Möglichkeiten, die sich mir mit der Erforschung des Unbewussten auftaten. Das machte die Berufswahl der Psychoanalytikerin so verlockend für mich. Ich sah nicht mehr nur die übermüdete und angespannte Mutter, die Überstunden machte, sondern fühlte die Möglichkeit, in neues, unerforschtes Territorium vorzustoßen, nicht nur in mir selbst, sondern auch in anderen.

Erwähnt sei, dass mir bei diesem Rückblick auf die Erfahrung der Affektaufdeckung wieder auffällt, wie verinnerlicht oder begrenzt auf meine Person diese Erfahrung war. Es war keine Erfahrung der Affektwiederholung »in der Übertragung«, es war eine Erfahrung in der »haltenden Umwelt«[9] der Übertragung. Sie wurde zur *Grundlage* [orig. deutsch] meiner Überzeugung, an der ich mein ganzes Berufsleben hindurch festgehalten habe, dass eine affektbesetzte Erkenntnis, egal wie sie erlangt wurde, ob in der Übertragung oder in der haltenden Umwelt, die Basis für therapeutischen Wandel und Heilung ist.

---

[9] A. H. Modell, The »Holding Environment« and the Therapeutic Action of Psychoanalysis, in: *Journal of the American Psychoanalytic Association* 24, 285-307.

Ich schlug also den rigorosen Umweg über Medizinstudium und psychiatrische Facharztausbildung ein, um mein Ziel zu erreichen, Psychoanalytikerin zu werden. Es war kein unangenehmer Umweg: Medizin und Psychiatrie boten viel Interessantes, ja sogar Drama und Spannung, wenn es um Leben und Tod ging. Aber ich bin überzeugt, dass meine späteren Psychoanalysestudenten, die zuerst Psychologie studiert hatten, wahrscheinlich einen viel reichhaltigeren Hintergrund hatten, als ihn das Medizinstudium bieten konnte. Sie hatten mehr auf dem Gebiet gelesen und schienen einen intellektuelleren Zugang zu haben. Dennoch mussten Psychologen in Amerika gerichtlich für ihr Recht auf eine psychoanalytische Ausbildung kämpfen und gegen die Zulassungsbeschränkungen in den Statuten der APsA protestieren, bevor sie eine psychoanalytische Ausbildung machen konnten. Andererseits trugen die kritischen Situationen, denen wir in der Medizin ausgesetzt waren, wo es um Leben und Tod ging, dazu bei, dass einige von uns früher eine gewisse Reife und einen Sinn für Verantwortung entwickelten als die Psychologiestudenten.

Als ich mich 1957 um eine psychoanalytische Ausbildung bewarb, war die Psychoanalyse auf dem Höhepunkt ihrer Popularität. Es gab wesentlich mehr Bewerber als zugelassen wurden und es gab wesentlich weniger Institute. Das Auswahlverfahren war rigoros und subjektiv und basierte auf Einschätzungen, wer »analysierbar«, introspektiv und sympathisch sei. Ich bin mir sicher, dass alle die »schillernden Persönlichkeiten« der 1920er Jahre, die die »klassische« Periode repräsentieren, als zu neurotisch oder nicht stabil genug abgelehnt worden wären. So wurden nur »anständige« und »verantwortliche« Leute angenommen, die verheiratet waren und keine anderen Partner suchten, die fleißig und wissbegierig waren und eher zu zwanghaften als zu hysterischen Zügen neigten. Das Resultat war eine Generation von Analytikern, die im Wesentlichen keine überzeugenden Fortschritte auf ihrem Gebiet machte, aber gewissenhaft die »Orthodoxie« aufrechterhielt, die sich auf ihrem Gebiet eingeschlichen hatte. Natürlich gab es Ausnahmen, aber ich denke, wir bezahlen jetzt für diese Auswahlkriterien; die Generation, die derzeit die APsA leitet, neigt dazu, an »Standards« festzuhalten und alle Erneuerungen zu bekämpfen. Da jedes Fachgebiet sich frei entfalten können muss, führte diese Angst vor Veränderung zu einer Lähmung jeder Aktivität und einem drastischen Abfall der Popularität der Psychoanalyse, einem dauerhaften Rückgang der Mitgliederzahlen und einem drastischen Anstieg des Durchschnittsalters der APsA-Mitglieder.

Anfang der 1970er Jahre begann eine gegen die »Ich-Psychologen« gerichtete Rebellion. Meiner Ansicht nach war sie eigentlich gegen die Führung der APsA, des New York Psychoanalytic Institute und der um Anna Freud sich scharenden Mitglieder der International Psychoanalytic Association (IPA) gerichtet. Sie begann mit Heinz Kohut und seinen Theorien der Selbstpsychologie. Andere Brennpunkte der Meinungsverschiedenheiten und der neuen Ideen waren Lacan, Melanie Klein, Objektbeziehungstheorie, Intersubjektive Theorie, Relationale Theorie, »hier und jetzt«-Übertragung und viele andere solcher Entwicklungen. Die Öffnung des Fachgebiets war in vieler Hinsicht erfolgreich und hat zu mehr Vitalität, Interesse, Enthusiasmus und eklektischerem Denken geführt. Viele dieser Schulen haben sich seitdem von der APsA abgespalten und ihre eigenen Gesellschaften und Zeitschriften gegründet. So lesen diese unterschiedlichen Zweige wieder einmal nicht die Literatur der anderen. Am Ende blieb die APsA bei einer leicht veränderten, mehr übertragungsorientierten, aber immer noch strikten Orthodoxie.

Die neue Offenheit war gut, aber sie führte für mich zu einigen Konflikten, da ich ein Produkt des New York Psychoanalytic Institute und seines dort vorherrschenden »Ich-psychologischen« Denkens war. Ich habe das Gefühl, dass meine Lehrer dort zutiefst missverstanden und nun leider vergessen worden sind.

Als ich mich am New York Psychoanalytic Institute bewarb, wurden viele junge Psychiater abgelehnt, was meines Erachtens zu nachhaltiger Verbitterung führte, die der folgenden Entwicklung nicht förderlich war. Die Abgelehnten sahen sich als »Bürger zweiter Klasse«. Schlimmer war noch, dass von der Klasse von 20 Leuten, die mit mir angefangen hatten, im nächsten Jahr nur noch zehn übrig waren. Niemand wusste, ob diese Kandidaten, in der Mehrzahl Männer, als »unanalysierbar« abgelehnt worden waren oder ob sie selbst entmutigt aufgegeben hatten.

Ich schätzte meine psychoanalytische Ausbildung sehr. Während meiner psychiatrischen Facharztausbildung hatte ich den Patienten zugehört, konnte aber ihre Rede in keine Form von kohärentem, sinnvollem Inhalt organisieren. Meine psychoanalytische Ausbildung öffnete mir die Augen. Ich begann die zugrundeliegenden Themen zu verstehen und organisierte mein eigenes Denken um eine theoretische Struktur.

Meine Lehrer waren überwiegend bemerkenswerte Menschen. Am prägendsten war für mich Edith Jacobson, die sehr klare Theorien hatte, die, wie mir jetzt deutlich wird, ihrer Zeit voraus waren. Sie integrierte Objektrepräsentanzen, idealisierte und reale Repräsentanzen, Konflikte zwischen Selbstwahrnehmung und dem idealisierten Selbst, und idealisierte Objektrepräsentanzen. Sehr klar in ihrer Darstellung war auch Berta Bornstein, die den Mechanismus in der Entstehung von Phobien, wie er von Freud beschrieben wurde, schematisieren konnte. Wir waren umgeben von Theoretikern wie Hartmann, Kris, Loewenstein und Margaret Mahler. (Aus Platzmangel kann ich leider nicht alle großartigen Lehrer aufzählen.) Wir hielten unser Institut für das »Mekka« der Psychoanalyse. Als mein Mann nach meinem Abschluss eine Stelle in Pittsburgh, Pennsylvania, annahm, informierte mich mein Mentor Robert Bak, dass es »westlich des Hudson keine Psychoanalyse« gäbe.

Der Nachteil des New York Psychoanalytic Institute war, dass trotz der Anwesenheit so vieler prominenter Theoretiker die Neigung zur Orthodoxie weiterbestand. Die Theoretiker entwickelten zwar innovative Theorien, aber ihre ganze Arbeit fand unter dem Deckmantel statt, eigentlich nur Freuds Werk zu erklären. Wir wurden mehr oder weniger subtil abgeschreckt, die Ansichten anderer Psychoanalytiker zu berücksichtigen, die *out* waren, uns wurde sogar subtil verboten, sie zu lesen. Diese abgelehnten »Ableger« wurden als »unvollständig«, »einseitig« oder »Verwässerung der Psychoanalyse« abgestempelt. Dazu gehörten Sándor Radó (dessen Institutsgründung Anstoß erregt hatte), Karen Horney, Harry Stack Sullivan, Erik Erikson und Melanie Klein. Jahre später entdeckte ich Horney und Klein für mich selbst und fand in ihren Arbeiten einige sehr aufschlussreiche Aspekte, die mir mit Sicherheit in meiner Selbstanalyse hilfreich waren. In ihrer Auseinandersetzung mit Freud über weibliche Sexualität sah Horney Frauen aus einer anderen Perspektive als der des Penisneids. Melanie Klein mit ihren Theorien der guten und der bösen Brust und der Verfolgungsangst vor der bösen Brust war eine echte Entdeckung für mich. Ich verstand plötzlich die albtraumhaften Angstzustände meiner Kindheit, die sich jeder Psychoanalyse entzogen hatten. Klein wurde dafür kritisiert, dass sie Babys über deren Verständnis hinausgehende Vorstellungen unterstellte. Sie mag vielleicht die Entwicklungsabfolge nicht korrekt ausgearbeitet haben, aber ihre allgemeinen Konzepte haben sich als sehr hilfreich erwiesen.

Ich hatte auch andere Schwierigkeiten mit meinem Lehrinstitut, die sich auf die Haltung des Lehrkörpers gegenüber den Studenten und auch den Absolventen bezogen. Wir waren zum Lernen dort, aber wurden als »zu jung« angesehen, unsere eigene Forschung zu betreiben oder zu veröffentlichen. Als ein Kommilitone von mir seine eigene Forschung vorstellte, stieß er auf Ablehnung. Uns war nicht gestattet, die Ausbildungsrichtlinien, die uns förderten, in Frage zu stellen oder gegen sie zu protestieren. Diese Einstellung betraf nicht nur uns Studenten, sondern auch die Absolventen des Instituts. Es gab keine erkennbare Methode in der Auswahl der Lehranalytiker außer persönlicher Zuneigung oder Abneigung. Ganze Generationen von Absolventen wurden nicht zu Lehranalytikern befördert. Diese Schwierigkeiten führten zu einer allgemeinen Rebellion der Studenten, eine Kandidatenorganisation wurde gebildet, um Rechte und Mitbeteiligung einzufordern. Einige Jahre später protestierte die Mitgliederschaft gegen die mangelnden Beförderungen zum Lehranalytiker. Ich habe diese ganzen spannenden Entwicklungen verpasst, da ich zu diesem Zeitpunkt New York bereits verlassen hatte und nach Pittsburgh gezogen war.

Mein Mann und ich hatten uns darauf geeinigt, dass wir in New York bleiben würden, bis ich meine langwierige Ausbildung beendet hatte, und dass er dann an der Reihe sei, dorthin zu gehen, wo es für ihn die besten Karriereaussichten auf dem Gebiet der Wirtschaftsgeschichte gab. Er entschied sich für die University of Pittsburgh, die zu dieser Zeit rasch expandierte und interessante Leute anwarb. Zu meinem Glück gab es dort ein gerade gegründetes psychoanalytisches Institut. Der Umzug war zunächst beunruhigend für mich und beschwor die Entfremdung und Verwirrung meiner früheren traumatischen Umzüge herauf. Er erinnerte mich auch an meine Einwanderung in die USA, wo ich so unterschiedliche Moral- und Wertvorstellungen vorfand, die man sich gefühlsmäßig aneignen musste, da niemand sich hinsetzte und einem »die Regeln« erklärte. Das galt vor allem für meine berufliche Umstellung. Es dauerte zwei Jahre, bis ich Arbeit fand, und noch länger, bis ich meine eigene psychoanalytische Praxis eröffnen konnte.

Ich war mit einem Dreijährigen und einem Baby nach Pittsburgh gekommen und war es nicht gewohnt, nicht zu arbeiten. Meine Identität war daran gebunden, dass ich als Frau berufstätig war. Nachdem ich jedoch meine Phase der Entfremdung überwunden hatte, erwiesen sich diese zwei Jahre der Arbeitslosigkeit als die glücklichsten meines Lebens. Ich konnte entspannen, in die Welt der Frauen eintreten, die Betreuung meiner Kinder und das Leben in Pittsburgh genießen.

Als Stadt stellte sich Pittsburgh als glückliche Wahl heraus. Im Gegensatz zu New York oder Wien gab es viele große Einfamilienhäuser mitten in der Stadt, nicht nur in den Vororten. Überall waren Bäume, Rasen und Blumen vor den Häusern und weitläufige Gärten dahinter. Es gab Universitäten, Museen und Theatergruppen, ein landesweit renommiertes Symphonieorchester und viele andere Musikgruppen. Später kamen eine Oper und eine bekannte Balletttruppe hinzu. Der Verleger Rand McNally hat Pittsburgh wiederholt zur »amerikanischen Stadt mit der besten Lebensqualität« gekürt.

Zum ersten Mal in meinem Leben wurde ich Teil der Welt der Frauen – es war eine Zeit, in der Frauen noch nicht so zahlreich in der Arbeitswelt vertreten waren. Ich entdeckte, dass Frauen sich in ehrenamtlicher, gesellschaftsfördernder Tätigkeit engagierten: Sie sammelten Geld für Kulturinstitutionen, beteiligten sich aktiv an der Aufsicht über das Schulsystem, gründeten Nachbarschaftsvereine zur Bekämpfung von Kriminalität, engagierten sich in lokalpolitischen Aktionen und bildeten eine Gemeinschaft, in der die Kinder in den Gärten hinter den Häusern in Sicherheit zusammen sein und spielen konnten.

Auf diesen Gartenspielplätzen beschloss ich, meine Zeit als Arbeitslose zu nutzen, um Kinder zu beobachten und zu studieren. Ich war fasziniert davon, dass die Psychoanalyse darauf bestand, dass alle kleinen Mädchen an Penisneid litten, und dass dieser den Grundstein für die Entwicklung des weiblichen Charakters legte. Ich hatte in meiner eigenen Analyse nicht viel Penisneid gefunden, obwohl ich eine amüsante Erinnerung daran hatte, dass ich im Alter von sieben Jahren einmal die Vorderseite meines Kleides zu einer Penisprojektion gestaltete. Allerdings ereignete sich das zu einer Zeit, als ich im Kinderheim von lauter Jungen umgeben war. Was auch immer diese Episode bedeutete, war sie doch eher ein an die Jungen gerichteter Scherz als der Ausdruck eines ernsthaften Gefühls von Mangel. Heute bin ich davon überzeugt, dass die tiefere Bedeutung in einer Art der gezielten Abwehr gegen Penetration – durch die Augen – lag als in dem Wunsch, selbst einen Penis zu besitzen. Ich entdeckte schließlich Karen Horneys Arbeiten zu weiblicher Sexualität und stimme ihr zu, dass die Abwehr von Penetration einen viel zwingenderen weiblichen Konflikt für die meisten Frauen darstellt. In der Pittsburgher Hausgartengemeinschaft hatte ich die Möglichkeit, drei kleine Mädchen von ihrer Geburt bis zum Alter von sechs Jahren zu beobachten und dann zu sehen, wie sie sich als Teenager und Erwachsene entwickelten. Ich beobachtete ihre Entdeckung des Penis und ihre Reaktionen und konstatierte einen kognitiven »Aha-Effekt«, aber weder das beschriebene überwältigende Trauma noch die Depression, die zum Beispiel von Galenson und Roiphe festgestellt wurde.[10] Es schien, als ob andere Faktoren ihre weibliche Entwicklung prädisponierten, sowohl genetische als auch Identifizierungen mit den wichtigen Objekten; bei dem einem Mädchen führten sie zu einer geschlechtsneutraleren Identifizierung, bei dem anderen zu Überweiblichkeit und im dritten Fall zu frühen Anzeichen von weiblichem Masochismus. An dieser Stelle kann ich meinen Befund leider nicht weiterdiskutieren. Es war enttäuschend für mich, dass ich diese Studie in keiner psychoanalytischen Zeitschrift veröffentlichen konnte.

In späteren Jahren sah ich, wie das Interesse am Penisneid in der psychoanalytischen Literatur abnahm, bis es ganz verblasste. Das veranlasst mich zu einer allgemeinen Bemerkung über die Entwicklung psychoanalytischer Theorie. Einerseits gab es Meinungsverschiedenheiten, die relativ geringfügig waren, aber zu Spaltungen der Organisation führten. Andererseits gab es die Tendenz, Meinungsverschiedenheiten zu ignorieren, indem das ganze Thema einfach nicht mehr erwähnt wurde. Als Horney eine gegensätzliche Theorie zum Penisneid vorlegte, wurde sie verspottet und ausgelacht, was sie meiner Meinung nach dem psychoanalytischen Denken immer mehr entfremdete und schließlich zu ihrer Vertreibung aus der Organisation führte. Spätere, feministisch eingestellte Psychoanalytikerinnen nahmen diesen Kampf nicht auf, sie fanden das Thema einfach nur uninteressant. Niemand streitet ab, dass es so ein Gefühl wie Penisneid gibt. Aber ich denke, dass heute niemand die ganze folgende weibliche Entwicklung bei den meisten Frauen den Auswüchsen dieses Gefühls zuschreiben würde.

Meine Arbeit kam insofern zu einem falschen Zeitpunkt, als eine strikte Orthodoxie die drei wichtigsten psychoanalytischen Zeitschriften beherrschte, gefolgt von einer Ära des kompletten Desinteresses an diesem Thema. Ich selbst verlor mein Interesse daran, obwohl ich immer noch darüber nachdenke, warum Grundschulmädchen das »Ausschlussspiel«

---

[10] E. Galenson and H. Roiphe, The Impact of Early Sexual Discovery on Mood, Defensive Organization, and Symbolization, in: *Psychoanalytic Study of the Child* 26, 1971, 195-216.

[*exclusion game*] spielen, und falls mir mal danach sein sollte, werde ich einen Teil meiner ursprünglichen Arbeit wieder aufpolieren.

Ich habe Glück gehabt, dass mein Mann eine Universität in einer Stadt gewählt hatte, in der es ein neu gegründetes psychoanalytisches Institut gab. Von daher konnte ich nach ein paar Jahren Pause und einigen weiteren Jahren Teilzeitarbeit meine Karriere als Psychoanalytikerin, umgeben von Kollegen, wieder aufnehmen. Aber es war merkwürdig, die »Regeln« und die Sitten dieses neuen Instituts anzunehmen. Ich musste mich in diese neue soziale Institution einfühlen, bevor ich voll akzeptiert werden konnte. Es war nicht einfach, mich an Pittsburgh zu gewöhnen. Es gab noch nicht die aus der Frauenbewegung heraus entstandene, heute gängige Praxis, dass Männer in einem Bewerbungsverfahren eine Stelle für ihre Frau mitverhandeln. Also kam ich ganz ohne Verbindungen nach Pittsburgh und musste versuchen, eine Stelle und die Möglichkeit zu finden, mir eine Praxis aufzubauen. Wie ich bald erfuhr, war eine Psychiaterin ohne Verbindungen und Referenzen vor Ort schwer vermittelbar. Es dauerte ungefähr zwei Jahre, bis ich meine Kollegen in der Pittsburgh Psychoanalytic Society gut genug kannte, um mich langsam zu integrieren und genug Verbindungen zum Aufbau einer Praxis herzustellen. Ich unternahm für einige Jahre weiterhin in Teilzeit meine Forschungsexpeditionen in die Gartengemeinschaft, da ich unerwarteterweise ein drittes Kind bekam.

Entsprechend der Orthodoxie des New York Psychoanalytic Institute hatte mir meine Mutter immer wieder gesagt, dass die Chicagoer Analytiker mit ihrem Bezug auf »Abhängigkeitsbedürfnisse« die Psychoanalyse verwässerten. Dieser Begriff war ihr ein Dorn im Auge, da er ihrer Meinung nach die Theorie der Libido als grundsätzliches menschliches Prinzip nicht anerkannte. Ihr Einwand erscheint mir im Nachhinein paradox angesichts der Tatsache, dass ich einen großen Teil meiner frühen Kindheit von ihr weggegeben worden war. Aber als ich in Pittsburgh ankam, fehlte mir das Verständnis für die theoretischen Differenzen zwischen mir und meinen neuen Kollegen. Auch meine Kollegen verstanden nicht, dass wir unterschiedliche Konzeptionen hatten, obwohl wir anscheinend die gleiche Sprache sprachen. Als ich der Pittsburgh Psychoanalytic Society und dem Institut beitrat, fand ich mich in einem verwirrenden theoretischen Dilemma. Gewappnet mit meiner New Yorker Ausbildung, war ich zutiefst beeinflusst von der Strukturtheorie und begriff Konfliktlösungen im Sinne von Trieb und Abwehr, die zu Symptomen und Charakterzügen zugrundeliegenden Kompromissbildungen führten. Zudem sollte, um an die kindlichen Konflikte heranzukommen, die Übertragung nicht zu früh interpretiert werden, sondern sich vertiefen und in der Regression zum ursprünglichen Konflikt darstellen. Das Ziel war, Einsicht zu gewinnen: Die Technik war freie Assoziation; es wurde gedeutet, um diese freie Assoziation voranzutreiben und Veränderungen in Affekt oder Abwehr zu verdeutlichen, wenn die Assoziationen versiegten. Hinzu kam, dass frühe Übertragungsdeutungen nur vorgenommen wurden, wenn die Übertragung zur Quelle des Widerstands wurde.

Meine neuen Pittsburgher Kollegen waren im Großen und Ganzen eher an den neueren Versionen der »Abhängigkeitsbedürfnisse« interessiert. Da wir alle die gleiche Sprache sprachen, brauchte ich eine ganze Weile, bis ich verstand, dass die Pittsburgher Analytiker eher von den in Chicago entstehenden theoretischen Trends beeinflusst wurden. Sie hatten viel eher ein Interesse daran, Übertragung als einziges Therapiemittel einzusetzen. Sie benutzten zwar nicht den Begriff »Abhängigkeitsbedürfnisse«, waren aber dieser Idee und ihrer Weiterentwicklung in Theorien der Entwicklungsstörungen verpflichtet, wobei sie mehr zur Theoretisierung von Bindungen als von Konflikten neigten. Als ich 1965 in Pittsburgh ankam, hatte sich Margaret Mahler gerade einen Namen gemacht mit ihrer Konzeption von »Trennung und Individuation«. Die Pittsburgher Analytiker schienen wie gebannt von diesen Konzepten und wendeten sie auf Erwachsene an. Auch schienen sie die Rolle des Über-Ichs und der ödipalen Konflikte zu unterschätzen, die in meiner Ausbildung eine so zentrale Stellung eingenommen hatten. In der Entwicklung der psychoanalytischen Theorie in den folgenden Jahrzehnten wandten sich die Pittsburgher Analytiker der Selbstpsychologie zu, insbesondere dem Begriff »Selbstobjekt«, während die New Yorker Analytiker von Oralität oder oralen Objektbeziehungen und Charakterbildung sprachen. Objektbeziehungstheorie und Winnicott kamen auch bei den Pittsburghern in Mode. Sie betonten die Bindung an das mütterliche Objekt beziehungsweise den Mangel in dieser Bindung im Rahmen einer Theorie des Defizits und nicht einer Theorie des strukturellen Konflikts. Am erstaunlichsten für mich war die Abwesenheit jeglicher Erwähnung von Sexualität außer in einigen formalen Fragen während des ersten Interviews. Von daher standen Konflikte aufgrund von Masturbation oder die Eingliederung von traumatisch bedingten sexuellen Phantasien in charakterliche Verhaltensmuster nicht zur Debatte. Am bemerkenswertesten war die Einstellung der Mehrheit der Pittsburgher Analytiker zur Übertragung. Mehrere Jahre lang redeten wir aneinander vorbei, weil wir zwar dieselben Worte wie »Übertragung« benutzten, aber etwas ganz anderes meinten. Während ich an »Einsicht« im umfassenden Sinne glaubte, wurde hier nur als »Einsicht« gewertet, was durch Übertragung erreicht wurde. Von daher nahm die Gruppe mit Begeisterung Merton Gills Erneuerung der »Übertragung im hier und jetzt« auf.[11] Sie wollten die Übertragung bis in jede Kleinigkeit kontrollieren, indem sie detaillierte Fragen stellten, wie die Patienten die Behandlung und den Analytiker einschätzten. Diese Befragungen waren meiner Meinung nach oft konfrontativ und beeinträchtigten mit Sicherheit die freie Assoziation, die in meiner Ausbildung so wichtig gewesen war.

Obwohl ich persönlich beide Herangehensweisen schätzen gelernt habe, sind die Unterschiede doch noch akut und umfassend. Das New York Psychoanalytic Institute, das in der Psychoanalyse absolut führend war, wird jetzt immer noch auf nationaler Ebene kritisiert für seine Betonung von Einsicht, Abwehr und Konflikt und die Vernachlässigung der »Übertragung im hier und jetzt«.

Da ich drei Kinder großzog, dauerte es Jahre, bis ich mich um den Status als Lehranalytikerin bewerben konnte. Erst in diesem Bewerbungsprozess wurden unsere theoretischen Differenzen offensichtlich. Das Komitee, dem ich einen Fall vorstellen musste, war entsetzt von meinem mangelnden Beharren auf der Deutung der Übertragung – meiner Ansicht nach notwendig bis zu dem Punkt, wo sie sich vertieft hatte und zu den konfliktgeladenen Ursprüngen regrediert war – und von meiner Bevorzugung des Inhalts. Ich wurde nicht als Lehranalytikerin zugelassen. Die narzisstische Kränkung wurde von meiner eigenen Ambivalenz gedämpft. Ich wollte die Versklavung meiner Mutter durch ihr Institut nicht wiederholen – die endlosen Sitzungen und die Institutspolitik. Hinzu kam, dass das Pittsburgher Institut bereits an der gleichen Krankheit wie das New Yorker Institut und wahrscheinlich viele andere Institute litt. Sie hatten so hohe Standards gesetzt, dass kein Absolvent für gut genug befunden wurde, Lehranalytiker zu werden. Zur selben Zeit, als man mir die Zulassung verweigerte, wurden sechs meiner Pittsburgher Kollegen abgelehnt, und das, obwohl

---

[11] M. Gill, The Analysis of the Transference, in: *Journal of the American Psychoanalytic Association* 27, 1979, 263-288.

es einen Mangel an Lehranalytikern gab, der den Fortbestand des Instituts gefährdete. Es folgte ein allgemeiner Aufruhr und eine Rebellion, die zu neuen Richtlinien hinsichtlich der Ernennung zum Lehranalytiker führte. Einige meiner abgelehnten Kollegen zogen sich verletzt zurück, andere waren bereit, sich erneut zu bewerben. Ich war nicht dazu bereit, und habe diese Entscheidung niemals bereut. Ich war im Institut aktiv und übernahm viele Kurse, und dennoch hatte ich Raum für ein befriedigendes Familienleben und ein umfassenderes Sozialleben, als es denen möglich ist, die sich als Lehranalytiker komplett in den Dienst der Psychoanalyse stellen müssen. Diese Art von »Versenkung«, die als absolute Voraussetzung für einen guten Analytiker gepriesen wird, hat die Psychoanalyse von ihrem weiteren sozialen Umfeld isoliert. Hier sehe ich die Ursache für den Mangel an Anerkennung und Präsenz in der breiteren Öffentlichkeit und an Bewunderung der Psychoanalyse in diesem Land. Die Psychoanalyse hat sich stattdessen an den Rand der Gesellschaft begeben und sucht erst jetzt verzweifelt den Zugang zu einem breiteren Publikum.

Ich würde diese absolute Vertiefung in die Analyse auch in Bezug auf die Lebenswirklichkeit und geistige Gesundheit des Analytikers in Frage stellen. Ich hatte Kollegen, die behaupteten, dass wir Analytiker uns so in die Gegenübertragung vertiefen sollten, dass wir mit jedem Patienten eine kleine Minineurose miterlebten. Ich bin mir sicher, dass wir alle hier und da diese Erfahrung gemacht haben, aber als tägliche Dosis bei ungefähr acht Patienten mit wenig Zeit zum Luftholen wird diese Art von Vertiefung zur neurotischen Introspektion. Mit dieser meiner Erfahrung stand ich nicht allein da, sie wurde von vielen anderen Frauen mit Kindern geteilt. Jeden Tag kehrte ich von den Kämpfen mit und den Gedanken an meine Patienten nach Hause zurück, wo ich mich unmittelbar konfrontiert sah mit den Ansprüchen und den Bedürfnissen nach Austausch von Seiten meiner drei Kinder und, vielleicht weniger dringend, meines Mannes. Das erforderte einen schnellen Rollenwechsel von der »Analytikerin« zur »Mama« und »Ehefrau«. Ich erinnere mich, wie einer unserer führenden Lehranalytiker, James MacLaughlin, sein Bedürfnis beschrieb, sich, wenn er von der analytischen Arbeit nach Hause gekommen war, für einige Stunden in seine Holzwerkstatt zurückzuziehen, um auszuspannen und dann ins Familienleben zurückzukehren. Diese Art von Luxus ist für Mütter nicht zu haben. Ich glaube sogar, dass zu weitgehende Vertiefung in das introspektive Leben ungesund für das Familienleben ist. Das macht die Psychoanalyse zu einem anstrengenden und gefährlichen Beruf. Andere Möglichkeiten, als Analytiker diesem Konflikt aus dem Weg zu gehen, sind das Engagement in der Welt der psychoanalytischen Politik oder das Aufbringen unzähliger Stunden für Verwaltungsaufgaben, die für den Institutsbetrieb beziehungsweise die nationale Organisation notwendig sind. So bleibt man der »Sache« treu und meidet zugleich die schmerzlichen introspektiven Nebenwirkungen dieses Berufs.

Besonders hilfreich in meinem Werdegang als Psychoanalytikerin war das von der Pittsburgh Psychoanalytic Society entwickelte Programm, das alle Mitglieder zur Teilnahme an einer Studiengruppe verpflichtete. Diese Gruppen waren klein und trafen sich über Jahre hinweg meistens einmal wöchentlich. In einigen lasen und diskutierten wir Artikel, in anderen stellten wir aktuelle Fallstudien vor. Es war von Vorteil, dass diese kleinen Gruppen ein soziales Netzwerk konstituierten, das informell, persönlich und entspannt war. Als wir einander zu vertrauen begannen, sprachen wir über unsere tatsächlichen Patienten statt über die frisierten Fallstudien, die präsentiert werden, um den Kollegen zu imponieren. Wir trafen uns in Abwesenheit der »älteren Generation«. (Natürlich sind wir mittlerweile die »ältere Generation«, aber es ist hier die Rede von Treffen, die in einem Zeitraum von über 30 Jahren stattfanden.) Wir fühlten uns weder kritisiert noch beurteilt, sondern voll akzeptiert. In dieser Atmosphäre, in der wir hörten, wie andere an ihre Arbeit herangingen, lernte ich sehr viel über unterschiedliche Stile und Schwerpunktsetzungen. In mir vollzog sich ein Prozess der intellektuellen Reifung. Ich sah, dass es Menschen gab, die bis in die Feinheiten auf den Primärprozess und das dabei offengelegte Unbewusste eingestimmt waren und die aus kleinen »hier und jetzt«-Begebenheiten in der Praxis tiefe unbewusste Übertragungsphantasien hervorrufen konnten. Es war ihnen möglich, zwei theoretisch widersprüchliche Tendenzen in der Übertragungsdeutung zu synthetisieren. Der Inhalt der hervorgerufenen Phantasien konnte sexuell, ambivalent oder rivalitätsbezogen sein. Es gab andere Analytiker, die jedes Detail der »hier und jetzt«-Übertragung förderten und damit letztlich tiefe Vertrauensprobleme und Verlassenheitsängste wachriefen. Bemerkenswert war in diesen Fällen das Fehlen jeder Bezugnahme auf Sexualitäts- oder Schuldkonflikte. Es gab Analytiker, die zum gänzlichen Schweigen neigten und die Patienten frei assoziieren und reflektieren ließen, aber nicht deuteten. Wieder andere konnten mit psychotischen Elementen und bizarrem Verhalten umgehen beziehungsweise bei Bedrohung durch einen gewalttätigen Patienten ganz ruhig entgegnen, dass sie sich eingeschüchtert fühlten und unter diesen Umständen die therapeutische Arbeit nicht voranschreiten könne. Es gab Analytiker, die in gut gemeinten, aber doch an ein Kreuzverhör erinnernden Befragungen die Patienten dazu brachten zuzugeben, was sie wirklich in diesem Moment von dem Analytiker und der Analyse hielten. Im Gegensatz dazu gab es Analytiker, die genau auf die Lebensumstände der Patienten achteten und darauf, wie die Dinge außerhalb der analytischen Situation inszeniert wurden. Es gab Analytiker, denen die von den Patienten überlieferte Geschichte und ihre mögliche Auswirkung auf gegenwärtiges Verhalten immer präsent blieb, andere, die nach vergessener und abgewandelter Geschichte suchten und wieder andere, die Geschichte ganz ignorierten, weil sie glaubten, dass »alles in der Übertragung wieder erlebt« werde. Diese arbeiteten mit ihrer eigenen Gegenübertragung und waren sich der »projektiven Identifizierung« sehr bewusst, während jene eher auf die sich verschiebenden Abwehrmechanismen der Patienten hinwiesen und damit arbeiteten. Es gab Analytiker, die mit sexuellen Phantasien arbeiteten, und welche, die Sexualkonflikte grundsätzlich ignorierten und sich auf Bindungskonflikte konzentrierten. Den einen waren langwierige Analysen bis zu 20 Jahren lieb, den anderen gelang es, die Dinge in fünf oder sechs Jahren zu einem zufriedenstellenden Abschluss zu bringen. Es gab welche, die ein perfektes Endresultat anstrebten, und welche, die mit bescheidenen Fortschritten zufrieden waren.

Es gab Analytiker, die es tolerierten oder sogar anregten, dass Patienten sich aufrichteten oder auf dem Bauch auf der Couch lagen, das heißt das Gesicht dem Analytiker zugewandt, während andere sich nur wohl fühlten, wenn sie im Rücken des Patienten sitzen konnten. Manche machten sich Notizen, andere gar keine. Manche konnten gleichzeitig zuhören und Notizen hinkritzeln, andere nicht. Die einen hielten sich strikt an ein Minimum von vier Sitzungen pro Woche, ansonsten wäre es keine Analyse, die anderen waren flexibel in der Handhabung der erforderlichen Stundenzahl und erlaubten ihren Patienten, die unterwegs waren, die Analyse per Telefon.

Ich lernte aus diesen Berichten ganz verschiedener Therapiestile, dass viele verschiedene Methoden funktionieren. Aber was sie erreichen, ist auch unterschiedlich. Einige waren mehr auf die Auflösung neurotischer Bindungsprobleme ausgerichtet und andere mehr auf Einsicht in spätere Entwicklungskonflikte. Ich begann meinen Horizont zu erweitern.

Zunächst musste ich die in meinem Umfeld ständig wiederholte Frage loswerden: »Ist das wirklich noch Analyse?« Dieses ständige Infragestellen kam, glaube ich, in den 1950ern auf, als kürzere Therapieformen eingeführt wurden. Die Analytiker fühlten sich durch die Konkurrenz bedroht und wollten die Psychotherapie auf einen zweitklassigen Status verdrängen. Ich beziehe mich hier nicht auf behavioristische Verhaltenstherapien oder kognitive Therapien, sondern auf psychodynamischen und psychoanalytischen Konzepten basierende erkenntnisorientierte Therapien. Diese Branchenkonkurrenz, verbunden mit den historischen Kämpfen in der psychoanalytischen Bewegung, stärkte eine »orthodoxe« Denkweise. Da es jedoch mittlerweile so viele verschiedene Theoretiker und theoretische Trends gab, wurde die Orthodoxie von einer gewissen Engstirnigkeit durchdrungen. So hörte ich, wie Kernberg in seinem Plenarvortrag auf einem Kongress der American Psychoanalytic Association zwischen Psychotherapie und Analyse unterschied, indem er behauptete, dass nur die Analyse die Übertragung abschließend durcharbeite. Aber selbst diese Unterscheidung hält nicht stand, da es Therapeuten und Patienten gibt, die ziemlich effektiv in einer wöchentlichen Therapiesitzung mit Übertragung umgehen können.

Ich begann meine Theorie und Technik zu überdenken und kam zu dem Schluss, dass unterschiedliche Patienten unterschiedliche Herangehensweisen erforderten. Einige Patienten spielten mit ihrem Unbewussten, ihren Träumen, ihren Versprechern und ihren Phantasien. Andere neigten eher dazu, intensive positive oder negative Bindungen an den Therapeuten zu entwickeln und arbeiteten ausschließlich auf diesem Schauplatz. Manche konzentrierten sich auf Bindungsprobleme, andere auf charakterliche Kompromissbildungen. Im letzteren Fall entstanden die Verhaltenscharakteristiken oft aus Kindheitstraumen, die entweder sexueller Natur waren oder sexualisiert wurden. In meiner eigenen Erfahrung begegnete ich wenigen, deren Kompromissbildungen aus Schuldkonflikten in Bezug auf Kindheitsphantasien entstanden waren, es sei denn sie bezogen sich auf traumatische Situationen, die sie als Kind missverstanden hatten (zum Beispiel das Wegschicken eines Geschwisterkindes aus dem Elternhaus, wofür das Kind die Ursache zu sein glaubte). Ich war nach wie vor beeindruckt von der Anzahl der Fälle, in denen ein Trauma in der Neurosenbildung eine Rolle spielte. Damit will ich nicht die Vorstellung einer psychischen Realität leugnen, die ich als die innere Erfahrung in Reaktion auf die äußere

Erfahrung begreife. In meiner eigenen Arbeit ist mir kein Fall von Konflikt und Schuldgefühl in Bezug auf Phantasien untergekommen, der keinerlei Verbindung zu den Lebensumständen des Patienten gehabt hätte. So hat sich mein Interesse an den Auswirkungen von Traumen auf die Entwicklung des Charakters bis heute erhalten.

Ich begann den fundamentalen Konflikt in unserem Fachgebiet zu erkennen: Haben wir ein Interesse daran, Menschen zu »helfen«, oder wollen wir eine Art von reiner Introspektion ins Unbewusste erfahren? (Während meiner Ausbildungsjahre wurde der Wunsch zu »helfen« als »Rettungsphantasie« abgestempelt, und das Ideal basierte auf Freuds Vorstellung wissenschaftlicher Forschung.) Ich lernte auch viele andere theoretische Trends schätzen: kleinianische Theorie, Selbstpsychologie, lacanianische und jungianische Theorie, die klassische Form der Ich-Psychologie der Triebe und Abwehrmechanismen, Objektbeziehungstheorie und viele andere, die zu erwähnen hier zu viel Platz einnehmen würde. Ich war nunmehr davon überzeugt, dass ein Analytiker flexibel und eklektisch sein müsse und dass zu jedem Patienten jeweils unterschiedliche Methoden passen. Es war sehr hilfreich, dass sich unsere Studiengruppe über die Jahre hinweg mit vielen Theorien beschäftigte und dass wir jede Herangehensweise zu schätzen wussten. Die Psyche ist vielschichtig und kann aus verschiedenen Blickwinkeln betrachtet werden. Ausschlaggebend ist der Wunsch, therapeutische Hilfe zu leisten und individuell zu erproben, was funktioniert. Wenn eine Herangehensweise nicht funktioniert, ist ein Paradigmenwechsel während der Behandlung möglich. Diese Flexibilität hat meine Arbeit viel angenehmer gestaltet; sie hat mich von dieser Fixierung befreit, ob ich auch wirklich »alles richtig mache«.

Um der Zukunft der Psychoanalyse willen müssen die Analytiker ihre Haltung ändern. Wir müssen die Suche nach einer »reinen« Analyse aufgeben, die zu so viel Streitereien auf diesem Gebiet und zur Tendenz geführt hat, kleine ideologische Splittergruppen zu bilden. Wir müssen lernen, füreinander offen zu sein und einander zuzuhören, jeweils die andere Fachliteratur zu lesen und uns, wo es möglich ist, zu verbünden. Wir sind umzingelt von den sogenannten naturwissenschaftlichen Behandlungsmethoden, die in Wirklichkeit die Existenz der »Psyche« leugnen und sich allein auf das Gehirn beschränken. Von daher müssen sich die verschiedenen psychodynamischen Methoden vereinen und auch die Fortschritte in der Neurophysiologie schätzen lernen, die die Grenze zwischen Psyche und

Gehirn überschreitet und die Existenz des Unbewussten und die Bedeutung der Affekte bestätigt.

Ich habe mich aus meiner psychoanalytischen Praxis zurückgezogen, aber ich leite immer noch die ständige Fallkonferenz an unserem Institut. Der Kontakt mit den jüngeren Kollegen ist für mich eine wundervolle Erfahrung. Wir haben alle Hände voll zu tun, die verschiedenen Techniken und Herangehensweisen zu untersuchen, die bei unterschiedlichen Patienten wirksam sind. Wir haben mittlerweile einen Kompromiss gefunden zwischen der Notwendigkeit, die Übertragung täglich zu kontrollieren, und der Notwendigkeit, Kompromissbildungen, Abwehrmechanismen und die sich in den Vordergrund drängenden unbewussten Phantasien zu verstehen, die das Verhalten unserer Patienten lenken. Wir führen lebhafte Diskussionen und Auseinandersetzungen und haben gelernt, einander zu respektieren. In diesem Seminar habe ich die Rückkehr eines Enthusiasmus erlebt, der mir Hoffnung für die Zukunft unseres Fachgebiets gibt.

Übersetzung aus dem Amerikanischen von Veronika Füchtner

Auswahlbibliographie

Contribution to a Discussion on Homosexuality, in: *Journal of Clinical Psychoanalysis*, 9, 2000, 312-316.

Wilhelm Reich and Anna Freud: His Expulsion from Psychoanalysis, in: *International Forum of Psychoanalysis*, 12, 2003, 109-117.

Meine Erinnerungen an Edith Jacobson, in: *Edith Jacobson. Sie selbst und die Welt ihrer Objekte. Leben, Werk, Erinnerungen*, Ulrike May u. Elke Mühlleitner (Hrsg.), Bibliothek der Psychoanalyse, Psychosozial-Verlag, Gießen 2005, 313-327.

Wilhelm Reich und Anna Freud: Reichs Vertreibung aus der Psychoanalyse, in: *Bukumatula,* Zeitschrift des Wilhelm Reich Instituts, 20, 2007, 5-26 (Nachdruck in: Energie & Character 38, 2007.

Anmerkungen zu Dusan Makavejevs Film »Wilhelm Reich und die Mysterien des Organismus«, in: *Bukumatula*, Zeitschrift des Wilhelm Reich Instituts, 21, 2008.

Wilhelm Reichs wechselnde Theorien über Kindererziehung, in: *Werkblatt*, Zeitschrift für Psychoanalyse und Gesellschaftskritik, 61, 2008 (im Druck).

Lutz Rosenkötter

Meine Jugend in der NS-Zeit und mein Leben als Psychoanalytiker

Eine Jugend in NS-Deutschland[1]

Ich bin im Juli 1926 in Berlin-Schlachtensee geboren, einem Ortsteil von Berlin-Zehlendorf. Mein Vater, 1893 in Dortmund geboren, entstammte einer konservativen westfälischen Beamtenfamilie. Meine Mutter, auf Norderney 1895 geboren, entstammte einer jüdischen Kaufmannsfamilie, die seit Generationen überwiegend in Ostfriesland ansässig war.

Mein Vater war promovierter Volkswirtschaftler, zur Zeit meiner Geburt Syndikus einer großen Autozulieferungsfirma, seit Anfang der 1930er Jahre selbständiger Wirtschaftsprüfer und Steuerberater. Meine Mutter hatte »gegen die Erwartung ihrer Verwandten« ein Lyzeum, eine damalige Realschule für Mädchen, bis zum Schluss besucht. Ihr Vater, Aaron Weinberg, Textilkaufmann auf Norderney, war bald nach ihrer Geburt gestorben, so dass meine Großmutter, Berta Weinberg, geb. Meyer, geboren 1866, auf die Unterstützung ihrer Verwandten angewiesen war. Meine Mutter hatte drei ältere Geschwister: Max, Wilhelm, Rahel. Meine Großmutter zog Ende der 90er Jahre des 19. Jahrhunderts nach Gelsenkirchen, wo ihr wohlhabender Bruder Ludwig als Kaufmann tätig war. Die beiden Brüder meiner Mutter

---

[1] Nach einer Lesung des Autors am 8.10.2006 im Sigmund-Freud-Institut Frankfurt am Main anlässlich einer Veranstaltung zu seinem 80. Geburtstag. Diese Fassung ist geringfügig gegenüber dem Erstdruck in *Psychoanalyse im Widerspruch* 19, 2007, 19-36, redaktionell überarbeitet. Der Redaktion und dem Psychosozial Verlag danke ich für die freundliche Genehmigung zum Nachdruck.

wuchsen bei Verwandten auf. Sie und ihre Schwester Rahel, genannt Lu, lebten bei meiner Großmutter, die ihren Lebensunterhalt durch einen »Mittagstisch« für berufstätige Kaufleute wohl zum Teil verdiente, zum Teil von den Brüdern meiner Großmutter unterstützt wurde.

Mein Vater wuchs zunächst in Dortmund, später in Essen auf, wo mein Großvater Adalbert Rosenkötter »königlich-preußischer Rechnungsrat« bei der Eisenbahn war. Dieser Großvater ist 1914 gestorben, die Mutter meines Vaters bald danach, so dass ich meine Großeltern väterlicherseits nicht kennengelernt habe. Mein Vater war der jüngste von vier Brüdern: Emil, August und Wilhelm. Der Zusammenhalt in dieser Familie war nicht gut, anders als in der Familie meiner Mutter. Dazu später mehr.

Mein Vater studierte nach dem Abitur Volkswirtschaft in Heidelberg. Zum Anfang des Ersten Weltkrieges 1914 wurde er eingezogen, aber bald aus Gesundheitsgründen entlassen, so dass er sein Studium bis zur Promotion fortsetzen konnte. Er hat über diese Zeit nie gesprochen. Ich weiß nur, dass er als Jugendlicher dem Wandervogel, einer damaligen Jugendbewegung, angehört hatte.

Meine Mutter hatte den Besuch eines Lyzeums durchgesetzt gegen die Erwartung ihres Onkels Ludwig und seiner Frau, Tante Malchen, die ich noch als sehr alte Frau in New York kennengelernt habe. Sie waren der Meinung, ein Mädchen brauche keine Bildung; meine Mutter solle Putzmacherin werden. Meine Mutter hatte auf dem Lyzeum Französisch gelernt und wurde später kaufmännische Angestellte. Dies kam ihr zugute, als sie im Ersten Weltkrieg beim Heeresbeschaffungsamt in Brüssel arbeitete. Sie hatte zeitlebens eine Vorliebe für das Französische.

Meine Eltern lernten sich während des Ersten Weltkrieges bei einer Familie Goldschmidt in Essen kennen und heirateten 1918. Sie zogen bald darauf nach Berlin. Dort bin ich, wie gesagt, geboren und aufgewachsen. Bald nach meiner Geburt zogen meine Eltern mit mir in ein Einfamilien-Reihenhaus nach Berlin-Lankwitz. Meine Eltern hatten den Lebensstandard einer damaligen oberen Mittelklasse; sie hatten stets »Dienstmädchen«.

Meine frühesten Erinnerungen gehen nach Lankwitz zurück. Ich besuchte einen Kindergarten, aber nicht besonders gern. Es kam mir dort irgendwie kalt vor. Ostern 1933 wurde ich eingeschult. Wir hatten einen wenig freundlichen Klassenlehrer, der teilweise mit dem Rohrstock prügelte, was mich zwar nie traf, aber ängstigte.

Von der Nazi-Machtergreifung habe ich unmittelbar nichts mitbekom-

men, spürte aber, dass es eine unruhige Zeit war. Am 1. April 1933 gab es den ersten Boykott jüdischer Geschäfte. Meine Mutter war mit mir zum Einkaufen gegangen und wollte mit mir in ein Seifengeschäft namens *Wasservogel*. In der Ladentür stand ein SA-Mann in Uniform und versperrte uns den Eintritt. Meine Mutter versuchte zu argumentieren: »Sie haben dazu kein Recht!«, aber es war erfolglos. Später zu Hause weinte sie. Ich spürte, dass etwas Schlimmes geschah, aber ich verstand es nicht.

Etwas später – ich war schon in der Schule – war ich mit einem Mitschüler unterwegs. Er deutete auf einen Laden und sagte: »Det is 'n Itzig.« Später zu Hause fragte ich meine Mutter: »Mutti, was ist ein Itzig?« Meine Mutter wurde spürbar angespannt und sagte: »Das ist ein Jude. Deine Mutter ist eine Jüdin.«

Weil der Ortsteil Lankwitz kleinbürgerlich und nazifreundlich war, zogen meine Eltern 1934 nach Berlin-Charlottenburg in ein großbürgerliches Milieu zum Kaiserdamm, in eine 7-Zimmer-Wohnung, wovon zwei Zimmer Büro meines Vaters waren.

Von den *Nürnberger Gesetzen* und meinem Status als »jüdischer Mischling 1. Grades« spürte ich zunächst nichts. 1936, ich war 10, traten die meisten Gleichaltrigen in die Hitlerjugend ein, was ich nicht konnte. Zuerst bedauerte ich das – später war ich erleichtert.

1936 war in Berlin die Olympiade. An unserer Wohnung fuhren mehrfach Hitler und Mussolini auf dem Weg zum Olympiastadion vorbei. Dazu kamen Freunde und Bekannte meiner Eltern, um das Spektakel zu sehen, darunter etliche Juden. Die meisten machten spöttische Bemerkungen, nur mein Onkel Wilhelm äußerte sich pronazistisch. Diese Spektakel spielten sich so ab: Ab dem frühen Morgen wurde der Fahrdamm von einer Kette von SA-Männern gesperrt, während sich dahinter auf den Bürgersteigen Menschenmassen sammelten und stundenlang warteten. Irgendwann am frühen Nachmittag fuhren dann Hitler und Mussolini, stehend im offenen Mercedes, hindurch, begleitet vom Heilgeschrei der Massen. Ich verstand das Absurde der Situation.

Ostern 1937 kam ich auf die Oberschule. Meine Eltern hatten das Französische Gymnasium für mich ausgesucht, weil es den Ruf hatte, selbst damals noch relativ liberal zu sein. Es war 1689 für die nach Brandenburg eingewanderten Hugenotten gegründet worden und gab nach einigen Jahren des Französisch-Lernens den meisten Unterricht in französischer Sprache. Der Ruf relativer Liberalität im Rahmen damaliger Umstände bestätigte sich. Bei der Einschulung trafen Kinder aus ganz verschiedenen Stadtteilen aufeinander, die sich nicht kannten. Obwohl damals allgemein Geschlechtertrennung herrschte, wurden doch einige Mädchen hugenottischer Abstammung aufgenommen.

Ich kam in ein Gespräch mit einem Jungen namens Thomas Boenheim. Sein Vater war Kinderarzt. Er fragte mich: »Bist du in der Hitlerjugend?« Ich antwortete: »Nein.« Er darauf: »Ich auch nicht, mein Vater ist nämlich Jude.« Ich: »Meine Mutter ist auch Jüdin, aber mein Vater hat gesagt, ich soll das nicht erzählen.« Er: »Das finde ich nicht gut, das ist ja feige.« Das machte mich sehr nachdenklich, denn für einen 10-Jährigen ist Feigheit ein schlimmer Vorwurf. Bald darauf rang ich mich dazu durch, in der Klasse zu verkünden: »Meine Mutter ist Jüdin.« Erst hatte ich Angst vor Klassenkeile, aber es geschah gar nichts. Da habe ich gelernt, dass man mit manchen Sachverhalten offensiv umgehen muss. Bis 1945 habe ich stets darauf geachtet, dass Menschen, mit denen ich zu tun hatte, wussten, wer ich bin, damit Judenhasser sich sogleich zu erkennen geben konnten; das geschah übrigens selten. Thomas Boenheim ist 1939 mit seiner Familie nach England emigriert. In meiner Klasse waren noch zwei, später drei »Halbjuden«. Bis 1938 waren auf dem Französischen Gymnasium noch eine Anzahl jüdischer Schüler. Insgesamt kann ich sagen, dass es auf dieser Schule so gut wie keine spontane Diskriminierung gab im Rahmen des damals Möglichen. Manche Lehrer waren sogar ausgesprochen wohlwollend.

Im Sommer 1938 schenkten mir jüdische Freunde meiner Eltern das *Philo-Lexikon – Handbuch des jüdischen Wissens*. Bei dessen Studium erfuhr ich, welchen Reichtum an Tradition und Beiträgen zur Kultur und Wissenschaft die Juden aufzuweisen haben. Von da an war für mich meine jüdische Abstammung endgültig kein Makel mehr, und ich empfand Abneigung und Hass gegen die Nazis.

Es entstand eine enge Freundschaft mit einem Mitschüler: Hans-Dieter Lechner. Beide Eltern waren Ärzte; sein Vater war Jude. Wir stimmten in Ansichten und Urteilen weitgehend überein. Er war intellektueller als ich; meine Eltern fanden ihn altklug. Sein Vater starb 1941 oder 42; seine Mutter ließ ihn »arisieren«, indem sie vorgab, sein leiblicher Vater sei ein anderer gewesen. Er konnte darum 1943 auf der Schule bleiben. Er hat mich später in Dresden mehrfach besucht. 1945 zog seine Mutter nach Lübeck, wo er sich bald darauf das Leben nahm. Er hatte mir noch einen sehr depressiven Abschiedsbrief geschrieben.

Ich bin gern zur Schule gegangen, vor allem auf das Gymnasium, wo es eine Drohung des Rohrstocks nicht gab. Ich war ehrgeizig; Lernen fiel mir nicht schwer, vor allem Sprachen. Mir lag auch daran, die Behauptung der Nazis, Juden seien »kulturunfähig«, zu widerlegen. Von den meisten Lehrern wurde meine Mitarbeit gewürdigt und akzeptiert. Vor allem möchte ich meinen Lehrer Lindenborn erwähnen, der mit seiner Kritik an der NS-Ideologie sehr offen war. Er gab Deutsch und Biologie, war zeitweise unser Klassenlehrer. In dieser Schule war Tradition, dass vor Beginn des Unterrichts gemeinsam ein kurzes französisches Gebet gesprochen wurde. Das wurde ca. 1941 verboten, stattdessen sollte ein »Sinnspruch eines deutschen Mannes« gesprochen werden. Sein Kommentar: »Na ja, das können wir ja machen, aber es sollten wirklich bedeutende Männer sein wie Goethe oder Schiller, nicht bloß Goebbels oder Gauleiter Sauckel.«

Auch etwa zu dieser Zeit musste im Biologieunterricht »Rassenkunde« behandelt werden. Er sagte: »In unserem Buch kommen wir jetzt zu den Juden. Da ist einer abgebildet, der sieht sehr hässlich aus. Man kann das nicht verallgemeinern. Neulich sah ich im Bus eine junge Dame, die sah ganz blond und nordisch aus. Als sie ihr Handtäschchen von der Brust nahm, trug sie darunter einen Stern. Man sieht also, man kann das nicht verallgemeinern, darum gehen wir zum nächsten Kapitel über.« Mit Lindenborn verband mich eine persönliche Beziehung. Er hat mir z. B. zur Konfirmation ein Buch geschenkt. Er hat 1941 oder 42 einen Roman veröffentlicht mit dem Titel: *Résister*. Er handelte von den Hugenottenverfolgungen des Frankreichs des 16. Jahrhunderts, aber wer ihn kannte, wusste, was gemeint war. Ich hatte noch 1945 mit ihm zu tun; darauf komme ich später.

Meine Eltern litten unter dem Stigma, das ihnen auferlegt war. Während die Brüder meines Vaters sehr unsolidarisch waren, war das Verhältnis zu meinen jüdischen Verwandten gut und eng, solange das möglich war. Meine Großmutter mütterlicherseits, an der ich sehr hing, wohnte jedes Jahr einige Monate bei uns, die übrige Zeit bei meinem Onkel Max und seiner Frau Else in Minden. Meine Tante Rahel, genannt Lu, war Einkäuferin in Konfektionsgeschäften in der Provinz gewesen. Als diese 1938 schließen mussten, weil ihre Besitzer Juden waren, kam sie nach Berlin und war sehr oft bei uns.

Im Spätsommer 1942 wurden meine Klassenkameraden zur Erntehilfe auf das Land geschickt. Wir »Halbjuden« waren der deutschen Scholle nicht würdig; wir wurden zur Straßenreinigung in Berlin verpflichtet. Zwei andere Jungen und ich mussten uns im Straßenreinigungsdepot im Stadtbahnbogen neben der Friedrichstraße melden. Die Straßenfeger waren alle ältere Männer, die man nicht zum Militär eingezogen hatte. Als wir dort eintrafen, hatten die gerade Frühstückspause. Ich habe heute noch im Ohr, wie einer sagte:»Wat is'n det für 'n Quatsch. Sollen se doch de jungen Leute wat lernen lassen.« Die Straßenfeger waren ausgesprochen wohlwollend uns gegenüber; die Arbeit war nicht sehr schwer, und so habe ich die sechs Wochen ganz gut herumgebracht. Vor allem habe ich die herablassende Haltung Arbeitern gegenüber, von der meine Eltern nicht ganz frei waren, gründlich revidiert. Meine Mitschüler auf dem Lande hingegen waren – wie ich später erfuhr – schlecht untergebracht, bekamen schlechtes Essen und mussten hart arbeiten, während ich zu Hause wohnen konnte und keinen Mangel litt. So wurde die beabsichtigte Schikane zur Wohltat.

Nun möchte ich von meinen mütterlichen Verwandten schreiben. Da war mein Onkel Wilhelm Weinberg in Essen mit seiner Frau Hilde und meiner etwa gleichaltrigen Cousine Inge. Er war gelernter Kaufmann, wurde Schuhmacher und ging 1934 oder 35 nach Italien, wo er in Mailand eine Werkstatt betrieb. Er und seine Familie blieben weitgehend unbehelligt bis 1943. Er hatte im Ersten Weltkrieg eine Schussverletzung an einem Unterschenkel erlitten, woraus eine chronische Knochenmarksentzündung entstanden war, die schlecht heilte. Damals gab es noch nicht die heutigen Antibiotika. 1943 wurde Norditalien von den Deutschen besetzt, und nun wurden von dort auch Juden deportiert. Meine Tante Hilde und ihre Tochter Inge konnten in die Schweiz fliehen. Wegen seiner Gehbehinderung gelang dies meinem Onkel Wilhelm nicht. Er erhängte sich nach seiner Festnahme.

Mein Onkel Max lebte mit seiner Frau Else, geborene Philippssohn, in Minden. Meine Tante Else stammte aus Bückeburg; dort lebten ihre Brüder Herrmann und Willi und ihre Mutter, Tante Rosa.

Es gab damals ein Gesetz, dass Juden keine Erbschaft antreten durften. Deshalb schlug mein Vater meiner Tante Rosa vor, mich zum Erben einzusetzen. Ich galt im Sinne dieses Gesetzes nicht als Jude. Das Erbe war hauptsächlich ein altes Fachwerkhaus. Es war abgesprochen, dass nach der Rückkehr meiner Verwandten und nach dem Ende der Nazizeit – worauf man damals noch hoffte – ihnen das Haus wieder übereignet werden sollte. Leider kam es anders, und ich musste die Erbschaft nach dem Krieg antreten.

Max und Else wurden Anfang 1942 nach Riga deportiert. Sie erfuhren das vorher, so dass meine Mutter und ich uns von ihnen verabschieden konnten.

Im August 1942 wurde meine Großmutter, die noch in Minden lebte, nach Theresienstadt deportiert. Sie wohnte in einem sogenannten Judenhaus, in dem einige noch verbliebene alte Leute zusammengezogen waren. Auch sie war vorher informiert. Meine Mutter und ich fuhren hin, um ihr bei den Vorbereitungen und bei der Abfahrt zu helfen; sie durfte einen Koffer mitnehmen. Der Kaufmann, bei dem die Juden eingeschrieben waren, gab jedem von ihnen vor der Abreise eine Tafel Schokolade, etwas damals sehr Wertvolles.

In dem Haus war an diesem Tag auch ein Junge meines Alters, der ebenfalls seinen Großeltern half. Die Postbotin und die Milchfrau kamen an dem Tag der Abreise in das Haus, klingelten an jeder Wohnungstür, um sich zu verabschieden. Da erschienen auf der Straße zwei Nazifrauen, pochten gegen die Tür und schrien:»Was machen denn die da so lange bei den Juden?« Darauf liefen der andere 16-Jährige und ich hinunter und sagten:»Wollen Sie was?« Darauf verzogen sich die beiden.

Ich fuhr dann mit meiner Großmutter zum Bahnhof. Juden durften an diesem Tag öffentliche Verkehrsmittel benutzen. Wir wurden durch eine Hintertür zum Bahnsteig gelassen. Dadurch konnte ich nicht die damals obligatorische Bahnsteigkarte kaufen, die beim Zugang zum Bahnsteig von einem Schaffner entwertet werden musste. Es kamen etwa 30 alte Leute zusammen, die nicht in Viehwagen verladen wurden, sondern in alte Personenzugwagen, bei denen jedes Abteil zwei Türen hatte. Im gleichen Zug fuhr auch meine Tante Rosa, die kurz nach der Ankunft in Theresienstadt starb.

Ich ging dann hinaus und musste an dem Schaffner vorbei. Ich sagte weinend:»Ich habe keine Bahnsteigkarte.« Er darauf:»Na, gehen Sie man.« Meine Mutter und ich fuhren zurück nach Berlin.

Einige Monate später kamen zwei Männer der Organisation *Todt* (uniformierte dienstverpflichtete Baukolonnen) zu meinen Eltern, brachten Grüße von Max und Else Weinberg aus Riga und erboten sich, Lebensmittel zu übergeben. Meine Eltern gaben ihnen einiges; ob es angekommen ist, weiß ich nicht.

Meine Tante Lu lebte bis Februar 1943 in Berlin. Sie war dienstverpflichtet bei der Glühbirnenfabrik Osram. Sie war öfter bei uns, und ich traf sie häufig bei Arbeitsschluss, um ihr Lebensmittel zu übergeben. Sie hatte noch Verbindungen zu jüdischen Kreisen, soweit es die noch gab. Von ihr erfuhr ich von Massenerschießungen von Juden in den von Deutschen besetzten Ostgebieten. Von Gaskammern habe ich erst nach dem Krieg erfahren.

Sie erzählte mir auch einen interessanten Vorfall: Als Dienstverpflichtete durfte sie öffentliche Verkehrmittel benutzen. Sie fuhr im Autobus. Eine Mutter mit einem vier- oder fünfjährigen Mädchen stieg ein. Das Kind zeigte auf den Stern meiner Tante und fragte: »Mami, was hat die Frau da?« Die Mutter: »Pst, sei still, das ist nichts.« Das Kind aber insistierte, bis die Mutter schließlich sagte: »Sei still, das ist ein Hakenkreuz.« Nach dem Krieg erfuhr ich, dass meine Tante kurz nach der Ankunft in Auschwitz gestorben ist.

Meine Großmutter kam im Februar 1945 in die Schweiz. Soviel ich weiß, gab es ein Tauschgeschäft mit der SS: 1000 alte Leute aus Theresienstadt gegen Lastwagen. Meine Großmutter hat mir davon erzählt, als ich sie in den 1950er Jahren in New York wiedersah. Sie und die Mitreisenden glaubten, es ginge jetzt nach Auschwitz, aber an den Bahnhofschildern sahen sie, dass es Richtung Westen ging. In der Schweiz kam sie mit ihrer Schwiegertochter Hilde und Enkelin Inge zusammen. Meine Großmutter ist 1955 mit 89 Jahren gestorben.

Im Winter 42/43 ging ich noch zur Schule. Meine kritische Einstellung gegenüber dem NS-Staat verbarg ich nicht. Wir hatten damals eine Deutschlehrerin, die auch Klassenlehrerin war, Ruth Hoffmann. Sie war das, was wir damals als »Edelnazisse« bezeichneten: eine überzeugte Nationalsozialistin, aber persönlich anständig, so dass man erwarten konnte, sie würde einen nicht denunzieren. Sie gab uns manchmal auf, ein Gedicht unserer Wahl zu lernen. Manchmal zitierte ich ein Gedicht von Heine und sagte dazu: »Dichter unbekannt.« Ihr Kommentar: »Rosenkötter, Sie wissen genau, dass der Dichter nicht unbekannt ist.«

Wir älteren Schüler mussten damals in einem bestimmten Turnus Luftschutzwachen in der Schule halten, um Brandbomben gegebenenfalls zu löschen. Dazu wurden Gruppen von jeweils 5-6 Schülern mit einem Lehrer zusammengestellt. Im Winter 42/43 saßen wir zusammen und redeten über alles Mögliche, auch über Politik. Ich sagte: »Dass die Juden die Feinde des deutschen Volkes sind, ist sowieso Quatsch, aber selbst wenn das stimmte, gibt es doch niemandem das Recht, sie alle einschließlich Frauen, Kindern und Greisen zu erschießen.« Frau Hoffmann daraufhin. »Das haben Sie doch wieder in Ihrem *BBC* gehört.« Ein Mitschüler sagte dazu: »Mein Vater ist Soldat im Osten. Er war kürzlich auf Urlaub hier und hat erzählt, dass da so was liefe.« Dann Hoffmann zu mir: »Rosenkötter, Ihr Vater ist doch ein Deutscher, warum stellen Sie sich nicht auf die deutsche Seite?« Ich: »Wenn ich das täte, könnte man mich feige nennen.« Hoffmann: »Ich gebe zu, Sie haben mich mit meinen Worten geschlagen.«

Ostern 1943 mussten die letzten »Halbjuden« die Oberschule verlassen, die ich mit mittlerer Reife verließ. Zum Schuljahresende gab es wie jedes Jahr eine Vollversammlung in der Aula. Unser Direktor Max Roethig – ein Militarist, aber kein Nazi – sagte: »Einige unserer Kameraden müssen uns aufgrund eines Regierungserlasses verlassen. Wir bedauern das, und selbstverständlich wünschen wir ihnen alles Gute auf ihrem weiteren Lebensweg.«

Da ich 16 Jahre alt war, musste ich arbeiten. Eine Lehre konnte ich nicht machen. Befreundet war und bin ich bis heute mit meinem Klassenkameraden Andrej Timofeev, dessen Vater Direktor der genetischen Abteilung des Kaiser-Wilhelm-Instituts für Hirnforschung in Berlin-Buch war. Der vermittelte mir eine Stelle als Laborhelfer am Kaiser-Wilhelm-Institut für Biologie in Dahlem. In einem Telefongespräch sagte dessen Leiter zu meinem Vater, ich müsse u. a. auch Kaninchenställe säubern. Das fand mein Vater nicht gut und verschaffte mir eine Stelle als Bürohelfer bei einem seiner Mandanten.

Bevor ich weiter berichte, möchte ich auf ein Ereignis im Februar 1943 eingehen: nämlich auf die »Proteste der Rosenstraße«. Zu dieser Zeit hatte die NS-Regierung einen Angriff auf den jüdischen Teil der Mischehen geplant und wollte diese deportieren. Mein Vater, der einflussreiche Mandanten hatte, war gewarnt worden. Meine Mutter wohnte in diesen Tagen bei einem befreundeten Anwalt, und ich kam bei der Mutter meines Klassenkameraden Hans Obitz unter, Emmi Rose, einer überzeugten Kommunistin. Sie hatte eine große Bibliothek mit damals verbotener Literatur, Thomas und Heinrich Mann, Brecht und vor allem Kurt Tucholsky, den ich bis heute sehr schätze.

Die »Proteste der Rosenstraße« werden so genannt, weil die festgenommenen Personen, hauptsächlich jüdische Männer nichtjüdischer Frauen, in einem ehemaligen jüdischen Altersheim in der Rosenstraße in Berlin-Mitte zusammengezogen wurden. Sie sollten abtransportiert werden. Doch dann versammelten sich die Frauen dieser Männer in der Rosenstraße und protestierten laut: »Gebt uns unsere Männer wieder!« und Ähnliches. Es mögen ca. 1000 Frauen gewesen sein. Das beunruhigte die Nazis; es war immerhin nach Stalingrad, und man wollte keine Unruhe in der Bevölkerung. Deshalb befahl der Gauleiter von Berlin, Goebbels, alle Festgenommenen freizulassen.

Jetzt zurück zu mir. Ich trat im April 1943 meine Stelle als Bürohelfer bei einem Mandanten meines Vaters, der Fa. *Solex-Vergaser*, an. Dort musste ich den ganzen Tag Karteikarten sortieren. Ein älterer Angestellter erzählte mir mehrfach von seiner Bewunderung für Fritzi Massary, einer jüdischen Schauspielerin und Sängerin, die 1933 emigriert war; ich verstand dies als indirekte Sympathiebekundung.

Die Bürotätigkeit war mir so langweilig, dass ich mich freiwillig in die Packerei meldete. Dort mussten wir nach Vorgaben Motorenteile in Kisten verpacken und diese zunageln, was ich abwechslungsreicher fand.

Dann passierte etwas Seltenes, aber sprichwörtlich Bekanntes: Dem Lademeister fiel bei Sturm ein Ziegelstein auf den Kopf, wodurch er arbeitsunfähig wurde. Jetzt brauchte man jemanden, der in der Lage war, Frachtbriefe auszufüllen und die dazugehörigen Kisten verladen zu lassen. Angesichts der damaligen Knappheit deutschsprechender Mitarbeiter wurde ich zum Lademeister gemacht. Als Helfer bekam ich zwar englische Kriegsgefangene, die in einer Baracke neben der Fabrik untergebracht waren. Genauer gesagt, waren es Zyprioten; Zypern gehörte ja damals zu Großbritannien. Einer, Jorgo, war griechischer Nationalität, der andere, Halil, türkischer. Ich spürte damals keine Feindschaft zwischen ihnen. Wir kamen zu dritt gut miteinander aus. Wir machten zügig unsere Arbeit, und wenn dann Zeit war, zogen wir uns in eine Garage zurück und tranken Bier.

In der Nazizeit gab es die Einrichtung des »Betriebsobmannes«, einer Art Blockwart im Betrieb, der auf NS-Treue im Betrieb wachen sollte. So einen gab es auch in dieser Firma, der herumschnüffelte und unsere Rückzüge in die Garage herausfand. Ich wurde zum Abteilungsleiter zitiert und der Verbrüderung mit dem Feind bezichtigt. Ich gab das nicht zu, aber es war nicht ganz falsch. Dann sagte der Abteilungsleiter: »Sie mit 16 dürfen doch noch gar kein Bier trinken.« Ich: »Das Kriegsbier hat 0,5% Alkohol.«

Er: »Sie wissen auch immer was.« Dann war die Unterredung beendet.

Dann gab es bei mir so etwas wie ein organisches Entgegenkommen. Ich wurde krank und bekam Fieber. Ein Internist diagnostizierte eine Hilusdrüsen-Tbc. Und schrieb mich bis auf weiteres krank. Dadurch war ich zunächst von meiner Arbeitspflicht befreit.

Diese Krankheit heilte aus. Nach Abklingen des Fiebers sollte ich aufs Land zur Erholung. Durch Vermittlung von Frau Trude Stosch-Sarrasani, einer Mandantin meines Vaters, kam ich auf ein Gut im damaligen »Warthegau«, einem von Deutschland annektierten polnischen Gebiet, zu dem auch das in »Litzmannstadt« umbenannte polnische Lodz gehörte. Das enteignete Gut des polnischen Besitzers war zwei umgesiedelten baltendeutschen Adligen, Frau von Schubert und der alten Frau von Stackelberg, übereignet worden. Beide Frauen erwiesen sich als so schreckliche Nazis, dass ich nach drei Tagen wieder abfuhr.

Ich wollte gern wieder zur Schule gehen und besuchte im Herbst 1943 ein privates Abendgymnasium, das keinen Ariernachweis verlangte. Am 23. November 1943 gab es einen schweren Luftangriff auf Berlin, als ich gerade in dieser Schule war. Ich ging in einen Bunker in der Nähe des Bahnhofs Zoo. Nach Ende des Alarms sah ich draußen nur rauchende Trümmer. Verkehrsmittel gab es nicht mehr; ich ging zu Fuß nach Hause, aber auch unser Haus lag in Trümmern. Nach einiger Zeit traf ich auf der Straße meinen Vater und unser Dienstmädchen Luise. Mein Vater teilte mir mit, dass meine Mutter im Keller von einem herabstürzenden Balken erschlagen worden sei. Hier möchte ich kurz etwas einschieben: Juden durften nicht in Luftschutzkeller; mein Vater und ich blieben deshalb bei Alarm in der Wohnung, um meine Mutter nicht allein zu lassen. Im Hause wohnte auch ein Kohlenhändler, der sogar in der SS war, wahrscheinlich aus Opportunismus. Der sprach einmal meinen Vater an, warum wir bei Alarmen nicht in den Keller kämen. Mein Vater antwortete: »Meine Frau darf nicht, und dann gehen mein Sohn und ich auch nicht.« Er sagte darauf: »Das ist uns aber unangenehm. Wir bitten Sie, doch auch in den Keller zu kommen.« An diesem Abend waren meine Eltern in den Keller gegangen. Leider hat es meine Mutter nicht geschützt.

Mein Vater kam dann bei einem Kollegen in einem Vorort Berlins unter, ich bei den schon erwähnten Timofeevs. Hierzu werde ich später etwas schreiben. Mein Vater bekam eine kleine Wohnung im damals unzerstörten Dresden durch seine Mandantin, die Zirkusdirektorin Trude Stosch-Sarrasani. Dort wohnte er im Zirkusgebäude mit unserem Dienstmädchen Luise; ich musste in einem möblierten Zimmer in der Nähe schlafen.

Als ich dort einzog, hing ein Hitlerbild an der Wand. Ich nahm es ab und legte es mit der Vorderseite nach unten auf einen Tisch. Die Wirtin fragte mich: »Sie wollen wohl den Führer nicht im Zimmer haben?« Ich: »Nein.« Das sollte noch Folgen haben.

Da ich arbeiten musste, wurde ich im Zirkus Sarrasani angestellt, zunächst als Stallbursche, später im Büro. Der Zirkus hatte wegen der Gefahr von Luftangriffen ein Rittergut in der Sächsischen Schweiz angemietet und dort einen Teil seiner Tiere untergebracht. Dorthin kam ich für einige Wochen und pflegte ein paar Ponys. Die anderen Stallburschen waren Polen und Tschechen. Diese unterlagen keinen der sonst damals üblichen Einschränkungen, sondern wurden wie Deutsche behandelt und bezahlt, weil Frau Sarrasani wusste, dass nur zufriedene Menschen gut zu Tieren sind.

Mit einigen Polen, die wenig älter waren als ich, habe ich mich angefreundet. Da war Zdzislav Bialek, vielleicht 22; heute könnte man ihn einen »Pferdeflüsterer« nennen, denn er konnte mit ängstlichen nervösen Pferden sehr gut umgehen, wofür ich ihn bewunderte. Andere Namen, die mir im Gedächtnis sind, sind: Eugeniusz Buda (er kam bei dem Luftangriff auf Dresden am 13. Februar 1945 um), Zygmunt Podogrocki, Jan Pawlak.

Nach einigen Wochen kam ich zum Zirkus zurück und arbeitete im Büro, am Telefon und abends als Beleuchter am Scheinwerfer. Das war abwechslungsreich und machte mir Spaß.

Eigentlich hätten nur »reine Arier« beim Zirkus arbeiten dürfen, der der »Reichskulturkammer« unterstand, aber in den unteren Rängen nahm man es wohl nicht so genau. Frau Sarrasani stellte 1944 noch ein 14-jähriges Mädchen ein, Sascha Bamdasch, Tochter eines jüdischen Vaters, der vor 1933 Zirkuskapellmeister gewesen war. Es gab auch einen Arbeiter, der Sinto (Zigeuner) war. Man sah es ihm nicht an; er hat es mir erzählt. Von ihm lernte ich einige Worte der Sintisprache: »Klischedives« heißt guten Tag, »Lowi« Geld oder Gold, »Klitschel« Polizist, und »Gastsche« sind die Nichtsinti.

Kurz vor Ostern 1944 hatte ich noch ein seltsames Erlebnis. Der damalige Reichsminister und Leiter der »Arbeitsfront« Robert Ley hatte den Wunsch geäußert, zwei Affen geschenkt zu bekommen; in einer Diktatur empfiehlt es sich, den Wünschen der Mächtigen nachzukommen. Da sonst kein Deutschsprechender zur Verfügung stand, wurde ich beauftragt, ihm die Affen auf seinem Landgut im Siegerland zu überbringen. Eine Kiste mit zwei Abteilen wurde angefertigt, denn die kleinen Rhesusaffen waren bissig. In jedem Abteil war eine Klapptür, durch die man Nahrung und Wasser geben konnte. Mein Freund Zdzislav setzte die Affen in die Kiste; er wurde dabei ins Bein gebissen (er kam dann ins Krankenhaus, wo ich ihn auch im Auftrag von Frau Sarrasani öfter besucht habe). Ich wurde mit der Kiste zum Bahnhof gebracht und in den Zug Dresden – Köln gesetzt. Die Kiste mit den Affen kam in den Gepäckwagen, wo ich immer wieder hin musste, um die Affen zu füttern.

In Köln stieg ich in einen Zug nach Süden und stieg an der Station namens Ziegenhardt aus. Dort gab es eine Bahnhofswirtschaft, und ich bat die Wirtin, auf dem Ley'schen Gut anzurufen. Von dort kam ein Mann mit einem VW. Als ich der Wirtin gesagt hatte, worum es ging, meinte sie in ihrem rheinischen Dialekt: »Muss der arme Jung' so 'ne weite Reise machen wegen dem verrückten Ley seine Affen?«

Die Kiste wurde auf den Rücksitz des VW gestellt, und wir mussten zum Ley'schen Gut, einem großen Anwesen mit gepflasterten Hof. Dort hieß es: »Der Minister ist ausgeritten.« Ich wurde in die »Gesindestube« gebracht und bekam etwas zu essen.

Dann sagte man: »Der Minister ist zurück.« Ich ging in ein Gewächshaus, wo die Affenkiste hingebracht worden war, traf dort auf Ley, einen kleinen, dicklichen Mann, der von mehreren hünenhaften SS-Männern umgeben war. Ich öffnete die Klappen der Kiste und ließ die beiden Affen heraus. Ich gab jedem eine Pellkartoffel, die sie sogleich fraßen. Dadurch waren sie friedlich, und ich sagte: »Sie sehen, die sind ganz zahm.« Ley sagte zu den SS-Männern: »Affen, Affen, die sperren wir jetzt in den Käfig, und die ganzen anderen Affen hier sperren wir dazu.« Dabei blickte er die ihn umgebenden Männer an. Die SS-Männer brachen in lautes, schenkelklatschendes Lachen aus. Mir war das unheimlich. Dann war ich entlassen. Ein SS-Mann folgte mir und wollte mir 20 Mark in die Hand drücken. Ich sagte: »Vielen Dank, das ist doch nicht nötig.« Er: »Das können Sie ruhig nehmen, der Herr Minister schickt es Ihnen.« So ging das mehrmals, bis er mich misstrauisch von der Seite ansah und fragte: »Warum wollen Sie denn das Geld nicht nehmen?« Ich habe das Geld dann doch lieber genommen.

Ich bekam abends Brot in der Gesindestube, und dann folgte für das Gesinde und auch für mich eine Filmvorführung: *»Die Feuerzangenbowle«* mit Heinz Rühmann. Dies wurde durch Fliegeralarm unterbrochen. Ley war sein eigener Luftschutzwart. Er lief in Uniform und Helm herum und sagte: »Sie – und Sie – und Sie gehen jetzt auf Patrouille.« Die Angesprochenen sagten: »Jawohl, Herr Minister«, aber sie rührten sich nicht von der Stelle. Als Ley weitergegangen war, sagte einer: »Der Olle ist wieder total besoffen.«

Als der Alarm zu Ende war – der Ort wurde nur überflogen –, brachte der VW mich wieder zu der freundlichen Bahnhofswirtin, wo ich übernachtete. Nach einem guten Frühstück fuhr ich nach Dresden zurück.

Danach liefen die Tage ziemlich gleichmäßig ab. Im Dezember 1944 sollte ich zum Volkssturm. Wir mussten uns in einem Park versammeln, außer mir nur ältere Männer. Dann erschien einer in brauner Uniform (was man damals *Goldfasan* nannte) und kommandierte: »In Linie antreten, marsch, marsch!« Ich dachte: »Ohne mich« – und verdrückte mich durch das Gebüsch. Unmittelbare Folgen hatte das nicht.

Am 15. Januar 1945 wurden mein Vater und ich – wir frühstückten gerade – von zwei Gestapomännern, einem älteren und einem jüngeren, verhaftet. Wir wurden getrennt, und der ältere, Kommissar Klemm, brachte mich zum SS-Hauptquartier und stellte mich mit den Worten vor: »Hier, Herr Obersturmbannführer, haben wir einen Judenbengel.« Fünf oder sechs SS-Leute bildeten einen Kreis, um den ich herumlaufen musste. Alle paar Sekunden wurde mir ein Bein gestellt, wurde ich durch Kinnhaken wieder nach oben gestoßen. Das ging so etwa fünf Minuten, dann sagte einer: »Du wirst heute erschossen.«

Dann zog der Kommissar mit mir ab und brachte mich zum Gestapogebäude, das als ehemaliges Hotel erkennbar war. Er schloss mich in einen fensterlosen, gekachelten Raum ein, offenbar ein früheres Bad.

Nach einigen Stunden holte mich der Kommissar zum Verhör in sein Büro. Eine Sekretärin protokollierte alles. Hauptvorwürfe: Ich hätte ein Hitlerbild von der Wand genommen, und ich hätte im Sommer 44 bei der Landung der Alliierten in der Normandie Zeichen der Freude gezeigt. Ich gab es zu. Ich wusste, wer mich denunziert hat, möchte aber hier nicht darauf eingehen. Meine Wirtin war es nicht, die hatte es nur herumgequatscht. Ich unterschrieb das Protokoll, dann fragte ich noch: »Heute morgen hieß es doch, ich würde erschossen. Darf ich fragen, wie es damit steht?!« Darauf brachen der Kommissar und die Sekretärin in lautes Gelächter aus. Das war nicht sehr taktvoll, aber es signalisierte mir, ich müsse diese Drohung nicht ernst nehmen.

Dann brachte mich der Kommissar mit der Straßenbahn in das SS- und Polizeigefängnis Dresden, einen alten Gefängnisbau. Dann kam ich zu einem anderen Gefangenen in die Zelle. Die Zellen waren wohl für jeweils einen Gefangenen geplant, aber wegen Überfüllung waren in jeder Zelle zwei Gefangene untergebracht. Mein Mitgefangener war ein älterer Mann von ca. 50 Jahren namens Reiche. Er hatte einer linken Widerstandsgruppe in einer Fabrik in Riesa/Sachsen angehört. Wir verstanden uns ganz gut.

Abends kam der Kommissar noch einmal zu mir und sagte: »Ich muss ihnen mitteilen, dass Ihr Vater sich heute das Leben genommen hat.« Ich glaubte ihm, denn ich wusste, dass mein Vater immer in diesen Jahren eine Kapsel mit Zyankali bei sich hatte. Zu dem anderen Gefangenen sagte der Kommissar: »Kümmern Sie sich um ihn«, was der aber ohnehin schon tat.

Am nächsten Morgen kam der Kommissar noch einmal, um nach mir zu sehen. Das Gefängnis war ein großes Gebäude mit vier Trakten, die als Quadrat zusammengesetzt waren. Unsere Zelle war in einem Winkel des Quadrats und daher ziemlich dunkel. Klemm brachte mich in eine andere, hellere Zelle. Mein neuer Mitgefangener hieß Erich Schwarzer, ca. 40 Jahre alt, der der gleichen Widerstandsgruppe in Riesa angehört hatte wie Reiche. Auch wir verstanden uns sehr gut. Er war als junger Schlossergeselle in den 1920er Jahre viel gewandert und konnte interessant davon erzählen. Mit meiner Hilfe dichteten wir ein Lied von seiner Verhaftung nach der Melodie »Wer schleicht dort im finsteren Walde ...« Es fing so an: »Am Freitag vor dem 9. November in voller Arbeitslust – da hieß es: Sie sind verhaftet – mir schlug das Herz in der Brust ...« Derartige Aktivitäten waren wichtig, weil es außer drei dürftigen Mahlzeiten keinerlei Beschäftigungen oder Anregungen gab, auch keinen Hofgang. Nach etwa zehn Tagen wurde Erich Schwarzer abgeholt. Über sein weiteres Schicksal weiß ich nichts.

Dann bekam ich einen anderen Mitgefangenen, Schuhmacher aus Leipzig, der einer kommunistischen Widerstandsgruppe angehört hatte. Jede Zelle hatte ein Bettgestell mit Matratze und Strohsack. Es war Usus, dass der »ältere« Zelleninsasse auf der Matratze schlief und der Hinzugekommene auf dem Strohsack. Der Neue, Max Hascher, war bei den Verhören geschlagen worden; er hatte starke Rückenschmerzen und Blut im Urin. Deshalb schlug ich ihm vor, er möge auf der Matratze schlafen, was er gern annahm. Auch zwischen uns entstand ein gutes Vertrauensverhältnis. Ich bat

Max einmal, mir die Internationale vorzusingen, was er nach anfänglichem Zögern ganz leise tat. Auch er wurde nach etwa einer Woche abgeholt. Dann gab es doch ein Ereignis. Mein Onkel Wilhelm Rosenkötter besuchte mich. Es gab eine Unterredung im Beisein von Kommissar Klemm. Mein Onkel sagte: »Ich habe ja immer gewusst, dass es mit euch ein schlechtes Ende nehmen wird.« Klemm saß dabei und schwieg; ich hatte den Eindruck, es war ihm unangenehm. Ich sagte gar nichts, und das war es dann.

Nach dem Fortgang Max Haschers war ich einige Tage allein. Ich wurde dann ziemlich depressiv. Es gab einen Schließer, Möbius, der von den Gefangenen »Knackscheißer« genannt wurde, weil er die Gewohnheit hatte, mit dem Finger über das Regal zu fahren, auf dem Wasserkrug und Becher standen, und zu sagen: »Staub wischen.« Bei seiner täglichen Visite sagte er zu mir: »Ich sehe, es geht Ihnen nicht gut. Ich werde dafür sorgen, dass wieder jemand zu Ihnen kommt.«

Dann kam ein junger SS-Mann in die Zelle, Helmut Rübsam, 17 Jahre alt. Das Gebäude war ja ein SS- und Polizeigefängnis. Er saß dort ein wegen »unerlaubter Entfernung von der Truppe«; es war eine Mädchengeschichte. Er tönte von der Aufgabe der SS, die Führung in Deutschland zu übernehmen, so dass ich merkte, über Politik sollte ich mit ihm lieber nicht sprechen. Aber wenn man in einem Raum von 2 x 4 m zusammengesperrt ist, muss man miteinander auskommen, und das sah er wohl auch so. Wir sprachen über neutrale Themen wie Reisen etc. Einmal war der Innenhof des Gefängnisses voll mit Menschen in gestreiften Anzügen. Später wurde mir klar, dass das offenbar evakuierte KZ-Häftlinge waren. Die Zellenfenster waren zwar undurchsichtig, aber man konnte sie oben aufklappen. Dadurch konnte man hinaussehen, wenn man sich auf einen Schemel stellte.

In der Nacht vom 13. zum 14. Februar 1945 kam der große Luftangriff auf Dresden. Es krachte und brannte stundenlang, man hörte Schreie aus den oberen Stockwerken, die auch brannten. Wir waren im 1. Stock; dahin kamen die Flammen nicht. Dann wurden noch zwei lettische SS-Männer in die Zelle gebracht, die man wohl aus den oberen Stockwerken geholt hatte. Die Situation war nicht zur Unterhaltung angetan. Die Letten versuchten, die Tür mit dem eisernen Bettgestell aufzuschlagen, was aber nicht gelang; nur das Schloss wurde verbogen. Gegen Morgen kam ein Kalfaktor mit einer Axt und schlug die Tür auf. Die noch lebenden Gefangenen und ein paar Schließer gingen an die nahe gelegenen Elbwiesen, wo man noch gehen konnte. Sonst war die ganze Stadt völlig zerstört und ausgebrannt. Die Straßen waren voller Trümmer. Die Stadt war voller beißenden Qualms, so dass jeder sich die Augen rieb. Dies benutzte ich, um mich unter die vorbeiströmenden Menschenmassen zu mischen.

Ich ging über eine Elbbrücke zum Zirkus, der auch zerstört war. Ich traf aber noch einen tschechischen Sattler in seinem Wohnwagen, Josef Bernhard. Er nahm mich auf und gab mir zu essen und zu trinken.

Die Luftangriffe gingen weiter ohne Sirenenwarnung, weil die gesamte Infrastruktur zerstört war. Bernhard sagte: »Es ist zu gefährlich, wir müssen von hier weg.« Er griff zwei Maultiere des Zirkus, die dort herumirrten, und band seinen wichtigsten Besitz darauf. Ich hatte außer meiner Kleidung nichts mehr. Wir führten die Maultiere am Halfter und gingen Richtung Süden. Ziel war das Ausweichlager des Zirkus in der Sächsischen Schweiz.

Am Abend des ersten Tages kamen wir bis Pirna und übernachteten in einem Massenquartier, das in einem Restaurant eingerichtet worden war. Am nächsten Morgen zogen wir weiter. Überall flogen Tiefflieger, die auf alles schossen, was sich bewegte. Wir mussten uns immer wieder in den Straßengraben werfen.

Am Abend des zweiten Tages kamen wir auf dem Rittergut Possen bei Bad Schandau an, dem Ausweichlager des Zirkus. Ich war total erschöpft und hatte durch den Qualm in Dresden eine starke Bindehautentzündung, so dass ich meine Augen nicht öffnen konnte. Mein Freund Zdzislav Bialek räumte mir sein Bett im Gutshaus ein und zog in einen sehr viel kälteren Wohnwagen. Er und die anderen Polen versorgten mich und gaben mir zu essen. Dabei war auch die Schwester von Eugeniusz Buda, der den Angriff nicht überlebt hatte.

Frau Stosch-Sarrasani meinte, dass ich vielleicht anderswo sicherer sie, denn wenn man mich je suchen würde, würde es sicher hier sein. Ich stimmte ihr zu und beschloss, nach Berlin zu fahren. Sie gab mir einen Packen Reisemarken und 1.000 Mark, was damals viel Geld war.

Ich wurde mit einem Lastwagen des Zirkus (mit Holzgasmotor) nach Radebeul gebracht, einem nördlichen Vorort Dresdens, von wo aus Züge nach Berlin gingen, denn der Dresdener Hauptbahnhof war zerstört. Man brauchte damals zum Reisen eine Genehmigung; ein »Fliegerausweis« (Nachweis, dass man ausgebombt war) galt als solche. In der Nähe des Bahnhofs war ein Holzhäuschen der NS-Volkswohlfahrt. Drinnen fand ich einen alten Mann, vermutlich einen pensionierten Lehrer o. ä. Ich sagte:

»Heil Hitler, ich komme aus Dresden. Ich bin total ausgebombt und habe alle Papiere verloren.« Anscheinend war so etwas für ihn Routine, denn ohne Umstände und Fragen schrieb er meine Personalien auf ein solches Ausweisformular und gab es mir, so dass ich mir damit eine Fahrkarte nach Berlin kaufen konnte.

In Wünsdorf südlich von Berlin gab es dann noch eine heikle Situation: Feldgendarmen gingen durch den Zug und leuchteten in die Gesichter, wohl auf der Suche nach Deserteuren. Vom Alter her hätte ich das sein können. Ich saß in einer dunklen Ecke und drehte den Kopf zur Wand. Sie gingen an mir vorüber.

In Berlin ging ich zu meinem schon erwähnten Onkel Wilhelm und seiner Frau Mary. Er empfing mich mit den Worten: »Hier kannst du nicht bleiben, das ist viel zu gefährlich. Am besten meldest du dich freiwillig bei der Gestapo.« Ich dachte: »Er hat einen Knall.« Ich habe ihn danach nie wieder gesehen. Stattdessen fuhr ich zu meinem Schulfreund Andrej Timofeev bzw. zu dessen Eltern. Vater Timofeev und seine Frau beschlossen, dass ich dableiben könne. Ich konnte dort bis Ende 45 wohnen.

Timofeevs waren Russen, die in den 1920er Jahren vom Hirnforscher Oskar Vogt an sein Institut in Berlin geholt worden waren. Vogt war nach Lenins Tod nach Moskau eingeladen worden, um Lenins Gehirn zu sezieren. Timofeev und seine Mitarbeiter forschten mit Taufliegen (*Drosophila*) und untersuchten, wie weit sie mit Röntgenbestrahlung das Erbgut der Tiere verändern konnten. Ich habe auch gelegentlich beim Fliegenzählen geholfen.

Der ältere Bruder von Andrej, Dmitrij, war von der Gestapo in das KZ Mauthausen gebracht worden, weil er in Berlin einer russischen Widerstandsgruppe angehört hatte. Er ist dort gestorben.

Timofeev hatte einen internationalen Kreis von Wissenschaftlern als Mitarbeiter: die Brüder Peyroux aus Frankreich, den Griechen Canellis, den Russsen Grebentschikoff; auch beschäftigte er drei »Halbjuden«, was er eigentlich nicht durfte: den Arzt Alexander Catsch, meinen älteren Mitschüler Peter Welt und Mascha Hegner. Auch mich zu beherbergen war ja nicht ungefährlich. Ich bin aber davon ausgegangen, dass alle mich betreffenden Unterlagen bei der Gestapo in Dresden vernichtet waren, was anscheinend zutraf.

Ende Februar 45 suchte ich meinen ehemaligen Lehrer Lindenborn auf, der inzwischen wegen kritischer Bemerkungen aus dem Schuldienst geflogen war. Im Grundberuf Theologe, war er dann Pfarrer am Französischen Dom in Berlin. Ich fragte, ob er noch Zeugnisformulare hätte, was er bejahte. Ich bat ihn, mir mein Zeugnis der Mittleren Reife wieder auszustellen, was er gerne tat. Er fragte mich nach meinen Zensuren, und wenn möglich, besserte er sie auf. Er sagte dann zu mir: »Wenn du willst, kannst du wieder zur Schule gehen; ich gebe Behelfsunterricht im Französischen Dom.« Das nahm ich gerne an, denn die strukturlosen Tage eines »Untergetauchten« sind schwer erträglich.

Nach meinem Schulabgang waren meine Mitschüler auf das Land verschickt worden, soweit sie nicht Flakhelfer waren, und zwar nach Niederschlesien. Gegen Ende 44, als sich die Ostfront näherte, holten viele Eltern ihre Kinder auf eigene Faust nach Berlin zurück. Für diese hatte Lindenborn den Behelfsunterricht eingerichtet. Er sagte zu mir: »Du brauchst ja den anderen nicht zu sagen, was mit dir ist.«

Im April 1945 hörte man in Buch, dem nordöstlichen Vorort von Berlin, schon Kanonendonner von der Front, die damals an der Oder verlief. In Buch gab es einen NSDAP-Ortsgruppenleiter, der die Bevölkerung zur Evakuierung nach Berlin aufforderte. Vater Timofeev jedoch sagt: »Ich übernehme hier das Kommando. Niemand verlässt das Institutsgelände.« Das erwies sich als sehr klug und vorausschauend, denn die nach Berlin Geflohenen gerieten in schwere Straßenkämpfe, während Buch kampflos von der Roten Armee eingenommen wurde.

Im Juli 1945 besuchte ich wieder legal das Französische Gymnasium und konnte nach bestandenem Abitur im Wintersemester 1946/47 mein Studium an der Humboldt-Universität beginnen.

Mein Leben als Psychoanalytiker[2]

Es war im Grunde schon mein Wunsch als Schüler, Medizin zu studieren. Dabei haben mich Bücher sehr beeinflusst. Eins war von Paul de Cruif, *Mikrobenjäger*. Dieser Wunsch war ziemlich fest in mir, und ich habe dann

---

[2] Beginn der redigierten Tonbandabschrift eines Interviews mit Lutz Rosenkötter durch den Herausgeber im Jahre 1993 (siehe die Erläuterung im Vorwort).

ja Abitur gemacht. Ich war in einer Klasse, in der teils Leute wie ich waren, also Halbjuden, die rausgeschmissen worden waren, deren Schulbesuch unterbrochen war, aber auch Leute, die als Flakhelfer aus der Schule gegangen waren. Für die hatte die Schule eine Art Sonderklasse eingerichtet, in der sie schon nach einem Jahr Abitur machen konnten, obwohl eigentlich zwei Jahre fehlten.

Ab 1949 setzte ich mein Studium an der Freien Universität fort.[3] Als Medizinstudent habe ich nicht viel verstanden von Psychoanalyse, die war mir fremd und fern und wurde ja auch nicht vertreten. Meine Doktorarbeit war noch eine neurologische Arbeit mit Tierversuchen bei Selbach an der Freien Universität. Psychoanalyse ist schon was sehr anderes als experimentelle Forschung. Müller-Braunschweig hatte zwar einen Lehrauftrag an der FU, und ca. 1950/51 habe ich auch einmal an einem seiner Vorträge im Rahmen einer Vorlesungsreihe teilgenommen. Er hatte keine didaktisch gute Art, das zu vermitteln. Ich erinnere mich noch, dass er einmal einen Fall berichtete von einem jungen Mädchen, das eine Phobie hatte, Türklinken zu berühren, und da sagte er dann: »Ja, das kommt daher, dass sie den unbewussten Wunsch hatte, den Penis ihres Onkels zu berühren.« Da ging ein Raunen durch die Zuhörer, und dann sagte er: »Ja, meine Damen und Herren, das männliche Glied, das ist die Zauberflöte, um die alles tanzt.« Auf jemanden, der mit der Materie nicht vertraut war, wirkte das natürlich befremdlich.

Dann kam ich 1954 in die USA[4] als Austauschassistenzarzt in der Psychiatrie an die Columbia University in New York, und die dortige Klinik war ganz psychotherapeutisch orientiert und erwartete, dass die Assistenten psychotherapeutische Gespräche führten auch mit psychotischen Patienten. Als ich meinen ersten Patienten zugeteilt bekam, bin ich zu dem Direktor hingegangen und habe gesagt: »I don't know what to do with him.« Der antwortete: »Well, just talk to him.« Das habe ich gemacht, und irgendwie

---

[3] Dem APO-Archiv an der FU Berlin ist zu entnehmen, dass er in Ostberlin vor der Verhaftung stand und nur durch Kommilitonen gedeckt nach Westberlin flüchten konnte, wo in einer Kneipe heimlich von einem HU-Professor eine fehlende Physiologie-Prüfung abgenommen wurde (siehe K. Kubicki u. S. Lönnendonker, Hrsg., 50 *Jahre Freie Universität aus der Sicht von Zeitzeugen.* Internet-Publikation).

[4] Dort kam es zu einer Wiederbegegnung mit seiner Großmutter, die ihre Deportation nach Theresienstadt überlebt hatte.

entstand eine Beziehung, und plötzlich erschien mir das ganz sinnvoll. Die Psychose, die dieser junge Mann hatte, war mir gar nicht mehr so endogen und unverständlich, wie uns das vorher gelehrt worden war. Da begriff ich, dass die Psychiatrie eigentlich nur als Psychotherapie interessant und befriedigend ist. Alles andere ist reines Schmetterlingssammeln. Von daher war mein Entschluss klar, dass ich zur Psychotherapie wollte, mit Leuten reden und sie verstehen.

1956 bin ich nach Deutschland zurückgekommen und 1957 nach Süddeutschland gegangen an eine Privatklinik, in der Psychotherapie möglich war, in Göppingen. Von dort aus habe ich mich beim Stuttgarter Institut zur Ausbildung gemeldet, das damals noch eklektisch war. Das heißt, es gab also nur Dreierseminare: Freud/Adler/Jung. Das war natürlich im Grunde das Modell des Göring-Instituts, das wusste ich aber damals nicht. Es herrschte noch eine Einheitsausbildung, die nach DGPT-Regeln vor sich ging; erst ab den 1960er Jahren haben die sich aufgespalten in mehrere Fachgesellschaften. Man machte eine Lehranalyse, die allerdings nur zwei Wochenstunden umfasste. Ich war bei Frau Vera Scheffen, einer älteren Dame, mehr an Freud orientiert, aber eben nicht ausschließlich. Sie hatte ihre Ausbildung in Berlin am Göring-Institut gemacht.

Nach Abschluss meiner Ausbildung 1960 habe ich mich dann niedergelassen, war aber immer noch mit dem Stuttgarter Institut verbunden. Das Stuttgarter Institut hatte gute Beziehungen nach Zürich, zum Züricher Psychoanalytischen Institut. Wir hatten viele Gastvorträge von Leuten wie Parin, Morgenthaler, Lincke usw., wodurch mir klar wurde, dass es Leute gibt, die noch mehr wissen als die in Stuttgart. Das war für mich ein Grund neben anderen persönlichen Motiven, mich noch einmal um eine analytische Ausbildung zu bemühen. Deshalb habe ich Verbindung zu Mitscherlich aufgenommen. Als er in Stuttgart einen Vortrag gehalten hat, habe ich mich ihm bekannt gemacht, und er war auch interessiert und sagte, er könnte mir eine Assistentenstelle am Freud-Institut in Frankfurt besorgen.

Bei der DPV habe ich mich noch einmal regulär zur Ausbildung beworben und konnte dann gleich nach dem Vorkolloquium einsteigen, das, was vor dem Vorkolloquium war, wurde mir anerkannt. Etwa zur gleichen Zeit kamen zwei weitere Kollegen aus Stuttgart, die den gleichen Weg gingen, Herr Roskamp und Herr Kutter. Ich habe als wissenschaftlicher Assistent am Freud-Institut gearbeitet und gleichzeitig parallel dazu den zweiten Teil meiner analytischen Ausbildung gemacht. Damals waren Frankfurt und

Heidelberg noch eng miteinander verknüpft, weil Mitscherlich zu der Zeit in Personalunion die Heidelberger Psychosomatik und das Freud-Institut leitete, so dass wir insbesondere abends sehr viel zwischen Heidelberg und Frankfurt hin- und hergefahren sind.

Ich hatte eine gute persönliche Beziehung zu Mitscherlich die ganzen Jahre über, bin gut mit ihm ausgekommen. Er war ja verschrien als tyrannisch, das fand ich eigentlich nicht. Er hatte sicher einen sehr eigenen Stil und war auch manchmal jähzornig, und er hatte Zu- und Abneigungen; im Großen und Ganzen ließ er die Leute machen, was sie wollten. Er litt allerdings immer darunter, dass er fand – und wohl auch zu Recht –, dass ihm zu wenig zugearbeitet wurde. Als ich dort anfing, wollte er ein Psychosomatik-Projekt anfangen, und ich sollte das übernehmen. Es ging darum, in großem Maße einschlägige Literatur zu lesen, und ich sollte die Literatur verteilen und die Referate darüber wieder einsammeln. Ich bin dann sehr schnell auf erbitterten Widerstand und heftige Wutausbrüche usw. gestoßen und habe gemerkt: So geht es nicht. Ich habe Mitscherlich gesagt: »Ich glaube, das läuft so nicht.« Er war etwas bekümmert: »Tja, Herr Doktor, was machen wir da?« Er sagte immer »Herr Doktor«, wenn irgendwas schwierig war. Dann habe ich ihm vorgeschlagen: »Also, ich mache Ihnen mal eine Art Exposé über den derzeitigen Stand der Psychosomatik. Wenn Sie mir ein halbes Jahr Zeit geben, dann mache ich das.« Da war er ganz zufrieden. Ich habe tatsächlich sehr viel Literatur gelesen und diese selbst exzerpiert, das hat wohl meinen guten Stand bei ihm letztlich bedingt. Ich erinnere mich noch an mein Vorkolloquium, das musste regulär abgelegt werden, und durch die Verbindungen von Mitscherlich gab es sehr viel Kontakt mit ausländischen Analytikern, Paula Heimann ist mir da noch sehr im Gedächtnis, auch Heinz Kohut. Bei meinem Vorkolloquium war René Spitz anwesend, ein sehr imposanter, damals schon alter Herr, der als Ehrengast teilgenommen hat und auch hier und da eine Frage stellte. Jedenfalls verlief das alles gut. Die Stimmung unter den Analytikern war damals friedlicher als heute. In dem relativ kleinen Kreis kannte jeder jeden, und es war nicht so gespannt und in Fraktionen zerklüftet, wie das inzwischen geworden ist.

Es wurde natürlich als selbstverständlich vorausgesetzt, dass die Mitarbeiter Analytiker sein oder mindestens werden sollten, so dass viele Dinge, die auch der Ausbildung dienten, Ambulanzkonferenz und Supervision und Behandlungen im Rahmen der täglichen Arbeit gemacht werden konnten. Das wurde nicht nur akzeptiert, sondern sogar gefördert. Damals war Argelander eine der leitenden Figuren am Freud-Institut, der die Poliklinik leitete und ein Buch über Erstinterviews geschrieben hatte und einen sehr eigenen Stil pflegte. Er war einer derjenigen, die zunächst – solange Mitscherlich in Heidelberg war und nur ein, zwei Tage in der Woche in Frankfurt – sehr viel Freiheit genossen, was er auch in seiner Art fruchtbar verwendet hat. Als aber Mitscherlich ganz nach Frankfurt kam und sozusagen eigentlich erst zum Direktor wurde, tatsächlich und nicht nur pro forma, gab es Reibungen. Wissenschaftlich eigentlich weniger. Allerdings war es so, dass Mitscherlich immer gerne auch Forschungen über gesellschaftliche oder psychosoziale Fragen angeregt hätte, da war ich eben einer der wenigen, der dafür auch Interesse hatte. Viele andere waren rein klinisch interessiert, insbesondere der Kreis um Argelander.

Argelander hatte einen Personenkreis (mit R. Klüwer, Herrn Vogel und anderen) um sich aufgebaut, der zu ihm stand und in der Tendenz eher auf Distanz ging zu Mitscherlich, so dass Mitscherlich in seinem eigenen Institut sich nicht richtig durchsetzen konnte. De Boor war auch zuerst in Heidelberg gewesen und sozusagen ein Adlatus von Mitscherlich. Er wurde dann später stellvertretender Direktor, weil Mitscherlich diesen ganzen Verwaltungskram vom Hals haben wollte.

Als ich ankam, war Loch noch da, im Institut in dem alten Gebäude in der Feldbergstraße. Im gleichen Jahr wurde das neue Institutsgebäude in der Myliusstraße eröffnet. Bald ging Loch nach Tübingen, so dass ich nicht so viel Kontakt mit ihm hatte.

Ich war von 1964 bis 1968 am Freud-Institut und machte meine eigene Analyse bei Helmut Thomä in Heidelberg.[5] Als der nach Ulm ging, war meine Analyse schon zu Ende. Bald darauf im Jahre 1968 holte mich Thomä nach Ulm. Es war rückblickend ein Fehler, so kurz nach der Lehranalyse da hinzugehen. In Ulm meinte man, so etwas wie eine psychosomatische Abteilung aufbauen zu können. Das erwies sich als recht schwierig, weil insgesamt der Lehrkörper in Ulm außerordentlich reaktionär war und nicht psychoanalysefreundlich. In Ulm war kurz zuvor eine Reformhochschule gegründet worden, mit zum Teil sehr reaktionären Professoren,

---

[5] 1973 sollte er dieser Lehranalyse noch ein weiteres Stück Analyse bei P. J. van der Leeuw in Holland folgen lassen, um speziell sein Erleben der Nazizeit zu bearbeiten, wie er im Interview mit dem Bernfeld-Kreis berichtet hat.

die regelrecht feindselig gegen die Psychoanalyse eingestellt waren. Ich erinnere mich an einen Herrn Kornhuber, einen Neurologen, der Meinungen verbreitete, wie, dass an dem allgemeinen Sittenverfall die Psychoanalyse schuld sei und dergleichen Dinge. Ich gewann bald den Eindruck, dass die Psychoanalyse dort im Grunde genommen nicht wirklich gedeihen könnte. Mittlerweile hat sie dort Wurzeln geschlagen, aber doch nicht so, wie es eigentlich mal gedacht war. Ich hatte dann mit Thomä persönliche Schwierigkeiten. Thomä wollte nämlich immer, dass wir quasi experimentelle Forschung betreiben, und dass man zu dem Zweck Analysen auf Tonband aufnimmt und transkribiert. Ich habe dem zunächst zugestimmt und das gemacht, natürlich nur mit Zustimmung der Patienten. Bald habe ich gemerkt, dass das im Grunde genommen für die Analyse wie ein Fremdkörper wirkt, weil, irgendwo im Vorbewussten ist das immer klar: Jedes Wort, das wir hier sprechen, wird aufgenommen. Deshalb habe ich eines Tages kurz entschlossen dieses Mikrofon abgestellt und gesagt: »Ich möchte das nicht mehr machen.« Daraus sind dann Spannungen entstanden und gewisse Unerfreulichkeiten. Wir waren eigentlich der Inneren Medizin zugeordnet, und dort gab es einen Chefarzt, Prof. Pfeiffer, der außerordentlich autoritär und auch analysefeindlich war, der war Diabetes-Forscher und kam aus Frankfurt. Mit dem gab es eine Reihe von Misshelligkeiten. Das fing bei Kleinigkeiten an, also zum Beispiel, dass er Ärzten vorschreiben wollte, sie müssten bei ihrer Tätigkeit Krawatten tragen, was ich nicht machte; und ich habe den Konflikt gelöst, indem ich Rollkragenpullover getragen habe. Dann wollte er auch, dass jedes Manuskript, was aus Ulm rausgeht, ihm vorgelegt wird. Da habe ich mich geweigert, weil ich meine psychoanalytischen Manuskripte nicht durch jemanden beurteilen lassen wollte, der davon überhaupt nichts versteht. Ich habe das dann einfach nicht gemacht. Er hat mich mal hinbestellt und wollte mich sozusagen verdonnern. Als ich ankam, hieß es, der Herr Professor ist auf Visite, und dann habe ich gesagt: »Wie lange wird's denn dauern?« »Ja, das kann man nicht sagen, das kann eine halbe Stunde bis Stunde dauern.« Da habe ich gesagt: »Ja, also, so lange kann ich nicht warten, dann müssen wir einen neuen Termin ausmachen«, und bin wieder gegangen. Dann habe ich nichts mehr von ihm gehört. Weder Thomä noch von Uexküll haben dazu in irgendeiner Weise Stellung genommen. Ich habe mich dann nach insgesamt drei Jahren als akademischer Rat (Oberarzt) entschlossen, wieder nach Frankfurt zurück zu Mitscherlich zu gehen, der mir sofort wieder eine Stelle anbot.

Wir hatten damals in Ulm auch schon Ausbildung gemacht. Ich wurde, weil das in Ulm gebraucht wurde, relativ früh Lehranalytiker. Ich war da Anfang 40, wie ich heute finde, eigentlich zu früh. Einige meiner Analysanden sind nach Frankfurt mitgegangen. In Frankfurt wurde ich sogar eine Stufe höher eingestellt als Abteilungsleiter, das nannte sich offiziell Professor und wissenschaftliches Mitglied. Das war eine Dauerstelle mit Beamtenstatus. Was Mitscherlich immer wollte, das war eben Psychosomatik, aber ich habe natürlich auch allgemein klinisch gearbeitet und im Großen und Ganzen die Sachen verfolgt, die mich interessierten, zum Beispiel in dieser Zeit Kohut übersetzt. Ich blieb von 1971 bis 1975 dort. Ich habe natürlich auch an Lehrveranstaltungen teilgenommen und Patienten behandelt im Freud-Institut. Es gab viele Konferenzen, sei es Seminare abends, in denen ich als Dozent erscheinen musste, aber auch tagsüber, weil Mitscherlich versucht hat, verschiedene Projekte zu lancieren, unter anderem ein Deutungsprojekt, an dem alle teilnehmen sollten. Mitscherlich wollte natürlich immer gerne irgend etwas, was man publizieren kann, und das wurde dann schwierig, da fühlten sich viele gedrängt. Das waren eigentlich im Großen und Ganzen die gleichen Leute, die auch noch viele Jahre später da waren: de Boor, Klüwer, Muck, Argelander, Erdely, Vogel und seine Frau. Viele von denen sind dann später vom Institut weggegangen und haben sich niedergelassen. 1974 wurde Mitscherlich emeritiert, und da war abzusehen, dass es unangenehme Diachodenkämpfe geben würde, was dann auch tatsächlich so gekommen ist. Ich habe beschlossen, dass ich mich daraus zurückziehe, habe meinen Beamtenstatus aufgegeben und mich niedergelassen, blieb allerdings Lehranalytiker des Freud-Instituts. Außerdem war ich schon seit den 1960er Jahren Mitarbeiter der PSYCHE gewesen, und das habe ich einige Jahre weitergemacht.

Es war für mich jedenfalls keine nur gute Zeit. Eine ganze Reihe von Leuten haben sich darüber geärgert, dass ich wegging und nach meiner Rückkehr noch eine Stufe hinauffiel. Die waren dann mir gegenüber feindselig eingestellt. Sie fühlten sich übergangen. Das stimmt, ich war bevorzugt worden. Ob das nun so schlimm war, weiß ich nicht, jedenfalls hat es Leute gestört, und da gab es Intrigen gegen mich, auch gegen Mitscherlich. Ich will das jetzt im Einzelnen nicht schildern, man kann sich das vielleicht denken. Jedenfalls hatte ich dann irgendwann keine Lust mehr, in diesem Institutsbetrieb hauptberuflich mitzumachen, wollte mehr auf eigenen Füßen stehen. Ich finde, dass im Grunde genommen für einen Psychoanalytiker der freie Beruf eigentlich das Richtige ist. Ich habe den Weggang nie bedauert hinterher. Psychoanalytiker und Beamter, das geht für mein Gefühl nicht gut zusammen. Allein schon die Tatsache, dass man so etwas wie eine Anwesenheitspflicht hat als Beamter, zum Beispiel, wenn man irgendwohin verreisen will, da muss man sich eine Genehmigung holen. Die habe ich zwar immer gekriegt, aber immer so ein Formular nach Wiesbaden schicken, das war mir irgendwie zu blöde. Das ist aber nur ein Mosaikstein unter anderen.

Mich als Lieblingssohn von Mitscherlich zu bezeichnen ist vielleicht ein bisschen zu stark ausgedrückt, aber so ein bisschen in der Tendenz war ich es schon. Es gab eben einen besonders guten Draht zwischen Mitscherlich und mir, der wohl wesentlich über das politische Interesse lief, das er sehr stark hatte und ich eben auch und die meisten anderen Analytiker nicht. Im Gegenteil, die haben öfter die Nase gerümpft über Mitscherlichs publizistische Aktivitäten. Die fanden, dass er agieren würde, was man ja gerne in solchen Fällen sagt. Das wurde nie offen ausgetragen, sondern immer in Zwischentönen geäußert.

Ich müsste bis weit in die Kindheit zurückgehen, warum ich ein politisches Interesse hatte. Meine Mutter war Jüdin, was natürlich, da ich 1926 geboren bin, meine Kindheit geprägt hat. Als jüngeres Kind auf der Grundschule, da kapierte ich nicht so viel, aber später habe ich das sehr bald verstanden und wurde zwar nicht aktiv, aber innerlich ein ausgesprochener Gegner des Nationalsozialismus. Ich habe mich dann auch sehr bald für Widerstand und Sozialismus, Kommunismus usw. interessiert. Da ist der Grundstein gelegt worden dafür, dass ich überhaupt Interesse an Politik hatte. Mitscherlich war ein immer progressiver und sehr aktiver Mann in diesen Dingen, der ja auch Widerständler gewesen war. Er fühlte sich von mir verstanden und akzeptiert, während viele andere ihn nicht in dem Maße verstanden haben. Ich denke, das war einer der Drähte, die wir zueinander hatten. Mitscherlich und ich, wir wussten gegenseitig voneinander, was jeder sozusagen durchgemacht hat, aber wir haben nicht häufig darüber gesprochen. Wir haben uns mehr über aktuelle Dinge ausgetauscht, auch da stimmte unser Urteil in vielem überein. Zum Beispiel erinnere ich mich noch, in den 1960er Jahren hat Mitscherlich eine Art Psychogramm von Barzel gemacht, der damals Kanzlerkandidat der Union war. Das ist ihm von vielen sehr verübelt worden, auch von Kollegen im Übrigen, die gesagt haben: Man darf die Psychoanalyse nicht für so was verwenden.

Während ich damals fand, das hat ja nichts mit einer echten Psychoanalyse zu tun: Er hat nicht aus einer Krankenbehandlung geplaudert, sondern im Grunde allgemein zugängliche Fakten bewertet. Natürlich haben Mitscherlich und ich auch über tagespolitische Ereignisse gesprochen. Ich erinnere mich noch, wie betroffen wir beide waren über den Mord an Allende. Wir haben immer versucht, das in einen größeren Zusammenhang zu stellen.

Mitscherlich war meines Wissens nicht Parteimitglied. Er sollte mal kurz nach dem Kriege Minister in irgendeinem Bundesland werden, ich nehme an, dass es da für die SPD gewesen wäre. In Hessen hatte er einen sehr guten Draht zu der SPD-Regierung, aber er war, soviel ich weiß, nicht Mitglied irgendeiner Partei. Ich selbst verstand mich vor 1945 als Kommunist. Ich hatte nämlich die Mutter eines Schulkameraden kennengelernt, das war eine Kommunistin. Die hatte eine Riesenbibliothek mit ungeheuer viel Literatur, da gab es nicht nur Thomas Mann, sondern auch Kurt Tucholsky und viele andere, so dass ich mit 15, 16 Jahren einfach furchtbar viel gelesen habe. Mir wurde plötzlich klar, dass diese Verfolgung durch die Nazis nicht nur persönliches Unglück ist, sondern dass das auch in einem politischen Rahmen zu sehen ist. Ich glaubte, dass Kommunismus das Richtige wäre. Als die Russen 1945 einrückten, habe ich sehr schnell gemerkt, dass ich diese Art von Kommunismus jedenfalls nicht wollte. Obwohl man mir damals viele Avancen gemacht hat, in die KPD, wie sie damals noch hieß, einzutreten, habe ich das nicht gemacht, sondern bin im Dezember 1945 in die SPD eingetreten, als die Ortsvereine sich gerade wieder gründeten. Ich war eine ganze Reihe von Jahren aktives Mitglied und dann auch im SDS, der damals noch der SPD-Studentenbund war. Diese politische Aktivität ist später etwas zurückgetreten, weil ich mich mehr beruflich engagiert habe. Meine Frau, die aus einer alten SPD-Familie stammte und auch SPD-Mitglied war, und ich, wir sind dann Mitte der 1960er Jahre ausgetreten wegen der Notstandsgesetze. Seither bin ich nicht mehr parteipolitisch gebunden, aber natürlich immer noch politisch interessiert.

PSYCHE

Als ich in den 1960er Jahren am Freud-Institut und auch viel in Heidelberg war, da wollte Mitscherlich, dass ich mit zur erweiterten Redaktion der PSYCHE gehöre. Auch in dieser Zusammenarbeit bestand zwischen Mitscherlich und mir ein gutes Verhältnis, nicht nur in politischen Dingen, sondern auch in Fragen der Mentalität. Also zum Beispiel für was man sich interessiert hatte, welche Manuskripte man gut fand, welche man nicht gut fand und so. Da gab es immer eine gute Übereinstimmung. Als ich in Ulm war, blieb ich weiter im Redaktionsstab der PSYCHE und habe dann per Post weiter meine Einschätzungen hingeschrieben oder Vorschläge gemacht, und so blieb das auch, als ich wieder nach Frankfurt kam.

Zunächst hatte Mitscherlich eine Sekretärin für die Redaktionsarbeit eingestellt, die sich Schriftleiterin nannte, Fräulein Käthe Hügel, die das ganz sorgfältig machte, aber eigentlich mehr als ausführendes Organ. Darum hing das oft von Zufälligkeiten ab, welche Manuskripte man bekam und welche nicht. Mit der konnte man an sich sehr gut arbeiten. Das war in den 1960er Jahren, wo man noch Fräulein sagte. Erst später habe ich erfahren, dass sie während des Krieges Sekretärin von Wlassow gewesen war, dem General, der die Wlassow-Armee befehligt hatte. Das hat mich sehr gewundert, von daher konnte sie wohl auch Russisch. Aber ich habe mich da nicht kontrovers mit ihr darüber auseinandergesetzt, sie war ja schon eine relativ alte Dame und ging dann Anfang der 1970er Jahre in den Ruhestand und ist relativ bald an Krebs gestorben.

Im Herbst 1968 wurde Dahmer mit der Redaktion beauftragt. Er hatte Soziologie studiert und wurde in seiner Psychoanalyse-Zusatzprüfung (im Hauptdiplom) im Frühjahr 1968 von Mitscherlich geprüft. Mitscherlich war sehr angetan von ihm und bot ihm die Redaktion der PSYCHE an. Dahmer führte dann regelrechte Themenhefte ein, was wiederum den Absatz sehr gesteigert hat. Er hat lange im Vorhinein geplant, welche Themen wichtig wären und interessant, und hat dann Autoren angeschrieben, von denen er wusste, dass sie einschlägig waren. So ist die PSYCHE von einem ursprünglichen Zuschussunternehmen letztlich zu einem Unternehmen geworden, an dem der Verlag verdient hat. Zuletzt mit einer Auflage von 7.500.

Wir hatten jede Woche freitags morgens PSYCHE-Redaktionskonferenz im Freud-Institut. Später wurde die PSYCHE ausgelagert in eine Dependance in der Freiherr-vom-Stein-Straße in Frankfurt. Das ging über viele Jahre gut, weil das Freud-Institut zu wenig Raum hatte. Dann gab es eine Kontroverse mit Mitscherlichs Nachfolger de Boor. Hans Martin Lohmann, einer der angestellten Redakteure der PSYCHE, die damals noch ein Projekt des Landes Hessen war, war auch im Personalrat des Freud-Instituts und war dort manchmal aufsässig gewesen und kritisch. De Boor wollte ihn zügeln und einen Maulkorb verpassen und ordnete deshalb an, dass die PSYCHE in das Gebäude des Freud-Instituts zurückkehren müsse. Dort wurde uns eine ehemalige Küche als Raum angeboten. Das haben wir abgelehnt, und daraufhin hat de Boor erwirkt, dass uns der Zuschuss des Landes Hessen gestrichen wurde. Margarete Mitscherlich hatte Beziehungen zu Jan Philipp Reemtsma, der durch großzügige Donationen die PSYCHE am Leben hielt, solange sie noch ein Zuschussbetrieb war.

Dahmer war der Leitende Redakteur, aber an sich befanden wir uns alle auf einer Ebene. Jeder, der was sagen wollte, konnte das sagen, es wurde nicht das Wort erteilt. An inhaltliche Kontroversen erinnere ich mich nicht. Deswegen empfand ich die spätere Auseinandersetzung als so überflüssig, weil es eigentlich inhaltlich keinen Dissens gab. Über den kulturkritischen Ansatz war man sich über viel Jahre einig, daran hat sich der Dissens nicht entzündet. Mitscherlich hatte zwar auch diese Tendenz, aber richtig gepflegt wurde sie von Dahmer, der regelrecht programmatisch vorgegangen ist.

Zu Mitscherlichs Zeiten war die PSYCHE ein Projekt des Sigmund-Freud-Instituts und wurde soweit also wesentlich vom Land Hessen mitfinanziert, solange sie Zuschussbetrieb war. Und zum Beispiel Hügel war Angestellte des Freud-Instituts. Es gab später auch immer Stellen, die vom Freud-Institut gestellt wurden. Daran hätte das Land Hessen von sich aus wohl auch nichts geändert, wenn nicht de Boor in dem Sinne aktiv gewesen wäre. Entweder wir ziehen um, oder das Geld wird gestrichen.

Ganz überwiegend gab es eine gute Zusammenarbeit. Natürlich gab es auch Leute, denen wir missliebig waren. Einer zum Beispiel war Frederick Wyatt, dem wir zu links waren. Da gab es einmal eine Arbeit von Norman Elrod, einem gebürtigen Amerikaner, der in der Schweiz lebt. Elrod hatte eine Kritik über Erikson verfasst in einem Buch mit dem Titel »Der Wolf im Schafspelz«. In der PSYCHE hat er in ähnlichem Sinne geschrieben. Elrod kreidete Erikson an, dass er die Genozid-Situation der amerikanischen Indianer gar nicht beachtet hatte, sondern im Grunde so tat, als wären das unversehrte Volksstämme, die in ihrem natürlichen Milieu lebten. Ich finde es ein berechtigtes Argument. Wyatt hat sich jedenfalls darüber furchtbar geärgert, dass an einem so renommierten Analytiker Kritik geübt wird und seitdem die PSYCHE verdammt. Dann gab es natürlich die Kontroverse um Psychoanalyse und Nationalsozialismus. Dazu hatten einige von uns etwas geschrieben, insbesondere Dahmer seinen Artikel über Müller-Braunschweig und dessen Beitrag in der Nazi-Zeitschrift *Reichswart*, wo dieser sozusagen die Psychoanalyse dem neuen Staat angedient hat als eine Wissenschaft, die Schwächlinge zu Tüchtigen machen kann und dergleichen. Dahmer hat das ideengeschichtlich kritisiert, indem er das mit dem Neokantianismus in Zusammenhang brachte und hat damit einen ungeheuren Sturm von Entrüstung entfesselt, der sicher uns allen im Grunde galt, aber hauptsächlich Dahmer als Nicht-Kollegen entgegengeschleudert wurde. Diese ganzen Zuschriften sind ja gesammelt worden. Es gab nur wenige Zuschriften, die Sympathie bekundeten und enorm viel Kritik, woraus ich den Eindruck gewann, dass die DPV, überhaupt die Psychoanalyse insgesamt, auch international, die Zeit des Nationalsozialismus und was die Psychoanalyse damals gemacht hat, nicht verarbeitet und wirklich durchgearbeitet hat. Ich würde sagen, das gilt bis heute.

Obwohl ich selbst in meinen Aufsätzen im Grunde nur Fakten geschrieben habe, hat das diese Leute sehr geärgert. Vor allen Dingen habe ich der Version widersprochen, die allgemein im Schwange war, dass die Psychoanalyse verboten und verfolgt gewesen sei. Das stimmt ja gar nicht. Ich weiß, dass zu der Zeit, kurz bevor Ehebald seine Briefaktion startete, er mal bei uns angerufen hat. Da ich nicht zuhause war, hat er mit meiner Frau gesprochen und dann losgewettert, wie wir denn so was schreiben könnten in der PSYCHE und so weiter. Da hat meine Frau gesagt: »Tja, es ist vielleicht besser, Sie sagen das meinem Mann, der kommt dann und dann wieder nach Hause.« Er hat aber nie angerufen bei mir. Stattdessen kam dieses Pamphlet gegen Dahmer, wo er ihn unter anderem einen marxistischen McCarthy genannt hat. Für mich war es eine große Desillusionierung, dass selbst Leute, die ich fachlich geschätzt habe, wie Loch oder Brocher, plötzlich in den Chor dieser Ehebald-Leute, die auf Dahmer loshackten, eingestimmt haben. Da habe ich gedacht, mit wem identifizieren die sich denn eigentlich? Dahmer hatte ja nicht geschrieben: Müller-Braunschweig war ein Schwein oder so was. Sondern er hat nur geschrieben, dass gewisse neokantianische Anschauungen offenbar prädisponieren zu einer vielleicht etwas autoritären Denkweise, Staatsfrommheit oder so.

Anfang der 1980er Jahre wurde Mitscherlich krank und war nicht mehr so leistungsfähig. Er erkannte das auch selber und wollte eine Nachfolge seiner Herausgeberschaft für die PSYCHE einrichten und hat dann zunächst Herrn Dahmer gefragt, ob er das machen würde. Herr Dahmer war ja faktisch schon seit Jahren Chefredakteur der PSYCHE gewesen. Dahmer sagte dann zu Mitscherlich, er würde es zwar gern machen, aber es wäre vielleicht nicht so gut, wenn er das alleine machen würde, weil er ja nicht Analytiker sei. Daraufhin wurde beschlossen, Frau Mitscherlich und mich zu fragen, ob wir in das Herausgebergremium mit eintreten würden. Das geschah auch, und es wurde ein notarieller Vertrag über diese Nachfolge gemacht. Das lief dann über viele Jahre ganz gut. Ich hatte den Eindruck, dass wir einigermaßen harmonierten, bis Ende 1988 Frau Mitscherlich plötzlich anfing, sich über die zwei angestellten Redakteure Fehlhaber und Michaelis zu beklagen. Ich muss allerdings sagen, dass Dahmer und ich mit dem Klett-Verlag eine Art Stillhalteabkommen treffen mussten, damit wir einen Vergleich schließen konnten. Diese Sache, was ich jetzt sage, sollte nicht so bald veröffentlicht werden, weil mir sonst daraus ein Strick gedreht werden könnte, weil ich natürlich notgedrungen Kritik äußern muss an Frau Mitscherlich. Aber ich will es hier jedenfalls mal sagen, dann wird es festgehalten, und Sie werden das vielleicht berücksichtigen. Jedenfalls wollte sie also Fehlhaber und Michaelis raushaben und fand, dass die angeblich unfähig wären und aufsässig und weiß ich, was alles, faul. Das konnte ich eigentlich nicht finden, Dahmer auch nicht, denn die haben ihre Arbeit gemacht, die PSYCHE ist regelmäßig und pünktlich erschienen, dafür fand ich keinen Grund. Zunächst hat mich das in ziemliche Verwirrung gestürzt, weil ich gewohnt war, mit Frau Mitscherlich immer gute Übereinstimmung zu haben, und da eine Seite von ihr plötzlich zutage kam, die ich so nicht vorher gesehen hatte. Nach ein paar Monaten haben Dahmer und ich uns durchgerungen zu sagen: Wir können das nicht mittragen, das geht so nicht. Wir sehen keinen Grund, dass zwei Menschen auf die Straße gesetzt werden, die von dieser Arbeit leben. Frau Fehlhaber war zu der Zeit außerdem schwanger. Wir haben uns dann verweigert. Dann spaltete sich die PSYCHE in Fraktionen, in der ein größerer Teil der erweiterten Redaktion sich auf Frau Mitscherlichs Seite stellte und Dahmer und ich als Herausgeber dagegen standen. Das hat immer mehr an Schärfe zugenommen, und wir haben versucht mit Klett zu verhandeln. Klett wollte zuerst immer schlichten, aber Frau Mitscherlich muss ihn irgendwie auf ihre Seite gezogen haben. Jedenfalls ging es darum, wer eigentlich der juristische Inhaber der Zeitschrift PSYCHE war. Wir waren natürlich wie Mitscherlich der Meinung gewesen, das wären wir als Herausgeber. Es zeigte sich aber, dass uns gewisse juristische Fallen gestellt worden waren, indem man uns Briefe geschrieben hatte, in denen von einem Gesamtprojekt PSYCHE die Rede war, was wir damals nicht erkannt haben. Jedenfalls bedeutete das juristisch, dass Klett als Geschäftsinhaber die PSYCHE gehörte. Daraufhin haben wir einen Prozess, den wir geführt haben, verloren und mussten uns mit Klett vergleichen, um nicht immense Summen zahlen zu müssen. So haben wir da den Kürzeren gezogen. Das ist jetzt schon wieder zwei Jahre her. Es ist natürlich bedauerlich, aber ich kann es ertragen. Ich habe trotzdem genug interessante, anregende Dinge zu tun und kann auch ohne die PSYCHE leben. Ich finde es immer noch schade, und es ist auch eine menschliche Enttäuschung über diese doch niedrige Intrige, die da gelaufen ist. Aber ich denke, für mich habe ich einen Schlussstrich gezogen.

Psychoanalytische Ausbildung und DPV

Ich habe mich Anfang der 1980er Jahre in der Friedensbewegung engagiert und überhaupt wieder mehr politisiert, was ich jahrzehntelang nicht so getan hatte. Mir ist deutlich geworden, dass in psychoanalytischen Institutionen ausgesprochene Machtverhältnisse herrschen, die wenig kontrolliert sind und die unter anderem bedingen, dass Kandidaten immer sehr viel Angst haben, weil sie ja nie genau wissen, wie was einzuschätzen ist und welche Gefahren ihnen drohen. Das hemmt im Grunde genommen eine wirkliche geistige Entwicklung der Psychoanalyse. In einem Artikel habe ich einmal geschrieben, dass die Psychoanalyse wie eine Freimaurerloge aufgebaut ist mit verschiedenen Graden, in die man jeweils nur kommt durch den Spruch der jeweils Oberen und durch ein Ritual, das einen von einer Stufe zur anderen befördert. Das heißt, es gibt keine wirkliche demokratische Kontrolle. Das ist mir in den letzten zehn Jahren in etwa deutlich geworden. Das hat keine realen Konsequenzen gehabt, außer dass ich, wie ich meine, natürlich unter Kollegen ein bisschen isoliert bin. Auf der anderen Seite, wenn ich ganz konsequent wäre, müsste ich sagen: Ich mache da nicht mehr mit. Ich möchte aber die Kandidaten nicht im Stich lassen, wo ich doch einigen immer mal wieder helfen konnte. Deshalb habe ich mich dazu nicht durchringen können.

Meine Ausbildung in Stuttgart war schon ein bisschen schmalspurmäßig gewesen, was ich nicht allein auf die dort gelehrte Behandlungstechnik zurückführe, sondern was einfach am dortigen Horizont lag. Es gab zwar auch Leute, die ursprünglich aus der alten DPG kamen, wie Gundert. Durch die Verbindung zu Mitscherlich habe ich natürlich einen sehr weiten, internationalen Horizont bekommen. 1966 hat Mitscherlich mit de Boor und mir eine Rundreise durch die USA gemacht, wo wir verschiedene psychoanalytische Institute aufgesucht haben. Da fand ich schon eine Situation vor, die wir jetzt hier auch haben, dass die Institute in Fraktionen zerfallen sind, die sich gegenseitig befeinden. Und wo immer, wenn wir als Besucher da hinkamen, jede Fraktion versuchte, uns auf ihre Seite zu ziehen. Das habe ich in Denver erlebt, in San Francisco, in Pittsburgh, in Rochester und in New York. Jedenfalls fand ich das sehr deprimierend. Damals war es hier noch nicht so, und ich hoffte, dass es hier nicht so kommen würde, was aber doch passiert ist. Es muss also irgend etwas im Wesen der analytischen Institutionen liegen, das so etwas schafft oder fördert. Was das genau ist, weiß ich nicht, aber dabei spielen die undemokratische und nicht überprüfbare Machtausübung in den Instituten und die hierarchische Gliederung jedenfalls eine Rolle.

Ich würde wünschen, dass die analytischen Gesellschaften offener sein sollten. Eine Stufe als Mitglied, die reicht. Man braucht meiner Meinung nach weder eine Unterteilung zwischen außerordentlichem und ordentlichem Mitglied noch braucht man einen Status als Lehranalytiker, weil bei der Bestimmung, wer das wird und wer nicht, immer Zufälligkeiten eine Rolle spielen. Jeder Analytiker, der fünf Jahre Mitglied ist und der sich an der Ausbildung und an Lehrprogrammen beteiligt hat, sollte Lehranalytiker werden können. Dass das stufenweise gemacht wird, eben freimaurermäßig, finde ich unnötig und kontraproduktiv. Janet Malcolm hat in ihrem Buch *Fragen an einen Psychoanalytiker*, in dem sie die psychische Situation eines anfänglichen Ausbildungskandidaten, dann fertigen Analytikers, der aber gern auch Vollmitglied und Lehranalytiker werden möchte, darstellt, beschrieben, unter welchem Druck diese Leute stehen. Ich selbst habe den nicht so wahrgenommen, weil ich in mancher Hinsicht privilegiert war. Man ist mir damals entgegengekommen, als ich zur DPV wechseln wollte, und ich war auch nie so unterwürfig, was sich im Allgemeinen besser auswirkt in Hierarchien. Ich genoss etliche Jahre lang zumindest Mitscherlichs Förderung. In Ulm wurde ich auch gefördert, weil man dort Lehranalytiker brauchte. Obwohl ich das nicht aus persönlicher Erfahrung kenne, sehe ich heute in meinen Lehranalysen, wieviel Angst die Leute haben. Das finde ich für eine wissenschaftliche Gesellschaft schlecht.

In Amerika bin ich erstmals auf Harry Stack Sullivan gestoßen, der eine allgemeinverständliche Psychologie aufgestellt hat, die für jemanden, der neu dazu kommt, ganz gut ist. Ich bin aber doch Freudianer geworden und bin das im Grunde auch heute noch, wenn ich auch einzelne Punkte bei Freud kritisieren würde. Man kann ja nicht verlangen, dass der schon alles richtig gesehen hat. Aber er hat ein Fundament geschaffen, auf dem man weiterbauen kann. Damals in den 1960er Jahren waren wir im Freud-Institut am New Yorker Psychoanalytischen Institut orientiert, eben sehr abstinent und sehr steif usw. Dann kam Kohut öfter nach Frankfurt und hat Seminare und Vorträge gehalten und Supervisionen. Er hat sehr auflockernd gewirkt, weil er ein Element von Spontaneität und Menschlichkeit in die Psychoanalyse gebracht hat, was ich auch heute noch an ihm schätze. Ich kam in guten Kontakt mit ihm, und er bat mich dann, sein erstes Buch über Narzissmus ins Deutsche zu übersetzen. Dabei traten gewisse Schwierigkeiten auf. Ich merkte, wenn man einen Text übersetzt, muss man jeden einzelnen Satz nochmal mitdenken und sich überlegen, wie drückt man das jetzt gut in der anderen Sprache aus. Es fiel mir auf, dass sehr viel Redundanz im englischen Original war. Daraus resultierte das merkwürdige Phänomen, dass meine deutschen Texte kürzer waren als Kohuts englische. Das ist ja meistens umgekehrt. Dann gab es eine schwierige Korrespondenz mit Kohut, der dauernd durchsetzen wollte, dass ich es so übersetze, wie er sich das denkt. Ich habe ihm einen Brief geschrieben: »Also, entweder Sie machen die Übersetzung, dann machen Sie sie. Oder ich mache sie, dann mache ich sie, aber so, wie ich es vertreten kann.« Danach wurde ich in Ruhe gelassen, aber die Beziehung war schon ein bisschen abgekühlt. Es ist mir bald aufgefallen, dass Kohut eine ganze Reihe von psychoanalytischen Essentials, insbesondere die Triebtheorie, aus seinem Werk entfernt hat. Außerdem fanden sich hie und da kleine, nicht ganz faire, Seitenhiebe auf Freud, und das hat mich dann distanziert von ihm. Die Kohut-Anhänger haben mit der Selbstpsychologie eine sehr eigene Entwicklung genommen, womit ich nichts mehr anfangen konnte.

Ich bin zum ersten Mal im Jahre 1964 zu einer Tagung der deutschsprachigen mitteleuropäischen Vereinigungen gefahren, das war in Anif bei Salzburg. Dort fühlte ich mich sehr eigenartig. Ich hatte das Gefühl, es gibt dort Regeln, wer wen grüßt und wer mit wem spricht und wer nicht. Irgendwie fand ich das bedrückend. Ich dachte damals noch, das ist vielleicht meine Neurose, und ich komme damit irgendwie später mal besser zurecht. Ich bin auch besser zurechtgekommen, aber ich würde sagen, das hat was Charakteristisches. Der Einzige, der immer sehr offen, freundlich, zugänglich und spontan war, das war Willi Hoffer.

Persönlich befreundet und auf Du-Basis bin ich mit Horst-Eberhard Richter. Jemand, zu dem ich ebenfalls einen sehr guten Draht habe, das ist Parin; was er schreibt, das schätze ich sehr. Er und Cremerius haben sich in der PSYCHE-Angelegenheit sehr solidarisch verhalten. Auch in anderen Dingen familiärer Art war Parin solidarisch. Während ich bemerkt habe, dass in persönlichen Sorgen, die man so hat, von DPV-Seite nicht viel zu erwarten ist. Oder auch von der Mehrzahl der Kollegen. Es sind immer nur einige wenige, die da Anteil nehmen oder fragen »Wie geht's denn da so?« Persönliche Solidarität ist da nicht viel. Sei es beim Tod meiner Frau oder sei es bei anderen persönlichen Schicksalsschlägen. Das wurde alles zumindest nach außen hin weitgehend ignoriert, es gab nur immer einige wenige, die da Anteil nahmen.

Es sind vornehmlich diese älteren Kollegen, die zur DPV auf Distanz gegangen sind: Fürstenau hat bereits vor 20 Jahren gesagt: »Die DPV ist nicht reformierbar, die ist ein Verein nur zur Verwaltung von Ausbildung, sonst nichts.« Da ist leider ein gewisser Pessimismus angesagt.

Anfang der 1970er Jahre war ich Leiter des Zentralen Ausbildungsausschusses, das war eine Zeit, an die ich sehr ungern zurückdenke. Diese Leitung ist ja im Grunde genommen so etwas wie ein Notariat. Man leitet nicht direkt, sondern muss Unterlagen sammeln zum Beispiel von Leuten, die sich zum Abschluss melden, und dann müssen von den Instituten die entsprechenden Dokumente geschickt werden. Das geschah oft sehr unvollkommen, da fehlte dies und das, und ich musste dann immer anrufen und das anmahnen, weil es ja zu einem bestimmten Termin da sein musste. Ich bin nie so oft angeschrien worden in meinem Leben wie damals. Wenn ich sagte, bei dem Kandidaten fehlt dieses und jenes Zeugnis, dann rasteten die aus auf der anderen Seite. Ich habe den Posten 1973 wieder abgegeben, und seit der Zeit habe ich kein DPV-Amt mehr angestrebt. Ich habe mir natürlich auch Gedanken gemacht, wo eigentlich der Webfehler in den psychoanalytischen Institutionen ist. Zuallererst fällt mir dazu die undemokratische Struktur ein, wie vorher schon genannt. In dem Buch von Helmut Junker *Von Freud in den Freudianern* ist ein ganz wichtiger Gesichtspunkt, dass Freud kein so gütiger Mensch war, wie man vielleicht gern glauben möchte, sondern ein durchaus kämpferischer, manchmal vielleicht auch aggressiver Mensch, und gerade unbewusste Identifizierungen, die nicht reflektiert werden, wirken ja besonders stark. Freud hatte aus dem Bestreben heraus, seine Psychoanalyse zu schützen, durchaus gewisse undemokratische Tendenzen, dass er zum Beispiel das »Geheime Komitee« eingesetzt hat, das eine geheime Machtstruktur sein sollte, was im Grunde genommen einer offenen wissenschaftlichen Diskussion entgegensteht. Damit will ich nicht Freud insgesamt verdammen, ich denke nach wie vor, dass er uns ein großes Werk, ein Fundament hinterlassen hat, auf dem wir weiterbauen können. Aber Menschen haben halt ihre Widersprüche.

Mein Wunsch wäre, dass die DPV insgesamt offener strukturiert sein sollte, wirklich im Sinne einer wissenschaftlichen Gesellschaft, in der offen und frei diskutiert werden kann, in der nicht soviel Angst herrscht, in der es keinen Karrieredruck geben dürfte. Ich bin der Meinung, dass auch der Gegensatz zwischen DPV und DPG eigentlich obsolet ist. Schultz-Hencke wird auch von den DPG-Leuten heute gar nicht mehr so hochgehalten, die lesen im Grunde dieselbe Literatur und bringen gleichartige Zitate, wie wir das auch tun. Das ist ein künstlicher historischer Graben, der da zwischen uns steht. Eine Wiedervereinigung beider Gesellschaften würde keinen Nachteil bedeuten und würde vielleicht auch die politische Stellung der Psychoanalyse verstärken, die ja im Augenblick nicht zum Besten steht.

Bei der Einschränkung der vierstündigen Analyse finde ich es natürlich bedauerlich, dass da etwas geregelt wird, was vorher nicht geregelt wurde. Auf der anderen Seite sehe ich das ähnlich wie Cremerius, dass die DPV einen Anteil daran hat, dass das so eskaliert ist. Es gab ja den Artikel von Nedelmann und Reiche, in dem eine Heraufsetzung des Kontingents für Langzeitanalysen gefordert wurde, und der hat natürlich bei den Vertragspartnern die Alarmglocken schrillen lassen, denn, das weiß ich noch aus den Verhandlungen Ende der 1960er Jahre mit den Kassen, da musste immer das Argument ausgeräumt werden: Die Sache wird ja uferlos. Daraufhin hat man gesagt: »Gut, wir machen also eine feste Kontingentierung, und darüber wird nicht hinausgegangen.« Wenn jetzt plötzlich jemand kommt und sagt: »Wir wollen aber darüber hinausgehen«, dann ist klar, dass das eine Art Kriegserklärung ist. Die KBV hat sich auf diesen Krieg eingelassen und hat ihrerseits Beschränkungen eingeführt. Andererseits muss man sagen, ich bin ja auch Kassengutachter und sehe, dass regelmäßig Vierstundenanalysen eigentlich nur von Ausbildungskandidaten beantragt werden. Die meisten anderen, auch die niedergelassenen DPV-Mitglieder machen schon seit Jahren zwei bis drei Stunden pro Woche. Einfach aus dem Gedanken, dass der Zeitfaktor eine Rolle spielt und dass man die Behandlung möglichst ein bisschen ausdehnen und strecken will. Insofern ist etwas schon lange schief gewesen in der Sache. Zum anderen ist auch ein Argument, dass die Kandidaten angehalten oder sogar genötigt werden, Vierstundenanalysen auch da anzubieten, wo sie vielleicht gar nicht nötig sind. Insofern würde ich es begrüßen, dass diese Restriktion der KBV aufgehoben wird, auf der anderen Seite würde ich wünschen, dass die DPV flexibler ist und zum Beispiel auch Dreistundenanalysen akzeptiert.

In den USA sieht man sehr deutlich, dass dort Einfluss und Ansehen der Psychoanalyse zurückgegangen sind, und auch hier gibt es deutliche Kräfte, die gegen die Psychoanalyse arbeiten, zum Beispiel diesen Herrn Grawe in Bern, einen Verhaltenstherapeuten, der die Psychoanalyse gerne schlechtmacht. Sicher, die Psychoanalyse ist nicht mehr so stark, wie sie vor 20 Jahren war. Aber zum Teil ist das eben auch selbstverschuldet.

Ich finde, dass die eigentlich würdige Tätigkeit für einen Psychoanalytiker die in freier Praxis ist, indem man also institutionell unabhängig ist. Und ich bin damit zufrieden und hoffe, solange ich geistig einigermaßen frisch bin, das noch in dieser Form weitermachen zu können.

Auswahlbibliographie

Auslösende Faktoren bei akuten Psychosen, in: *PSYCHE*, 12, 1958, 415-429.

Konrad Lorenz auf Exkursion in die Menschenkunde, in: *Frankfurter Hefte*, 21, 1966, 523-533.

III. Internationaler Kongreß für Psychosomatische Medizin Paris, 15.-18. Sept. 1966, in: *PSYCHE*, 21, 1967, 283-285.

Psychoanalytische Untersuchungen an Patientinnen mit funktioneller Amenorrhoe (mit C. de Boor, Z. Erdely u. I. Mathes), in: *PSYCHE*, 22, 1968, 838-860.

Das Problem des Narzissmus und seine Bedeutung für die psychoanalytische Behandlungstechnik, in: *Jahrbuch der Psychoanalyse*, 6, 1969a, 105-118.

Über Kriterien der Wissenschaftlichkeit in der Psychoanalyse, in: *PSYCHE*, 23, 1969b, 161-169.

Zu den Diskussionsbeiträgen von S. O. Hoffmann und M. Perrez, in: *PSYCHE*, 23, 1969c, 850-853.

Die Verwendung des Strukturmodells und des Symbolbegriffes in der Psychoanalyse, in: *PSYCHE*, 24, 1970, 641-656.

Freud und Brücke. Weitere Aspekte des »non vixit«-Traumes, in: *PSYCHE*, 25, 1971, 948-955.

Die psychoanalytische Situation als Grundlage der psychoanalytischen Therapie, in: *PSYCHE*, 27, 1973, 989-1000.

Schatten der Zeitgeschichte auf psychoanalytischen Behandlungen, in: *PSYCHE*, 33, 1979a, 1024-1038.

S. Simitis, L. Rosenkötter, R. Vogel, B. Boost-Muss, M. Frommann, J. Hopp, H. Koch, G. Zenz, *Kindeswohl. Eine interdisziplinäre Untersuchung über seine Verwirklichung in der vormundschaftgerichtlichen Praxis*, Suhrkamp, Frankfurt am Main 1979b.

Psychoanalyse als Teil der sozialen Krankenversicherung. Ein Meinungsbild aus dem Jahre 1974 (mit M. L. v. Schweinichen), in: *PSYCHE*, 35, 1981a, 42-48.

Die Idealbildung in der Generationenfolge, in: *PSYCHE*, 35, 1981b, 593-599 (Nachdruck in: M. S. Bergmann, M. E. Jucovy, J. S. Kestenberg (Hrsg.), *Kinder der Opfer, Kinder der Täter: Psychoanalyse und Holocaust*, S. Fischer, Frankfurt am Main 1995, 209-216).

H. M. Lohmann u. L. Rosenkötter, Psychoanalyse in Hitlerdeutschland. Wie war es wirklich?, in: *PSYCHE*, 36, 1982a, 961-988.

A. Mitscherlich u. L. Rosenkötter, Hans Jürgen Eysenck oder die Fiktion der reinen Wissenschaft, in: *PSYCHE*, 36, 1982b, 1144-1163 (Nachdruck aus dem Mannheimer Forum 74/75, 45-67).

Alexander Mitscherlich als Chef und Lehrer, in: *PSYCHE*, 37, 1983a, 346-351.

H. M. Lohmann u. L. Rosenkötter, Psychoanalyse in Hitlerdeutschland. Wie war es wirklich? – Ein Nachtrag, in: *PSYCHE*, 37, 1983b, 1107-1115.

H. Dahmer u. L. Rosenkötter, Jasager und Weißwäscher, in: *PSYCHE*, 37, 1983c, 1146-1153.

Die Ausschaltung der Störer. Anmerkungen zur Geschichte der Militärpsychiatrie in Deutschland, in: *Das Unbehagen in der Psychoanalyse. Eine Streitschrift*, H.-M. Lohmann (Hrsg.), Qumran, Frankfurt am Main, Paris 1983d, 111-116.

H.-M. Lohmann (Hrsg.), *Psychoanalyse und Nationalsozialismus. Beiträge zur Bearbeitung eines unbewältigten Traumas*, (Enthält 1979a, 1982a, 1983b u. 1983c), Fischer Taschenbuch Verlag, Frankfurt am Main 1984a.

Schattenseiten der psychoanalytischen Ausbildung, in: *Die Psychoanalyse auf der Couch*, H. M. Lohmann (Hrsg.), Qumram, Frankfurt am Main, Paris 1984b, 221-232.

Arier Jung, in: *Psychologie Heute*, Heft 4, 6, 1995.

Das Hexeneinmaleins des Faschismus. Podiumsdiskussion mit J. Cremerius, P. Parin u. L. Rosenkötter anlässlich der gleichnamigen Tagung des Psychoanalytischen Seminars Zürich 28.-30.6.1996, in: *Werkblatt. Zeitschrift für Psychoanalyse und Gesellschaftkritik*, 36, 1996, 22-53.

Mein Weg zur Psychoanalyse, in: P. Kutter, R. Parámo-Ortéga u. T. Müller (Hrsg.), *Menschenbild und Weltanschauung. Einflüsse auf die psychoanalytische Praxis*, Vandenhoeck & Ruprecht, Göttingen 1998, 143-156.

Jugend in der NS-Zeit, in: *Psychoanalyse im Widerspruch*, 19, 2007, 19-36.

Kaspar Weber

Aus meinem Leben als Psychiater und Psychoanalytiker

Ich kam am 1. Mai 1931 in der Psychiatrischen Universitätsklinik Waldau bei Bern zur Welt als älterer der beiden Söhne von Arnold Weber (1894-1976), Oberarzt an der Klinik, der von 1937 an den Kinderpsychiatrischen Dienst aufbaute, und Lily, geb. Müller (1897-1979), Musikerin (Violinistin). Mein Leben verlief undramatisch im Land, das vom Krieg verschont blieb. Leistungen, die mich berühmt gemacht hätten, habe ich keine aufzuweisen. Die beiden Bücher, die ich geschrieben habe, eine Einführung in die psychosomatische Medizin und eine Biographie aus der psychoanalytischen Pionierzeit, fanden keine besondere Beachtung, ein Schicksal, das sie mit den meisten publizierten Büchern teilen. Für meine persönlichste Leistung halte ich meine Arbeiten zur Psychologie und Psychoanalyse des Musik-Erlebens. Als Verdienst rechne ich mir an, allgemeinverständlich schreiben zu können. In Bern bildete ich von 1970 an den Kern einer psychoanalytischen Arbeitsgruppe, aus der später das S.-Freud-Zentrum Bern wurde, die erstmals seit 1928 wieder konsequent im Rahmen und nach den Richtlinien der Schweizerischen und damit der Internationalen Psychoanalytischen Gesellschaft arbeitete.

Als Freudscher Psychoanalytiker sehe ich meine Person als Ergebnis aller möglichen Einflüsse, als Resultante eines Kräftespiels von mehr als individueller Bedeutung, als »Dividuum« ebenso wie »In-dividuum«. Zu beschreiben, was ich am Schnittpunkt dieser mich prägenden, mir nur teilweise bewussten Kräfte erfahren habe, und damit etwas zu deren Kenntnis beizutragen, scheint mir deshalb vielleicht von allgemeinerem Interesse zu sein.

Die 76 Jahre, die ich unterdessen zurückgelegt habe, waren für mich in verschiedener Hinsicht eine glückliche Zeit. Ich schreibe dies nicht ohne etwas schlechtes Gewissen, verwandt mit dem Schuldgefühl von Überlebenden einer Katastrophe. Es führt aber zu nichts, viele Worte darüber zu verlieren. Als ich zur Zeit der »Wende« von 1989 einem Ungarn gegenüber, der neu in die Schweiz kam und der den Krieg und den Ungarnaufstand erlebt hatte, fast entschuldigend sagte, man fände hierzulande, dass das Leben in der friedlichen Schweiz wenig interessant sei, korrigierte er mich lächelnd: »Wenn wir bei uns jemand etwas *ganz S*chlimmes anwünschen wollen, sagen wir: Ich wünsche dir ein interessantes Leben.« Ich will mich also nicht über die günstigen Zufälle meiner Herkunft beklagen.

Ich wuchs in einem Elternhaus auf, in dem Bildende Kunst und vor allem die Musik, zugleich aber, vom Vater aus, die Naturwissenschaften eine große Bedeutung hatten. Mein Vater hatte mit einem Chemiestudium begonnen, war dann Klavierlehrer geworden, hatte musikalische Kompositionslehre gründlich studiert und sein Leben lang, vorwiegend für die Schreibtischschublade, aber als seine liebste Liebhaberei, Musik (in spätromantischem Stil) komponiert. Mit 28 Jahren, unter dem Einfluss der Psychoanalyse, sattelte er auf die Medizin um. Er hatte von Anfang an das Ziel, Psychiater zu werden. Als Beleg dafür, dass ihn die Psychologie schon immer besonders interessiert hatte, pflegte er lachend zu erzählen, wie er sich in der Maturitätsprüfung eine genügende Note in Geschichte erworben habe, indem er sich, statt Daten zu nennen, über Napoleons Charakter verbreitet habe.

Mein Vater hatte unter seinem Vater, Robert Weber (1849-1931), Bauernsohn, preisgekrönter Turner, Schulversager, Schlosser, Architekt und Berufsmilitär, der auch militärhistorische Arbeiten verfasste, Geniechef der Armee, gütig und großzügig, aber auch jähzornig und starr in seinen Ansichten, ziemlich gelitten. Er schrieb über ihn, er sei »körperlich und seelisch ein Kraftmensch« gewesen. Er hatte sich wohl vorgenommen, seine eigenen Kinder ganz anders zu erziehen und sich mehr mit ihnen abzugeben, als er es selbst erlebt hatte. Sicher war es auch seiner psychoanalytischen Bildung zu verdanken, dass wir beiden Söhne sehr freiheitlich aufwuchsen und kaum irgendwelchen Erziehungszwang kannten, was offenbar verschiedenen Bekannten (wie ich viel später erfuhr) als rechte Verwilderung erschien. Die Eltern gaben sich aber viel mit uns ab, und wir erhielten von ihnen reiche Anregungen. Da war das abendliche Vorlesen der Mutter; Selma Lagerlöfs *Nils Holgersson* zum Beispiel ist mir in besonderer Erinnerung. Der Vater »zauberte« gelegentlich vor uns, das heißt führte uns chemische Experimente vor, machte mit uns Bergwanderungen und Velotouren, auch um Fossilien zu suchen – Fossiliensammeln wurde

vom zwölften Jahre an zur Leidenschaft meiner jungen Jahre. Vorausgegangen war ein großes Interesse an der lebenden Tierwelt mit viel Lektüre in *Brehms Tierleben* in den ersten Schuljahren. Viele Wanderungen machten wir im Tessin, wo meine Eltern aus dem Nachlass der 1938 verstorbenen Großmutter väterlicherseits 1939 ein Haus kauften. Es waren gerade die Tage des Kriegsausbruchs, als sie zur Besichtigung im Tessin waren. Ich weiß noch, wie ich neben der alten Linde im Hof vor unserem Haus in der Waldau stand, als Nachbarsbuben riefen: »Diese Nacht haben die Deutschen Warschau bombardiert.«

Bald darauf begann ich auch regelmäßig die NZZ, Neue Zürcher Zeitung, zu lesen. Es muss Anfang 1940 gewesen sein, als ich meinem Vater von einem Scharmützel im Elsass während der »drôle de guerre« sagte, es habe »nur einen Toten« gegeben, und er streng und traurig bemerkte: »Schon einer ist schlimm.« Wir nahmen intensiv Anteil am Kriegsgeschehen, natürlich wie die meisten gewöhnlichen Schweizer den Sieg der Alliierten erhoffend. Von den Vernichtungslagern erfuhren wir während des Krieges durch kirchliche Kreise, aber auch aus der NZZ. Da wir zu Hause nie etwas anderes gehört hatten, als dass Deutschland von einer Verbrecherbande regiert werde, erschütterte es mich sehr, als mein nächster Freund, der mit uns im Tessin in den Ferien war, während des Nordafrika-Feldzuges 1943 Sympathie für die Deutschen unter Rommel hatte. Sein Vater war nämlich in Deutschland ausgebildeter Berufsoffizier. So erfuhr ich zum ersten Mal, dass es auch hierzulande Menschen gab, die in einem deutschen Sieg nicht den größten denkbaren Schrecken sahen wie die Kreise, in denen meine Eltern verkehrten, zu denen Juden und deutsche Emigranten gehörten.

In unserer Jugend waren wir von Musik umgeben – mein Bruder Bernhard (1934-2001) wurde denn auch Musiker – und auch für mich blieb die Musik neben dem Beruf eine zweite Hauptsache, mit dem Cello als eigenem Instrument, für das ich jetzt seit etwa zehn Jahren wieder regelmäßig Unterricht nehme. Meine Frau spielt Bratsche, so dass wir mit Freunden in verschiedenen Ensembles regelmäßig Kammermusik machen können. Die von meinem Vater temperamentvoll aus Klavierauszügen oder Partituren vorgetragenen großen Opern von Gluck bis Verdi (mit Ausnahme von Wagner) gehören zu meinen wichtigsten Jugenderinnerungen. Mindestens einmal in der Woche wurde im Hause Streichquartett oder Klaviertrio gespielt. Das Cello spielte dabei der aus Nazi-Deutschland emigrierte *Hans*

Kayser[1] (1891-1964), der sowohl den altertümlichen Titel eines Universalgelehrten wie auch den eines universellen Handwerkers verdiente. Er war Apothekerssohn aus Sigmaringen, hatte als Kunsthistoriker doktoriert, dann unter anderem als Verleger und Herausgeber (Dom-Bücherei) gewirkt, war Cellist und Komponist, als Schüler von Arnold Schönberg in Berlin. Als 1933 seine Lage in Deutschland sowohl wegen seiner politischen Überzeugungen wie wegen seiner jüdischen Frau unhaltbar geworden war, folgte er dem Angebot eines Mäzens, der seinen Aufenthalt in Bern finanzierte. Hier fand er sich übrigens mit Paul Klee bis zu dessen Erkrankung zum Kammermusikspiel zusammen. Nach Klees Tod, während des Krieges, wurden meine Eltern zu seinen Kammermusikpartnern. Das künstlerische Spiel meiner Mutter schätzte er sehr, und in meinem Vater fand er auch einen musikalisch ebenbürtig Gebildeten, mit dem er zudem in der Beurteilung der politischen Lage übereinstimmte. Ich erinnere mich an ein Gespräch zwischen den beiden während des Krieges, nach dem Spiel des schlichten Triosatzes, den Beethoven für ein Kind geschrieben hat: »Solange wir das noch haben, ist die Welt noch nicht am Ende.«

Hans Kayser war in meiner Jugend einer der für mich wichtigsten Menschen. Er war »Harmoniker« in dem Sinne, dass er in Naturgestalten vielfacher Art (zum Beispiel im Bau der Pflanzen, worüber er das Buch *Harmonia Plantarum* schrieb), aber auch in Kunstwerken wie den griechischen Tempeln (darüber sein Buch über die Tempel von Paestum) oder in der Form der Geige die Zahlengesetze verfolgen konnte, die er mit Hilfe seines »Monochords« in den Tonschwingungen fand. Diese altertümlich-ehrwürdige Wissenschaft, deren Wurzeln Kayser bei Pythagoras fand, brachte sicher interessante Resultate, zum Beispiel Hinweise auf vergessene historische Zusammenhänge, auch wenn man ihre mystische Seite nicht akzeptierte. Gelegentlich kam es nämlich beim Zusammensitzen nach dem abendlichen Triospiel bei Kaffee und Dessert (Wein gab es bei uns nicht, zum Teil weil er ein Luxusgetränk war, das mein Vater wenig schätzte, teils in der von Forel und Bleuler begründeten anti-alkoholischen Tradition der Schweizer Psychiatrie) zu hitzigen Diskussionen. Mein Vater bestritt – ich meine mit Recht – Kaysers Meinung, dass sich in den mathematisch fundierten harmonikalen Gesetzen auch eine Verbindung zum

---

[1] Siehe die Biographie von Rudolf Haase, *Hans Kayser, Ein Leben für die Harmonie der Welt*, Schwabe, Basel/Stuttgart 1968.

Wesen der »Seele« und damit eine Verbindung zwischen Materie und Geist finden lasse. Mein Vater betonte, dass das seelische Erleben von Musik erst durch musikalische Bewegung zustande komme, nicht schon durch unbewegte Töne und Harmonien. So waren Fragen, die mich später in meinen wissenschaftlichen Arbeiten beschäftigten, auf die ich noch zu sprechen kommen werde, nämlich das Problem der musikalischen Bewegung, schon damals gegenwärtig.

Kayser war liebenswürdig, heiter, humorvoll, und seine kräftige Gestalt mit dem breiten Gesicht hatte etwas von einem alten Kapitän. In seiner schwäbischen Sprache erzählte er gerne lustige Anekdoten, die er mit schallendem Lachen begleiten konnte. Seine Vielseitigkeit war geradezu überwältigend: Neben dem schon Genannten war er auch Fotograf, Buchbinder, Botaniker (sein Herbarium füllte Schränke) und eisenbahnbegeisterter Bastler (die von ihm in der Werkstatt im Keller gebaute Dampfeisenbahn umfuhr den Garten und konnte uns Buben auf ihren Wagen ziehen). Ein Ausspruch von ihm ist mir als Belehrung fürs Leben geblieben: Als ich als Gymnasiast einmal sagte, die zeitgenössische (dissonanzenreiche oder atonale) Musik bedeute mir nicht viel, ermahnte er mich ernsthaft, man müsse sich bemühen, auch die Musik der eigenen Zeit kennenzulernen. Eindruck machte mir, was er beiläufig einmal aus der Kriegszeit erzählte: Er lebe nur deshalb noch, weil sich keine Stahlhelmnummer für die Größe seines Kopfes gefunden habe, als er in die Schlacht von Verdun verschickt werden sollte, was ja praktisch sicher den Tod bedeutete.

Zum Geist in unserem Elternhaus gehörte, dass Verallgemeinerungen über andere Menschengruppen vermieden wurden und dass der Krieg und seine Verbrechen nicht den »Deutschen«, sondern den Nazis angelastet wurden. Dass es auch die »guten Deutschen« gab, wurde immer wieder gesagt, und wir hatten sie ja in Hans Kayser und anderen Bekannten lebendig vor Augen. Mein Vater erzählte auch gerne von seiner Musik-Studienzeit bei Josef Pembaur in Leipzig. Dessen sächsischer Akzent klingt noch in meinem Ohr nach: Als mein Vater zur ersten Stunde antrat, spielte eine Schülerin gerade eine bestimmte Stelle von Chopin – auch die meine ich noch erkennen zu können –, wozu Pembaur verzückt ausrief: »Heegstes Glick.«

Hans Kayser war also ebenso selbstverständlich zu Hause in der Welt der Natur wie der menschlichen Kultur und Geschichte. Im Rückblick verkörperte er damit für mich etwas, was eine wichtige Voraussetzung für das

Verständnis der Wurzeln der Psychoanalyse ist. Sein fast mystisches, »romantisches« Verhältnis zur Natur kommt aus der Welt, aus der auch das Fragment »Die Natur« aus dem Umkreis Goethes stammte, das den jungen Freud zum Studium der Naturwissenschaften begeisterte.

Die späteren Kriegsjahre und die erste Nachkriegszeit waren auch meine Pubertätsjahre. Einige Erfahrungen aus dieser Zeit blieben mir immer bewusst, wurden also nicht erst in der Analyse aufgedeckt. Sie verbürgten mir auch die Wahrheit psychoanalytischer Aufstellungen. Im Rückblick erkannte ich als ersten Abschnitt eine narzisstische Phase, in der es zu sexueller Erregung durch Befühlen und Betrachten des eigenen Körpers kam; es folgte eine Phase mit intensiven homosexuellen Phantasien und Ansätzen zu Handlungen – mit einem Kameraden zusammen verküssten wir während der Unterrichtspause, also ganz öffentlich, einen Größergewachsenen, indem wir an ihm heraufsprangen, um seine Wangen zu erreichen. Wir wurden dann beide zum Rektor zitiert, der uns allerdings nach kurzem kopfschüttelnd wieder entließ. Etwa gegen das 17. Jahr wurden die homosexuellen durch heterosexuelle Phantasien abgelöst.

Wohl zur Zeit des Übergangs von der Vorpubertät zur Pubertät, als ich mein Interesse von der aktuellen Tierwelt ab- und der versteinerten zuwandte, hatte ich einen Traum, in dem statt lebender Tiere versteinerte Muscheln und Schnecken im Felsen zu sehen waren. Damit verriet sich doch wohl, dass die erwähnte Wende in meinen Interessen tiefere Gründe hatte und mit Triebabwehr verbunden war.

Ich erfuhr früh, wie es ist, Gegenstand psychologischen Interesses zu sein, indem mein Vater in gewissen Abständen den Rorschach- oder Behn-Rorschach-Test mit mir machte.

Als ich zwölfjährig war, kamen per Post die Separata einer Arbeit meines Vaters an, »Das Erlebnis des Todes bei Kindern«, und das Paket lag aus irgendeinem Grunde geöffnet da. Neugierig blätterte ich darin und stieß bald mit prickelndem Interesse auf meine eigene Geschichte. Es ging unter anderem um die Reaktion von uns Kindern auf den Tod unserer Großmutter im Jahr 1938. Am meisten beeindruckte und beschäftigte mich die Charakterisierung, die mein Vater von mir gab: »Kräftig, untersetzten Wuchses, lebhaften, beweglichen Temperamentes, ist er ein komplizierter Charakter: gemütvoll, mit Humor begabt, empfindsam, verletzlich, ängstlich, scheu, leicht zu entmutigen bis zur Depression, und doch geltungsbedürftig, oft rücksichtslos aggressiv, trotzig, ein scharfer kritischer Beobachter, ist er selbstunsicher, neigt zu inneren Konflikten, Selbstbeobachtung, Grübeln, Selbstquälerei, Reizbarkeit, aber auch Ironie, Selbstironie und Witz.«[2]

Ich halte diese Deskription noch heute für recht treffend, auch für ein Beispiel dafür, wie weit eine Persönlichkeit in diesem Alter schon erkennbar sein kann. Vielleicht unterstützte sie auch eine Neigung zu ironischer Selbstdistanziertheit, die mich davor bewahrte, »Angelegenheiten dieser Welt« allzu ernst zu nehmen. Es machte mir auch nie Mühe, mich selbst als Wesen zu sehen, das Teil der Natur ist, und die soeben beschriebenen Abläufe meiner sexuellen Entwicklung als biologische Vorgänge zu verstehen. Psychologie und Psychiatrie, vor allem natürlich die Psychoanalyse, blieben für mich Wissenschaften von der menschlichen *Natur*, einer Natur allerdings, die auch Geschichtliches einbezog.

Ein Punkt beschäftigte mich nachhaltig: Ich wurde von meinem Vater als »gemütvoll« beschrieben, mein Bruder aber als »ausgesprochen gemütsreich«. Ich selbst kam mir nicht besonders liebenswürdig vor, im Gegensatz zu meinem charmanten Bruder, und die Charakterisierung durch den Vater gab dieser mit Neid und Eifersucht verbundenen Selbsteinschätzung erneutes Gewicht. Sie half mir aber später auch, von der von meinem Vater vertretenen Psychiatrie Abstand zu nehmen. In dieser in ihren Grundlagen noch recht »statischen« und moralisierenden Psychiatrie spielte das »Gemüt« eine zentrale Rolle. Der »moralisch defekte« Psychopath der Kurt Schneider'schen Klassierung war zum »gemütsarmen Psychopathen« geworden, was einerseits feiner tönte, andererseits den Schaden noch näher an einen Kern der Persönlichkeit heranrückte, an dem sich Wert oder Unwert des Menschen entschied.

Zu meinen jugendlichen Berufsträumen gehörten neben Musik, Geschichte oder Kunstgeschichte die Geologie und vor allem Paläontologie, also auch stark geschichtsbetonte Zweige der Naturwissenschaft. Als im Deutschunterricht ein Jahr vor der Maturität die Aufgabe gestellt wurde, für einen Vortrag ein gegebenes Thema ausführlich zu bearbeiten, wählte ich unter den vom Deutschlehrer Tino Kaiser vorgeschlagenen Themen Goethes naturwissenschaftliche Schriften. Ich las sie im Lauf einiger Monate alle (soweit sie in der gerade erschienenen Artemis-Gedenkausgabe von 1949 zu finden waren) und hatte davon einen lebenslangen Nutzen. Am Beispiel von Goethes Farbenlehre im Vergleich mit dem von ihm heftig

---

[2] *Monatsschrift für Psychiatrie und Neurologie*, Vol. 107, 1943, 192ff.

bekämpften Newton lernte ich (vor allem während des ersten naturwissenschaftlichen Studienjahres) den Unterschied zwischen einer Wissenschaft, die von subjektiven Wahrnehmungen ausgeht, einer »Phänomenologie«, und einer Naturwissenschaft auf Grund objektiver Gesetze kennen. Goethes »Fehler« war, dass er diese beiden Bereiche noch nicht klar zu unterscheiden wusste und eigentlich eine phänomenologische Farbpsychologie begründete, wo er meinte, objektive Naturgesetze zu finden.

Verwandte Probleme sind in der Psychologie anzutreffen, wie ich heute sehe. Goethes Kampf für die Einheit des weißen Lichts hat hier seine Entsprechungen. Sich das Licht aus verschiedenen Farben zusammengesetzt vorzustellen, rührte an Goethes Glauben (mit neuplatonischen Wurzeln) an die Erhabenheit, »Heiligkeit« des »Einen«. Dieser Glaube ist verwandt mit Überzeugungen, die hinter dem Kampf von Psychologen für die Einheitlichkeit der Liebe stehen. Freuds Lehre, dass die Liebe des Menschen ein gewordenes und komplex zusammengesetztes »Gebilde« ist und dass sich darin Wiederholungen, Übertragungen, »libidinöse Besetzungen« aus der Kindheit finden, stellt tief verwurzelte Idealisierungen in Frage. Ich erinnere mich an einen Vortrag des »Daseinsanalytikers« Medard Boss im Kreis der bernischen Psychiater (wohl um 1975), der mit heftigem Affekt und unter lebhaftem Beifall den grundlegenden angeblichen »Fehler« von Freuds Übertragungslehre angriff: die Liebe des Analysanden zum Analytiker sei keine von anderswo »übertragene« Liebe, sondern durch und durch »echt«. Das entspricht als verspätete Reminiszenz der »Echtheit« und »Einheitlichkeit« des weißen Lichts bei Goethe.

Damit habe ich weit vorgegriffen, denn als ich mich als Gymnasiast mit Goethes Naturwissenschaft abgab, wusste ich von alldem noch nichts. Ich spürte nur, dass viel daran lag, Goethes Gegnerschaft gegen Newton besser zu begreifen.

Was prägte mich sonst im Gymnasium mit seinen hervorragenden Lehrern? Mir fallen unter den Lektüren in Deutsch ein: Kellers *Grüner Heinrich*, mit seiner Liebe zur ätherischen Anna und der Wendung zur viel attraktiveren, das heißt in ihrem Triebleben reiferen Judith, Gotthelfs gewaltiges *Annebäbi Jowäger* mit den unnachahmlichen Beschreibungen des Werdens und den Auswirkungen einer Depression und der Darstellung von Tagträumereien,[3] Stifters *Nachsommer*, gelesen unter Thymiandüften

---

[3] 6. Kapitel: Mädi geht auf Reisen und bekommt Gedanken.

auf unserem Stück Land im Tessin, Schillers *Naive und sentimentalische Dichtung*. Über den »ironischen Stil« des noch lebenden Thomas Mann hatte ich schon etwas abschätzig reden gehört, umso größer war dann die Begeisterung bei der Lektüre der *Buddenbrooks*. Dazu kamen Lessings *Nathan* und Kleist, die Spezialität unseres Deutschlehrers. Das sind einige der gewiss »konventionellen« Lesepflichten und -freuden jener Zeit. Sie wurden natürlich durch reichlich weiteren »privaten« Lesestoff ergänzt, von Karl May über Jules Verne bis zu den hochromantischen Lebenserinnerungen von Hector Berlioz, auf die mich mein Vater hingewiesen hatte. Mit ihm zusammen durfte ich, wohl etwa 1948, das Gastkonzert des Londoner Symphonieorchesters hören, in dem die Ouvertüre zum »Carnaval romain« mir, wie ich es damals empfand, fast die Besinnung raubte. Sie macht mich noch heute fiebern.

Ich bin überzeugt, dass die Lektüre der großen Werke der Weltliteratur die beste Vorbereitung auf einen späteren Beruf in psychologischer Richtung ist, viel sinnvoller als ein allfälliger Psychologieunterricht im Gymnasium. Dieser Überzeugung habe ich auch in meiner *Einführung in die psychosomatische Medizin* (1984) Ausdruck gegeben. Als ich zum Beispiel um 1966 an der Schule für Sozialarbeit in Gwatt bei Thun Psychopathologie zu unterrichten hatte, krönte ich den Unterricht mit der Darstellung narzisstischer Probleme anhand des *Misanthrope* von Molière.

1951 machte ich die Maturität mit alten Sprachen als ziemlich mittelmäßiger Schüler, außer in Deutsch und Geschichte. Übrigens hatte mir in der mündlichen Matur der Deutschlehrer das schon erwähnte Fragment »Die Natur« aus Goethes Umkreis vorgelegt, das ich natürlich erkannte und mit dem ich brillieren konnte. Für Sprachen war ich immer wenig begabt gewesen. Die genauere Kenntnis der alten Sprachen verschwand nach der Matur erstaunlich und erschreckend rasch. Es blieb aber mein Wunsch, später einmal zu ihnen zurückzukehren. Diesen Wunsch erfülle ich mir seit dem 52. Lebensjahr; seither besuche ich mit meiner Frau zusammen jede Woche die an der Universität angebotene Griechisch- (und gelegentlich auch Latein-) Lektüre unter Prof. Alfred Stückelberger, woraus sich unterdessen ein freundschaftlicher Lektürekreis gebildet hat.

Wie angedeutet, konnte ich mir verschiedene Berufe als Wahl vorstellen. Der lange Weg meines Vaters bis zur endgültigen Berufswahl blieb mir aber erspart, gerade auch weil ich ihn als Vorbild akzeptieren konnte. Ich hatte mich beruflich noch auf nichts festgelegt, als bei der militärischen Aushebung die Frage nach dem geplanten Studium kam. Ich schrieb kurz entschlossen (und einigermaßen zur Überraschung meiner Eltern) »med.«.

Ich hatte mich schon im Gymnasium für die allgemeinverständlichen Schriften des Basler Zoologen *Adolf Portmann* (1897-1982) begeistert. Ich liebte zudem die Stadt Basel von früheren Aufenthalten bei einer Tante her, war zeichnend ihren Kunstdenkmälern gefolgt, hatte die St. Alban-Vorstadt in Gedenken an Jacob Burckhardt durchstreift, dessen »Kultur der Renaissance in Italien« ich als Vorbereitung auf die Maturreise nach Florenz gelesen hatte. So entschied ich mich, die beiden ersten Studiensemester von Herbst 1951 an dort zu verbringen. Es wurde ein Jahr größter Freude am Studium. Zoologie, Botanik, Physik und Chemie wurden alle von hervorragenden Persönlichkeiten gelehrt. Einige Male ging ich auch die berühmten Professoren Karl Jaspers und Karl Barth hören, bald reichte aber die Zeit nicht mehr für solche »Seitensprünge«. Immerhin nahm ich prägnante Erinnerungsbilder dieser beiden Koryphäen mit: Wie sich der hochgewachsene, aber zerbrechlich schlanke Karl Jaspers vor dem Haupteingang aus dem Taxi steigend sozusagen allmählich entfaltete und dann mit gemessenen Schritten zum Hörsaal im ersten Stock stieg, wo er in schöner norddeutscher Sprache seine wohlgesetzte Rede hielt. Im Parterrehörsaal direkt darunter ließ sich Karl Barth in sehr viel volkstümlicherer Sprache hören, in einem »urchig« berndeutsch gefärbten Deutsch, das ein Unerfahrener für den Dialekt selbst hätte halten können. Das erstaunte mich sehr, da Barth ja bis zu seiner Entlassung durch die Nazis, deren Umstände ihm bei uns einen heroischen Ruf verschafft hatten, in Deutschland gelehrt hatte.

Die Vorlesungen von Adolf Portmann überragten für mich alles andere. Portmann hielt nie zweimal die gleiche Hauptvorlesung, sondern zentrierte den Stoff jeweils neu um ein besonderes Thema. Im einen Semester waren es die Tintenfische, mir besonders lieb wegen der Sammlerbeschäftigung mit den fossilen Ammoniten, Nautiliden und Belemniten, im anderen die »Vergleichende Morphologie der Wirbeltiere«, was auch der Titel des neu erschienenen Lehrbuchs von Portmann war. Portmann redete völlig frei, in schöner Sprache, ruhig und gelassen, und begleitete seinen Vortrag mit farbigen Zeichnungen an der Wandtafel, die er mit weit ausholenden Gebärden und sicheren Strichen vor unseren Augen entstehen ließ. Er weckte unser Interesse an der Geschichte des Fachs und an den Grenzen unserer

Erkenntnis. »Wir sind nicht dabei gewesen«, war ein Satz, den er als Kommentar zu Problemen der erdgeschichtlichen Evolution fast mit etwas Pathos hervorhob. Es waren festliche Stunden für mich. Parallel zu den Examensvorbereitungen und nach bestandenem Examen las ich die *Geschichte der Biologie* von Erik Nordenskjöld[4], ein hervorragendes Buch, das ich auch heute noch gerne zu Rate ziehe.

Portmann hatte *Biologische Fragmente zu einer Lehre vom Menschen* geschrieben, daraus wurde eine für mich fesselnde Spezialvorlesung. Er zeigte, dass der Mensch im Vergleich zu anderen Primaten früher zur Welt kommt, zu einem »extrauterinen Frühjahr«, und dass er als »sekundärer Nesthocker« in diesem Jahr die artgemäßen Kommunikationsmittel erlernt, eben die Sprache, weil er sie, teleologisch gesagt, nur im Austausch mit seinen Artgenossen und nicht im Mutterleib erlernen kann. Im Zusammenhang mit dieser Vorlesung redete Portmann auch über die Geschichte der Psychoanalyse, über Freud und Jung, wovon ich in meinem ganzen späteren Studium nie mehr etwas Zusammenhängendes zu hören bekam. Dass Freud auch den Gedanken der relativen Frühgeburt des Menschen schon kannte, stellte ich erst viel später fest (»Die Intrauterinexistenz des Menschen erscheint gegen die der meisten Tiere relativ verkürzt; er wird unfertiger als diese in die Welt geschickt. Dadurch wird der Einfluss der realen Außenwelt verstärkt ...« 1926d, GW XIV, 186).

In meiner Begeisterung hatte ich anfänglich kein Ohr für Kritik an Portmann, wie sie mein in Basel neu gewonnener Freund Bernhard Ecklin, Sohn eines Allgemeinpraktikers im Appenzellerland, der das St. Galler Gymnasium absolviert hatte, übte: Portmann hatte den oft für das menschliche Auge wunderschönen Naturgebilden – zum Beispiel Tieren der Tiefsee, die in absolutem Dunkel leben und doch phantastisch anzuschauen sind – einen »Darstellungswert« zugeschrieben, der von biologischer Nützlichkeit unabhängig sei. Ich versuchte den »Darstellungswert« gegenüber Bernhard Ecklin zu verteidigen, musste mir aber später doch eingestehen, dass Bernhard recht hatte damit, dass es unzulässig sei, Lücken unseres Wissens mit derartigen halbmystischen Konzepten auszufüllen.

Das weitere Studium machte ich in Bern. Es interessierte mich in den

---

[4] Dt. Gustav Fischer, Jena 1926. E. Mayr (*Die Entwicklung der biologischen Gedankenwelt*, dt. Springer, Berlin 2002) bezeichnet das Buch trotz einiger Schwächen »immer noch als Autorität«.

meisten Fächern, und ich fand immer, ich hätte als Allgemeinarzt oder in irgendeiner Spezialität zufrieden werden können, vorausgesetzt, dass sie mit Verantwortung für und Kontakt mit Menschen verbunden war. Dass ich schließlich ohne langes Besinnen – ähnlich wie vorher schon die Medizin – die Psychiatrie wählte, schreibe ich, wie schon gesagt, dem Vorbild meines Vaters und der Familientradition zu; gewiss kam dazu eine persönliche Neigung. Ich erlebte die Befriedigung, die mein Vater im Beruf hatte, lebhaft und kannte seine wichtigste Wirkungsstätte, die »Kinderbeobachtungsstation« Neuhaus, aus eigener Anschauung. Gelegentlich hatte ich an Schulstunden bei der Lehrerin Simone Hubert teilgenommen, ebenso an den jährlichen Schulreisen und der Weihnachtsfeier in der Turnhalle, wo mein Vater die Weihnachtslieder vierstimmig improvisierend am Klavier begleitete. Ich wusste auch aus eigener Erfahrung, was Geisteskrankheit ist, denn die Schwester meines Vaters, die uns von der psychiatrischen Klinik Münsingen her regelmäßig besuchte, war eine intensiv Stimmen halluzinierende, chronisch Schizophreniekranke. Es kam dazu, dass der Vertreter des Fachs von 1954-1964, *Max Müller* (1894-1980), der ältere Bruder meiner Mutter, eine allgemein geschätzte Vorlesung in lebendiger, farbiger Art hielt, wenn er – wie er gut wusste – in der Wirkung auch nicht an das brillante Pathos seines Vorgängers Klaesi heranreichte. Ausgezeichnet klar und von weitem Horizont zeugend, war auch die propädeutische Einführung, die *Hans Heimann* (1922-2006), späterer Ordinarius in Tübingen, hielt. Dass Hans Heimann, mein sehr geschätzter Oberarzt in der Waldau, dem ich später auch freundschaftlich näherkam, sich von der Psychoanalyse ab- und einer »objektivistischen« Psychiatrie zuwandte, bedauerte ich; er behielt aber seine vielseitigen, zum Beispiel religionsgeschichtlichen, Interessen bei.

Ich war jetzt daran, mich zum fünften und voraussichtlich letzten Psychiater in der engeren Familie heranzubilden. Der erste war mein Großvater mütterlicherseits, Max Müller senior (1861-1953) gewesen, der zweite sein Sohn Max junior, von dem gerade die Rede war, der dritte mein ihm gleichaltriger Vater, der vierte mein zehn Jahre älterer Cousin Christian, geboren 1921, der Sohn von Max junior, gewesener Ordinarius in Lausanne, und ich als fünfter, wie mein Großvater wieder einfacher niedergelassener psychiatrischer Praktiker in Bern.[5]

---

[5] Ich habe den Müller'schen Anteil dieser psychiatrischen Familiengeschichte

Gewiss war mein Weg in die Psychiatrie und Psychoanalyse relativ direkt und einfach. Es war mein Vater, der für mich Kämpfe bestanden hatte. Er hatte sich aus einer recht dunklen Familiengeschichte herausarbeiten, von einem übermächtigen väterlichen Schatten befreien müssen. Ich habe schon einige Worte über diesen großväterlichen »Kraftmenschen« gesagt. Er war aber mit seiner gerechten Sachlichkeit für meinen Vater ein weniger schwieriges Problem als das weibliche Element in der Familie, seine zwischen kritikloser Bewunderung und gelegentlich kühler Distanziertheit schwankende Mutter und die schöne, schwärmerische und umschwärmte, um sechs Jahre ältere Schwester, die in mittleren Lebensjahren chronisch psychotisch wurde. Es waren wohl vor allem zwei Dinge, die meinem Vater die Möglichkeit gaben, unter den schwierigen Umständen seinen eigenen Weg zu finden: seine intensiven sachlichen, das heißt künstlerischen wie naturwissenschaftlichen Interessen und die mit 28 Jahren unternommene kurzdauernde, aber intensive Psychoanalyse, zuerst bei Hermann Rorschach und nach dessen Tod bei Emil Oberholzer. Eine wichtige Rolle für seine Berufswahl spielte auch sein Klassenkamerad, Freund und späterer Schwager Max Müller.

Die bernische Psychiatrie der 1930er und 1940er Jahre, in der mein Vater wirkte und in die ich sozusagen hineingeboren war, hatte als Welt im Kleinen die Psychiatrie jener Epoche mit ihren verschiedenen Strömungen sehr eindrücklich widergespiegelt. Diese Psychiatrie war noch gezeichnet vom Zusammenprall der klassischen deutschen Psychiatrie in der Nachfolge von Kraepelin, die in der Waldau durch den unter den Nazis aus Würzburg emigrierten *Ernst Grünthal* vertreten wurde, und der durch Freud ausgelösten psychoanalytischen Revolution. Bekanntlich hatte Eugen Bleuler mit Carl Gustav Jung im Burghölzli Zürich daraus im ersten Jahrzehnt des Jahrhunderts die psychodynamische Psychiatrie geschaffen. Im zweiten Jahrzehnt, während Freud seine Theorie durch die Einführung des »Narzissmus« ausbaute und unter anderem für das Studium der Psychosen noch tauglicher machte, war es aber auch zum Bruch mit C. G. Jung gekommen

---

dargestellt in einer von der Blum-Zulliger-Stiftung herausgegebenen Broschüre: »Gaetano Benedetti und Christian Müller. Psychotherapie der Psychosen«, zu Anlass des 80. Geburtstages von Christian Müller (11. 8. 2001). 36 S., 10 Abb. Darin S. 4-10: Drei Psychiater-Generationen Müller, die den Wandel der Psychiatrie unter dem Einfluss der Psychoanalyse Freuds im 20. Jahrhundert verkörpern.

und war die Begeisterung für die Psychoanalyse einer Ernüchterung oder gar Abwendung von ihr gewichen.

Die führenden Psychiater der Waldau in meiner Jugendzeit, *Jakob Klaesi* (1883-1980)[6] und *Jakob Wyrsch* (1892-1980)[7] vertraten diese »nachanalytische« phänomenologisch und anti-theoretisch orientierte Psychiatrie in der Nachfolge ihres Lehrers Eugen Bleuler. Sie hatten beide keine persönliche Analyse gemacht. Wichtige Vorbilder für Klaesi waren neben Eugen Bleuler Kraepelin in München und Déjérine in Paris gewesen. Eigentlich war er aber überzeugt, durch sein intuitives Erfassen der Individualität und der inneren Konflikte jedes Patienten Begründer einer neuartigen Psychiatrie zu sein. Klaesis imposante Herrschergestalt, zum Beispiel als Anführer der Polonaise bei den großen Anstaltsfesten, war mir von Kind auf bekannt. Die eindrücklichste Begegnung mit ihm hatte ich aber, als ich den 88-Jährigen in seinem Schloss Knonau mit zwei Kollegen zusammen als junger, in der Nähe einquartierter Sanitätsoffizier besuchte. Geistvoll plaudernd, behänd' treppauf und treppab steigend, führte er uns durch sein Schloss bis ins Schlafzimmer, wo er uns vor einem großen Orientteppich dozierte, wie bestimmte Figuren darauf untrennbar ineinander verwoben seien, so wie gesund und krank im Leben. Und er versäumte nicht, den hohen Preis des Teppichs zu nennen. Zum Abschluss führte er uns in den Rittersaal, wo er als begeisterter Jäger von der Jagd in den Wäldern um Knonau schwärmte und mit wehmütigem Blick zum Fenster hinausschauend ausrief: »Wenn's einmal die letzte Jagd wäre – nicht auszudenken!« Klaesi sah sich auch als Dichter und verfasste in pathetischem Stil Dramen und Sonette.

Der ganz anders geartete, wenig redegewandte, aber elegant und völlig unpathetisch schreibende Wyrsch war 1934 von Klaesi, der ihn vom Burghölzli her kannte, als erster Oberarzt in die Waldau berufen worden. In seiner Selbstdarstellung (S. 483f.) beschreibt Wyrsch seinen wissenschaftlichen Weg in den 1920er Jahren: 1922 »hörten wir den Vortrag von *Ludwig Binswanger* ›Über Phänomenologie‹. Und wir, die wir das Bleuler'sche Lehrbuch gut kannten und vieles von *Freud* gierig gelesen hatten und ebenso von *C. G. Jung*, und in *Karl Jaspers* ›Allgemeine Psy-

---

[6] Seine Selbstdarstellung in: *Psychiatrie in Selbstdarstellungen*, Ludwig J. Pongratz (Hrsg.), Huber, Bern u. a. 1977, 165-193.

[7] Selbstdarstellung, wie Anm. 6: 470-503.

chopathologie‹ wenigstens geblättert hatten, ohne die Bedeutung richtig zu erfassen, wir hörten nun mit Staunen die Namen *Franz Brentano, Edmund Husserl, Max Scheler, Theodor Lipps* und andere. ... Dass wir Philosophen geworden seien, bildeten wir uns nicht ein. Aber neben der Medizin, über die wir examiniert worden waren, erfassten wir wenigstens etwas die andere unentbehrliche Grundlage der Psychiatrie.« Das ist das Zeugnis eines der führenden Schweizer Psychiater der ersten Jahrhunderthälfte für diese Distanzierung von Freud. Vielleicht war sich diese Generation der Schüler Bleulers gar nicht mehr bewusst, wie viel sie noch mit Freud verband. Ein sehr wesentlicher Unterschied zur Psychiatrie in den umliegenden Ländern blieb die Psychotherapie, und zwar eine – trotz allen Widerstrebens zum Beispiel bei Klaesi und Wyrsch – tief von der Psychoanalyse beeinflusste Psychotherapie. Das zeigt sich schon in der Bedeutung, die dem Gespräch zukam, der gemeinsam mit dem Patienten unternommenen Suche nach Sinn und Zusammenhang im psychischen Erleben. Klaesi beschreibt eindrücklich, wie er darauf kam, Patienten mit einer Dauernarkose zu behandeln.[8] Der erste Fall war eine 39-Jährige, dauernd erregte und aggressive Schizophrene. »Im April 1920 übernahm ich die Abteilung und erkannte, dass es *nur auf eine Art* [von J. Kl. hervorgehoben] möglich sei, die Kranke zu gewinnen, und zwar indem man sie körperlich krank und hilfsbedürftig mache, um dann während der Pflege zu Gedankenaustausch und Verbundenheit zu kommen.« So stand hinter dieser ersten, als modern geltenden somatischen Behandlungsmethode in der Psychiatrie der Gedanke an einen psychotherapeutischen Zugang. Nicht anders, nur in bewussterer Verbindung mit der Psychoanalyse, verstand es Max Müller[9] in Münsingen, als er in den 1930er Jahren die Insulintherapie methodisch ausbaute.

Mein Vater war an Jahren nur wenig, fachlich aber fast eine halbe Generation jünger als Wyrsch. Er hatte erst während der Analyse bei Emil Oberholzer 1922/23 den Entschluss zum Medizinstudium gefasst und hatte seine Ausbildung nicht mehr unter Eugen Bleuler, sondern unter dessen relativ unbedeutendem Nachfolger H. W. Maier gemacht; er sah sich aber

---

[8] Selbstdarstellung, wie Anm. 6, S. 183f.

[9] Max Müller, *Erinnerungen. Erlebte Psychiatriegeschichte 1920-1960*, Springer, Berlin u. a. 1982.
Max Müller, *Die körperlichen Behandlungsverfahren in der Psychiatrie, Bd. I: Die Insulintherapie*. Thieme, Stuttgart 1953.

vor allem als Schüler Oberholzers. Unterdessen hatte sich ja die Freud'sche Psychoanalyse institutionell konsolidiert – 1919 war die Schweizerische Gesellschaft für Psychoanalyse (SGPsa.) unter *Emil Oberholzer* (1883-1958) neu gegründet worden – und sie konnte als Grundlagenfach der Psychiatrie dienen. Auch für meinen Vater, der mit Elsa Blum-Sapas, Max Müller und Hans Zulliger zu der 1923 von Ernst Blum gegründeten ersten psychoanalytischen Arbeitsgruppe in Bern gehörte, hatte sie diesen Rang als Grundlagenfach, im Gegensatz zu Klaesi und Wyrsch. Er fühlte sich als Freud'scher Psychoanalytiker, führte Psychoanalysen durch, kannte Freuds Werke gründlich, ebenso die von Abraham und Ferenczi, hatte aber seit der von seinem eigenen Analytiker ausgelösten Krise von 1928 keine Verbindung mehr mit der psychoanalytischen Gesellschaft. Ich werde weiter unten ausführen, dass ich, selbst auf dem Weg, Analytiker zu werden, die nachteiligen Folgen dieses Abreißens der Verbindung an meinem Vater beobachten konnte und beim Neuaufbau einer Arbeitsgruppe in Bern von 1970 an darauf achtete, dass sich dies nicht wiederholte.

Ich erinnere mich an ein Gespräch mit einem italienischen Psychiater, der offenbar noch in den 1940er Jahren als Gast in der Waldau war. Diesem gegenüber bezeichnete mein Vater, zu dessen Verwunderung, Freud als Genie, die Gesellschaft seiner gegenwärtigen Anhänger jedoch als belanglose Sekte. In einem anderen Gespräch hörte ich ihn sagen, dass Klaesi seine genialische Intuition zum großen Teil seinem psychoanalytischen Wissen verdanke, dass er dies aber nicht gerne hören würde. So wuchs ich in den späteren Jugendjahren mit dem Wissen um die große Bedeutung Freuds auf, ohne von ihm mehr gelesen zu haben, als was mir beim Schnuppern in Vaters Büchergestell etwa ins Auge gestochen hatte.

In die Psychiatrie stieg ich mit Eifer und ohne grundsätzliche Zweifel an meinen Lehrern und dem, was sie mir vorlebten, am Chef Max Müller und den Oberärzten Hans Heimann und Rudolf Wyss, der später die Leitung der Münsinger Klinik übernahm und dort mein Chef war, ein.

Ich bin noch jetzt der Meinung, dass in der Müller'schen Klinik eine ausgezeichnete, psychodynamisch orientierte Psychiatrie in der ursprünglichen Bleuler'schen Tradition, nicht in der klaesischen Abwandlung mit ihrer Abwertung der Theorie und Überbetonung der »Intuition«, praktiziert wurde, in der auch die somatischen Therapien ihren Platz hatten, obwohl dem psychotherapeutischen Umgang mit den Patienten das Hauptinteresse galt. Max Müller machte uns in den großen »Gemeinsamen«, in denen, wie von Bleuler eingeführt, ein Fall vorgestellt wurde, nachdem das nötige Material während ungefähr zehn Tagen zusammengetragen und erfragt worden war, Eindruck durch seine Gabe, sich in einem zwanglosen und mit Takt geführten Gespräch ein Bild der Situation zu machen. Nachher fasste er das Erkannte in prägnanten Sätzen des »Résumés«, für das der Assistent mit der Krankengeschichte bei ihm antrat, zusammen. Es wurden da keine tiefsinnigen und weitreichenden Deutungen und Hypothesen gemacht, sondern das Wichtige aus der Lebensgeschichte und praktisch Brauchbare festgehalten. In gleicher Art und ebenfalls mit sprachlichem Talent verfassten die Oberärzte die Résumés der Fälle, die nicht in die wöchentliche »große Gemeinsame« kamen. Sogleich machte ich mich natürlich an die Lektüre. Die ersten größeren Werke, die ich studierte, waren Rorschachs Einführung in seinen Test und die Psychopathologie von Karl Jaspers, die mir Heimann wie mein Vater empfahlen. Wir hatten ja mit jedem neu aufgenommenen Patienten neben der üblichen anamnestischen Exploration den Rorschachtest durchzuführen.

Im Lauf der Assistentenzeit gab uns *Walter Morgenthaler* (1883-1965), der mit Rorschach zusammengearbeitet und für die Publikation des Werks gesorgt hatte, eine Einführung in den Test, von der mir in Erinnerung geblieben ist, wie konsequent er darauf einging, dass wir zuerst die elementaren Regeln für die Signatur und Deutung des Tests lernten, statt nach raffinierten Finessen zu suchen. Das passte zu seiner monumentalen äußeren Erscheinung, dem schweren, sich gemessen bewegenden Körper, aber auch zu seiner unaufdringlichen, ruhig zurückhaltenden Art. Dass er wissenschaftlich sehr Bedeutendes und Originelles geleistet hatte, wie etwa die Monographie über den geisteskranken Künstler Adolf Wölfli, realisierten wir erst später.

Und wo war die Psychoanalyse? Sie war zugleich überall und nirgends. Sie galt selbstverständlich als Grundlagenwissenschaft, obschon direkt nicht viel die Rede von ihr war. Ihre Präsenz lag im Interesse, das der Lebensgeschichte und den seelischen Konflikten der Patienten, also dem Gespräch mit ihnen, entgegengebracht wurde. Es war auch empfohlen, für die Spezialarztausbildung eine Analyse zu machen, und Max Müller setzte diese Empfehlung durch. Theodor Spörri verließ vielleicht auch deshalb die Klinik, um etwas später den poliklinischen Außendienst von Münsingen unter dem Klaesi-Anhänger Walther-Büel zu übernehmen. 1963, als Spörri Chef der Universitätspoliklinik wurde, wurde ich in Münsingen sein Nachfolger. Hans Heimann kam zu meinem Vater in Analyse. Ich habe schon einiges darüber gesagt, wie mein Vater zur Analyse stand: Er hatte bei Oberholzer eine strenge und therapeutisch erfolgreiche Analyse durchgemacht, aber von 1928 an keinen Kontakt mehr mit der psychoanalytischen Gemeinschaft gehabt, auch mit der abgespaltenen Gruppe Oberholzers nicht. Er arbeitete als Analytiker gewissenhaft und intensiv. Dazu gehörte, dass er sehr genau protokollierte und die Protokolle auch in den Ferien wieder durcharbeitete – aber Freuds weisen Ratschlag, während der Sitzungen nichts aufzuschreiben, nicht befolgte, wahrscheinlich schon nach dem Vorbild seines eigenen Analytikers. Er konnte also während der Sitzungen sicher nicht entspannt, mit »frei schwebender Aufmerksamkeit« zuhören. Und es hatte während seiner Ausbildungszeit auch keine Möglichkeiten der Supervision gegeben.

Man unterschied damals in Bern wie anderswo zwischen »orthodoxen«, freudianisch ausgerichteten, und »weniger strengen« Analytikern, die zum Beispiel mehr philosophisch, »daseinsanalytisch« dachten. Diese Richtung wurde vor allem durch Hans Schneider (1912-1974), einen ehemaligen Oberarzt von Max Müller in Münsingen, vertreten, aber auch Ernst Blum neigte der Daseinsanalyse zu. Er leitete mit Schneider zusammen, der ein gründlicher Kenner von Freuds Werk, aber auch sonst überaus belesen war, die wöchentlichen Zusammenkünfte der psychoanalytischen Lektüregruppe für angehende Psychiater, die Max Müller in Analogie zur Gruppe in Zürich unter Gustav Bally und Medard Boss, eingerichtet hatte. Für mich war es immer klar, dass ich zu dem neigte, was andere Orthodoxie nannten. Ich verband damit eine Idee von Konsequenz und Klarheit und sah dahinter die mir schon vage vertraute und sympathische Gestalt von Freud, den ich meinen Vater ein »Genie« hatte nennen hören (siehe oben). Davon, dass es eine schweizerische psychoanalytische Gesellschaft gab, wusste ich kaum etwas, und unter uns jungen Assistenten war zwar viel von Analyse, aber nie von ihr die Rede. Dass mein Vater und Max Müller sie nach der Krise von 1928 verlassen hatten, war mir ebenfalls nicht bekannt. Für mich waren beide voll gültige und »orthodoxe« Psychoanalytiker, und wer bei meinem Vater in Analyse war, war meiner Meinung nach auf dem Weg, es ebenfalls zu werden. Meine Ahnungslosigkeit in Bezug auf die Anforderungen in der psychoanalytischen Ausbildung und die institutionellen Verhältnisse lichtete sich erst im Lauf der nächsten Jahre, vor allem während des Aufenthaltes in Genf.

Es war etwa 1960, dass ich um ein Gespräch bei *Ernst Blum* (1892-1980) nachsuchte und von ihm die Zusage für eine Analyse, anfangs zu drei, dann zu vier Stunden in der Woche, erhielt. Ich hatte ihn schon bei einem Anlass in der Klinik – es wird Max Müllers 65. Geburtstag gewesen sein – flüchtig kennengelernt und sympathisch gefunden. Auch von meinem Vater hatte ich Gutes über ihn gehört, nämlich dass er sich nie in irgendwelche Intrigen habe verwickeln lassen. Im ersten Gespräch redeten wir auch über die Finanzierung: Blum verlangte den damals eher hohen Stundenpreis von 40 Franken (bei meinem Vater, der aber an der Klinik angestellt war und Analysen nur in der »Freizeit« machte, waren es 20 Franken), und ich konnte ihm sagen, dass unser Vater für uns beide Brüder je 10.000 Franken in einer Versicherung angelegt hatte. Dieser Betrag sollte also eine Strecke weit ausreichen. Und Blum sagte den Satz, der mir wegen meiner Herkunft aus idealistischer Tradition mit etwas zweideutiger Wirkung haften blieb: »Übrigens ist die Analyse auch eine gute Kapitalanlage.«

Über meine Analyse finde ich folgende Angaben in der Kopie des Briefes vom 9. April 1967, den Blum an den Unterrichtsausschuss der SGPsa. schrieb, als ich mich um die Aufnahme als Ausbildungskandidat bewarb: »… hat in den Jahren 1961-1965 bei mir eine Analyse von etwa 300 Sitzungen absolviert. Ich habe bei ihm ferner ab August 1964 einige Analysefälle kontrolliert …« Von Herbst 1962 bis Herbst 1963 war ich in Genf, da war die Analyse unterbrochen. Gemessen an heutigen Ansprüchen, war also meine Analyse sehr kurz. Es kommt dazu, dass ich im letzten Jahr zugleich zu Blum in die Supervision ging, was sich so abspielte, dass ich zuerst, während einer Stunde auf der Couch liegend, meine Einfälle erzählte und mich nachher Blum gegenüber an seinen Schreibtisch setzte und von meinem Fall erzählte – es war nämlich nur einer, nicht mehrere, wie man nach Blums Bericht annehmen könnte, aber wir sprachen wohl gelegentlich über weitere Psychotherapiefälle.

Wie ist das zu beurteilen? Dass Blum Analyse und Supervision nicht trennte, sah ich als Fehler, sobald ich die Ausbildung in Zürich begonnen hatte und mir über die Gründe dieser Trennung klarer wurde. Der Fehler war gut gemeint, denn Blum wusste, dass mein Einkommen nicht für Analyse und Supervision gleichzeitig ausreiche, nachdem der von meinem Vater reservierte Betrag aufgebraucht war. Ich selbst stehe Blum und mir im Übrigen wohlwollender gegenüber, als es heutige strenge Ausbildungsanalytiker wohl täten, und erwäge in Bezug auf die Kürze der Analyse, dass ich vielleicht im gewöhnlichen Sinn nicht sehr neurotisch war. Ich lebte und lebe jetzt seit genau 50 Jahren in glücklicher Ehe und habe sechs gute Kinder. Dazu gehört, dass meine Frau von mir keine »Erfolge« erwartete und so auch mein häufiges Gefühl des Ungenügens gelassen ertrug. Sicher ist, dass ich durch die Analyse ruhiger und entspannter wurde, wofür ich auch eine äußere Bestätigung erhielt: Als ich einmal mit meinem damaligen Oberarzt Hans Heimann über die Analyse im Allgemeinen redete, bemerkte er, bei mir sei Wirkung zu sehen in einer Veränderung des Ganges; mein Gang sei vorher viel mehr »ruck-zuck« gewesen. Auch für die an sich »deplazierten« Supervisionsstunden war ich Blum dankbar. Er zeigte mir sein weites Denken mit reichen Kenntnissen in Mythologie und die Bereitschaft, dies alles auch in das Nachdenken über ein therapeutisches Problem einzubeziehen.

Auf die Zeit in der Waldau folgte das vorgeschriebene internmedizinische Jahr an der Universitätsklinik unter Walter Hadorn. Als Studenten hatten wir vereinbart: »Nie geht jemand von uns zu diesem Bonzen.« Ich ging aber doch hin, als ich die Gelegenheit erhielt, dieses Jahr dort zu verbringen. Ich lernte auch bewunderungswürdige Seiten am so verrufenen »Bonzen« Hadorn kennen: seine intensive Präsenz in der Klinik, die auch in seinen Ferien nicht aussetzte. Jeden Morgen vor sieben Uhr hatte der Tagesarzt den Chef im Luxus-Badehotel »Quellenhof Ragaz« anzurufen, wo man ihn im Wasser plätschern hörte, während man ihm die neuesten Geschehnisse in der Klinik meldete. Der Assistenzarzt hatte sich für seine Patienten mitverantwortlich zu fühlen, auch wenn sie in andere Kliniken verlegt werden mussten, und hatte sie in den chirurgischen Operationssaal zu begleiten und dem Chef in schwierigeren Fällen über den Verlauf der Operation zu referieren. Hadorn war ein Meister im Palpieren, und ich hatte Gelegenheit, mit Staunen festzustellen, was seine Pranke in den Bäuchen meiner Patienten über die Röntgenaufnahmen hinaus noch ertastete. Auf der Oberarzt- und Chefvisite hatte der Assistent die wichtigen Laborbefunde wie die Medikamentendosierungen präsent zu haben. Mit dem und anderem wurde dieses Jahr für mich, der an den in dieser Hinsicht nachlässigeren Betrieb in der psychiatrischen Klinik gewöhnt war, zu einer für das weitere ärztliche Leben wichtigen Schule. Ich fand dort auch einen wichtigen Freund in dem damaligen ersten Oberarzt Urs Bucher, später Professor der Hämatologie. Bucher, allzu früh, gerade nach seiner Pensionierung mit 65 Jahren 1989, an den Spätfolgen einer Laborinfektion gestorben, war ein ausgezeichneter Geiger, der Schwung und schönen Ton mit Sorgfalt verband, wie ich entdeckte, als wir zusammen auf der Weihnachtsfeier der Klinik musizierten. Es ergab sich daraus ein lebenslanges Zusammenspiel in Klaviertrio und Streichquartett, gemeinsam mit unseren Frauen.

Das folgende Jahr in der psychiatrischen Universitätsklinik Genf wurde für meinen Werdegang als Psychiater und Psychoanalytiker von größter Bedeutung, in erster Linie durch die Begegnung mit dem Chef Julian de Ajuriaguerra. Ich hatte mich für ein Jahr bei ihm gemeldet, weil man von ihm wusste, dass er von der Neuroanatomie und -physiologie bis zur psychoanalytischen Entwicklungspsychologie einen Überblick hatte wie kein anderer erreichbarer Klinikchef. Er war von Paris nach Genf berufen worden und hatte den Ruf unter anderem deswegen angenommen – ich hörte ihn dies einmal sagen –, weil er in Genf viel bessere Voraussetzungen für seine geplanten Reformen sah als in Paris. »In Genf kann ich jederzeit mit dem für die Klinik zuständigen Regierungsmitglied direkt reden«, sagte er, denn in der Schweiz ist das Gesundheitswesen den Kantonen unterstellt, also nicht zentralisiert.

Während der Assistentenzeit in der Waldau war ich nämlich zu dem Schluss gekommen, dass ich mehr von neurophysiologischen Grundlagen nötig hatte, um in der Psychiatrie weiterzukommen, und dass ich davon in Genf mehr erfahren würde als in Bern. Ich versprach mir damals zu viel davon. Von Ajuriaguerra lernte ich gerade, dass die »Neurowissenschaften« für die Psychiatrie nur von begrenzter Bedeutung sind. Neu war für mich aber die Einbeziehung der Entwicklungspsychologie in die psychiatrische Klinik und damit die intensivere Präsenz der Kinderpsychiatrie und -psychoanalyse.

Ich hatte im Januar 1960, vor Beginn der Analyse, antiquarisch Freuds *Gesammelte Werke* in der schönen alten Ausgabe der 1920er Jahre gefunden und darin zu lesen begonnen. Ich hatte mir vorgenommen, die Psychoanalyse Freuds nicht »blindlings« zu übernehmen, sondern sozusagen Satz um Satz auf ihren Wahrheitsgehalt hin zu prüfen. Bald merkte ich aber, dass auf diesem Weg nicht weiterzukommen war, weil man Freud nur folgen konnte, wenn man zwei entscheidende Schritte mit ihm machte: erstens die Betrachtung der seelischen Phänomene »von innen«, vom Erleben des Menschen her und zweitens die Verbindung mit einer psychodynamischen Denkweise, also mit der dauernden Frage nach dem Verhältnis zwischen Impuls und Abwehr, Wunsch und Hemmung beziehungsweise

Angst. Die seelischen Phänomene von diesem Standort aus und mit dieser Fragestellung zu betrachten setzte aber eine Gewöhnung und Übung voraus, die nicht in einem Anlauf zu erwerben war. Freud konnte also nicht punktuell überprüft werden.

Wie weit ich mir damals schon über all dies im Klaren war, weiß ich nicht mehr so recht, ich erinnere mich aber, dass ich im Zusammenhang mit der Lektüre des Buches über den »Witz« – es war wahrscheinlich eines der ersten, das ich in Angriff nahm – mir überlegte, wie ein Computer beschaffen sein müsste, der über einen Witz lachen könnte. Die »künstliche Intelligenz«, wie sie der Computer leistete, war damals ein wichtiges neues Thema. Ich sah aber, dass mit dieser Art von Intelligenz, die vor allem auf unbegrenzten Gedächtnisleistungen und mathematisch-logischem Schlussfolgern beruhte, für das Verständnis des menschlichen Denkens nicht viel gewonnen war. Die Sache musste aber genauer überlegt werden. Um über einen Witz zu lachen, musste man zum Beispiel mit Überlieferungen und Konventionen vertraut sein, um durch ihre Infragestellung durch den Witz berührt zu werden. In Freuds Buch leuchtete mir des Weiteren ein, dass eine Beziehung zu abgewehrten, verdrängten Inhalten bestand, denn es war leicht festzustellen, dass hier eine Ursache für explosives Lachen über Witze lag. Ich will diesen Bedingungen hier nicht weiter nachgehen, das Gesagte genügt, um sich klar zu machen, dass der lachende Computer sowohl Triebe als auch eine Lebensgeschichte hätte haben müssen. Derartige Überlegungen bestärkten meine Überzeugung, dass eine Psychologie ohne die Auswirkungen triebhafter Vorgänge und die Darstellung der Gründe ihrer Abwehr und ohne »Geschichte« nicht taugte, um menschliches Denken und Empfinden zu verstehen. Die Beschäftigung mit dieser Frage ersparte mir auch die Zeit, die ein Studium der damals aktuellen Computersimulation neurotischer Störungen gekostet hätte.

Als ich die Stelle in Genf antrat, fragte mich de Ajuriaguerra nach dem Interesse an wissenschaftlicher Arbeit. Ich war damals in Gedanken gerade mit Fragen nach vegetativen Reaktionen wie der »Kitzligkeit« beschäftigt, aber ohne einen konkreten Forschungsplan zu haben. Er schlug mir dann vor, bei den Forschungen von *René Tissot* mitzuwirken. Tissot war ein treuer Schüler von Ferdinand Morel, dem strikt analysefeindlichen, »neuropsychiatrischen« Vorgänger von Ajuriaguerra. Er ließ mich zuerst die Bewegungen der Augen bei der Betrachtung von Gegenständen nach Filmaufnahmen nachzeichnen, was eine mühsame Kleinarbeit war. Die

Beschäftigung mit Problemen der Gestaltwahrnehmung, die mich allenfalls dabei interessiert hätte, war aber nicht vorgesehen, und so schlief diese Arbeit nach wenigen Monaten ein. Mehr regten mich die Forschungen an den damals neu entdeckten REM-Phasen im Schlaf an. Wir wachten bei polygraphisch registrierten schlafenden Versuchspersonen und mussten sie in verschiedenen Schlafphasen wecken und nach ihren Träumen fragen. Der Inhalt der Träume interessierte aber nicht, sondern nur die Frage, ob geträumt wurde oder nicht. Ich entdeckte bald, dass mich auch hier das, was in dieser experimentellen Forschung nicht gefragt war, die Elemente der individuellen Geschichte, die Inhalte der Träume also, vor allem interessiert hätte. Auch das führte wieder in die Richtung der Psychoanalyse und ließ mein Interesse an der experimentellen Schlafforschung abflauen.

Damit habe ich wieder vorgegriffen. Einer der ersten Eindrücke in der Klinik war ein festlicher Abendanlass mit dem Personal, an dem der »große Chef«, den niemand »Chef«, sondern jedermann »Le Patron« nannte – ein kleiner schlanker, beweglicher Mann mit glatt zurückgestrichenem schwarzem Haar, lebhaft beobachtendem, freundlichem, oft auch traurigem Blick hinter Brillengläsern hervor und ironisch oder resigniert herabgezogenen Mundwinkeln (»nous les Espagnols, nous sommes des terribles tristes«, hörte ich ihn einmal mit seinen rollenden R sagen) und gelegentlich hervorbrechendem kurzem rauem Lachen, der sehr konzentriert wirkte und bei der Arbeit keine Bewegung zu viel machte –, als dieser Patron in aufrechter Haltung, mit Kastagnetten in der hochgehaltenen Hand klappernd, einen spanischen Tanz tanzte. Man liebte den Patron, und ich liebte ihn auch. Er wollte aber auch geliebt sein, und sein raues Lachen war oft begleitet von raschen Blicken seitwärts, forschend, ob man denn auch mitlache.

Ich erlebte da eine neue Art unmittelbar ausstrahlender Menschlichkeit. Man sah den Patron nicht in einer sorgfältig vorbereiteten »großen Gemeinsamen« ein gut begründetes Urteil abgeben. Er ließ sich jeden Morgen auf den Aufnahmeabteilungen, abwechselnd auf der Männer- oder der Frauenseite, die neu eingetretenen Patienten zeigen und führte ein meist kurzes Gespräch mit ihnen. Das verlief alles sehr informell; es konnte geschehen, dass er eine Frau mit einem freundlichen Klaps auf den Hintern entließ, was aber nichts Anzügliches an sich hatte, weil es mit einer Haltung von Grandezza und zugleich distanzierter Sachlichkeit geschah.

Wie gesagt, interessierte er sich für Entwicklungspsychologie und beobachtete die Rückbildungsvorgänge an Patienten mit Altersdemenzen von hier aus, zum Beispiel im Verhältnis zum eigenen Spiegelbild. Jede Woche gab es eine Visite mit ihm bei den »petits vieux«, den »Alterchen«, und da konnte man auch Bekanntschaft mit den Forschungen von Jean Piaget machen, die der Chef für das Verständnis der Abbauvorgänge heranzog.

Fast hätte ich vergessen, dass ich auch bei psychopharmakologischen Untersuchungen mitmachte, wobei wir an dem später »Valium« genannten Versuchspräparat feststellten, dass in der von der Industrie vorgeschlagenen Dosierung so schwere Gleichgewichtsstörungen vorkamen, dass die Dosierung reduziert werden musste. Ich schrieb auch an einer Arbeit über einen Abkömmling des Haloperidols mit. Diese Untersuchungen setzten immer voraus, dass die individuelle Lebensgeschichte ausgeklammert werden musste – das, was mich am meisten interessierte. Damit zeichnete sich erneut ab, wo meine eigentlichen Interessen lagen, nämlich in den Gesetzmäßigkeiten, die die individuellen Geschichten formten, das heißt der Psychoanalyse.

Gegen Ende des so reichhaltigen Genfer Jahres erlebte ich noch etwas, was meine Zukunft mitbestimmen sollte: Die Zürcher Psychoanalytiker Paul Parin und Fritz Morgenthaler hielten in der Klinik einen Vortrag über ihre Forschungen bei den Dogon in Westafrika. Das war ein zündendes Erlebnis. Da waren individuelle Lebensgeschichten in einer fremden Kultur in einfühlenden Gesprächen erkundet worden mit dem Ziel, sowohl das Allgemeinmenschliche wie das Individuelle zu erfassen und durch den Blick auf die fremde Kultur die eigene besser zu verstehen. Ich sah da zwei Analytiker am Werk, die mit voller Überzeugung, ohne tiefsinnig philosophisches Naserümpfen oder andere methodologische lähmende Zweifel, Freuds Erkenntnismethode anwandten, um durch Erfahrungen in fremden Kulturen das Bild des Menschen zu erweitern. Das begeisterte mich und bestärkte meinen bis dahin nur vagen Plan, Psychoanalytiker zu werden, Psychoanalytiker in strenger Freud'scher Tradition, nicht nur im »bernischen Stil«, wo »jedermann Psychoanalytiker war«, wie ich es früher selber gesehen hatte. Diese Begegnung ist mir bis heute auch ein Beispiel für die Bedeutung von Vorbildern bei der Berufswahl geblieben.

Die Zeit in Genf hinterließ noch andere wichtige Eindrücke. Man wusste, de Ajuriaguerra, geboren 1911, war ein »Linker«, zwar aus aristokratischer Familie, aber überzeugter Demokrat. Er war Baske aus der Gegend von Bilbao. Sein Bruder war von den Franco-Anhängern ermordet worden.

1963 war eine von »Gesellschaftskritik« erfüllte Zeit; die »Gesellschaft«, der man die Schuld an allen möglichen Übeln gab, waren aber meist »die Anderen«. An einem der ersten Morgenrapporte, die ich in der Genfer Klinik erlebte, kam das Gespräch auch auf diese verdorbene »société«, aber der »Patron« bemerkte dazu nur trocken: »La société, c'est nous.«

Im Oktober 1963 konnte ich eine Stelle als Oberarzt des poliklinischen Außendienstes der Klinik Münsingen antreten. Ich versah diesen Außendienst gemeinsam mit meinem Kollegen Rolf Thalmann. Dazu gehörte die Begutachtung Jugendlicher, die von Behörden, meist wegen Rückfälligkeit mit kleineren Delikten und größerer Erziehungsschwierigkeiten, in die kantonale Beobachtungsstation für Jugendliche in Enggistein ob Worb eingewiesen wurden. Wir nahmen uns dort viel Zeit für die genaue Abklärung gerade der frühesten Lebensgeschichte in ausgiebigen Gesprächen mit den Eltern oder anderen Nahestehenden. Dabei erfuhr ich, welch große Rolle der Situation in der frühesten Kindheit zukam, über die in der gewöhnlichen psychiatrischen Exploration meist hinweggegangen wurde, weil die Patienten keine Erinnerung daran hatten. Das bestätigte mir, was die Psychoanalyse schon längst wusste. Ich arbeitete damals auch an einer Dissertation, die mir mein Vater vorgeschlagen hatte, die Katamnese von kindlichen Pseudologen, die er in der Kinderbeobachtungsstation Neuhaus untersucht hatte. Ich lernte dabei viel, ließ aber die Arbeit schließlich liegen, weil mich die vorwiegend deskriptive Art des Zugangs nicht befriedigte, und packte etwas an, auf das ich mehr zufällig gestoßen war: Hans Heimann hatte in der Klinik ein Labor für experimentelle Psychopathologie einrichten können und machte darin Untersuchungen über experimentelle Psychosen. Ich machte als Versuchsperson mit und kam auf die Idee, zu untersuchen, wie sich das Erleben von Musik in derartigen Psychosen veränderte. Relativ rasch entstand dann daraus die Dissertation im Jahr 1966. Über das Ergebnis dieser Untersuchungen werde ich im Zusammenhang mit weiteren musikpsychologischen Studien berichten.

Unter den Jugendlichen, mit denen ich mich beschäftigte, hatten die besonders schweren Fälle auch besonders oft langdauernde, das heißt mehrmonatige Spitalaufenthalte in den ersten Lebensjahren oder Trennungen von den Müttern aus anderen Gründen erlebt und gehörten in die Kategorie der von Spitz beschriebenen Fälle von Hospitalismus oder Frühverwahrlosung. Ich kam damit zur Überzeugung, dass etliche in der Krankheitslehre, die auch mein Vater übernommen hatte, als »Psychopathen« bezeichnete Persönlichkeiten hier einzuordnen waren. An Stelle von »Vererbung« sah ich also auch hier »Milieueinflüsse«. Vererbung konnte sich hingegen in der Triebstruktur ausdrücken. Damit war auch wieder die Psychoanalyse an die Stelle der klassischen Psychopathologie getreten. Neben René Spitz wurde mir damals Erik Eriksons *Kindheit und Gesellschaft* wichtig.

In dieser Zeit hatte ich meine Psychoanalyse bei Ernst Blum abgeschlossen. Von der Poliklinik erhielt ich einen Germanistikstudenten zur Analyse zugewiesen. Ernst Blum übernahm, wie schon gesagt, die Kontrolle dieses Falles und war damit einverstanden, dass ich nur fünf Franken für die Stunde verlangte, da mein Analysand nichts verdiente und mit seiner Mutter zusammenlebte. Die Indikation zu dieser Analyse war ebenso fragwürdig wie der therapeutische Erfolg. Ein Gewinn für mich war aber, dass ich viel in den Werken von E.T.A. Hoffmann las, der das Spezialgebiet meines Analysanden war.

Als ich mich im Jahr darauf bewarb, Ausbildungskandidat in der SGPsa. zu werden, verwarf Fritz Morgenthaler in Zürich mit dramatischem Ausdruck die Hände über die »unmöglichen Verhältnisse« in Bern, in denen »man« es unter anderem zuließ, dass Analysen für fünf Franken in der Stunde gemacht wurden. Ich blieb Ernst Blum trotzdem dankbar für viele Anregungen und dafür, dass er meine Lehrlingsarbeit großzügig unterstützte, während Morgenthaler sie wohl vernichtend und entmutigend kritisiert hätte.

Die zweite Unterredung in dieser Angelegenheit hatte ich mit Michel Gressot in Genf. Gressot war ruhig, sachlich und kollegial, somit auch viel angenehmer im Kontakt als Morgenthaler. Dessen Art wiederum war aber in nützlicher Weise aufrüttelnd, und er zeigte mir, dass ich noch einen weiten Weg vor mir hatte, wenn ich wirklich Psychoanalytiker werden wollte. Es gab übrigens einen Moment, in dem er seinen Ton mir gegenüber plötzlich änderte. Sinngemäß sagte er: »Der Weg nach Zürich ist ja auch zu weit, um so regelmäßig zu kommen, wie es für die Ausbildung nötig wäre.« Ich (damals noch Automobilist) darauf: »Bis dahin werden wir auch eine Autobahn haben.« Morgenthaler nun plötzlich in ganz freundlichem Ton: »Aha, Sie wollen sich Zeit nehmen. Dann sieht ja alles ganz anders aus!« Und ich wurde als Ausbildungskandidat aufgenommen.

Im Herbst 1966 erreichte mich die Anfrage von *Jean Bovet,* der zum Chef der privaten psychiatrischen Klinik Préfargier im Kanton Neuenburg ernannt worden war, ob ich als sein Stellvertreter an diese Klinik käme. Mit *Jean Bovet* hatte ich mich während der Jahre 1962/63 in Genf befreundet. Er war ein feinsinniger, sehr gebildeter, sich sprachlich sorgfältig und elegant ausdrückender Mensch mit viel Humor und auch einem geistreichen trockenen Witz hinter einer auf den ersten Blick eher distanzierten und zurückhaltenden Art. Er und seine Frau Lise, geb. Dumur, wurden nahe Freunde von meiner Frau und mir, wobei wichtig war, dass Jean Bovet ausgezeichnet die Querflöte spielte. Er sprach wenig Deutsch, wie es bei den Welschschweizern üblich ist, wenn er es aber tat, überraschte er durch recht gute Sprachkenntnis. Er zitierte gerne die Texte Bach'scher Kantaten auf Deutsch, in denen er sich wesentlich besser auskannte als ich. Mit Jean Bovet verband mich zudem, dass sein Vater Lucien Bovet ein auch von meinem Vater sehr geschätzter Kinderpsychiater – Leiter des Kinderpsychiatrischen Dienstes Lausanne – gewesen war (es war der einzige Kollege in der Schweiz, den mein Vater vorbehaltlos schätzte). Als Jean wenig über 20 war, starben seine Eltern bei einem Autounfall, wovon ich wusste, lange bevor ich ihn kennen lernte.

Jean hatte eine Analyse bei Pierre Bernard Schneider in Lausanne gemacht. Er erzählte gelegentlich, wie er diese Analyse abgeschlossen hatte: Eines Tages sei die Frage der Beendigung aufgetaucht. Da habe er, Bovet, gesagt, er denke gelegentlich ans Aufhören. Dann, etwas später in der gleichen Sitzung: Wenn ich schon ans Aufhören denke, könnte ich schon bald aufhören. Und wenn schon bald, warum nicht heute? Und wenn heute, warum nicht gerade jetzt? Also sei er von der Couch aufgestanden und habe sich von Schneider verabschiedet... Ich fragte mich erst später, ob diese brüske Trennung nicht auch eine Reminiszenz an den plötzlichen Verlust der Eltern enthielt.

In der Genfer Klinik hatten wir zudem Freundschaft geschlossen mit einem Kollegen aus dem spanischen Galizien, *José Teixeiro* (1931-2006), der recht gut, wenn auch technisch »verwildert« Geige spielte, und seiner schottischen Frau, der Ergotherapeutin Aileen, geb. Fenton. Auch hier, wie ein Jahr zuvor in der Klinik Hadorn, war es die Weihnachtsfeier der Klinik, diesmal mit einer Triosonate mit obligatem Cello von Telemann, deren Vorbereitung eine lebenslange Freundschaft mit diesen beiden Kollegen vertiefte. José war ein origineller »naiver« Maler, der in figurenreichen und farbenfrohen Gemälden die Welt seiner Jugend in Galizien auferstehen ließ. Die brave Aileen leistete darauf ohne Murren die Kärrnerarbeit der zahllosen Dachziegel und Pflastersteine. Josés Bilder haben in letzter Zeit in seiner Heimat auch öffentliche Anerkennung gefunden.

Auf die Anfrage von Jean Bovet sagte ich rasch zu. Im Welschland hatte ich mich wohlgefühlt, in Münsingen war ich mit meinen psychoanalytischen Neigungen und der gewonnenen Distanz zur deutschschweizerischen Psychiatrie immer etwas fremd geblieben. Jean schätzte ich auch fachlich (er war unterdessen Oberarzt bei Christian Müller in Cery geworden) sehr hoch ein. Es war vorgesehen, dass ich die Stelle in Préfargier im Herbst 1967 antreten würde. Nun schlug mir Christian Müller noch vor, im Frühling nach Cery zu kommen, um während eines halben Jahres an der »enquête de Lausanne« mitzuwirken. Es ging darum, im Rahmen der Nachuntersuchung aller ehemaligen Patienten der Klinik Cery, die jetzt über 70-jährig waren, die Gruppe der Psychopathen zu übernehmen, die Todesursachen der Verstorbenen zu eruieren und die noch Lebenden für ein persönliches Gespräch aufzusuchen. Die gesamte »enquête« wurde von Luc Ciompi, einem etwas älteren, guten Kollegen aus der Berner Psychiatrie, geleitet. Auch diese Arbeit brachte mir sehr wertvolle Erfahrungen. Ich arbeitete in den folgenden Jahren, auch nach meiner Praxiseröffnung, viel daran und wurde doch nicht fertig damit, wie zuvor mit der ersten Dissertation. Es lag mir nicht, die konventionelle summarische Klassierung der Fälle nach Symptomen und einigen schematischen Kategorien anzuwenden, wie es eben die Rubrik »Psychopathie« war. Zwar sah ich gut, dass sie für statistische Untersuchungen nötig war, und ich stellte auch ein noch vereinfachtes diagnostisches Schema auf, um die in verschiedenen Jahrzehnten in der Klinik unterschiedlich benannten Gruppen übersichtlich einordnen zu können. Zugleich erkannte ich immer klarer, dass nur genaue, psychoanalytisch orientierte Untersuchung von Einzelfällen etwas zur Beantwortung der Fragen nach den Ursachen abnormer »Entwicklungen« und den Faktoren, die sich auf den ganzen Lebenslauf auswirkten, beitragen konnte. Dennoch waren diese Katamnesen für mich als Erfahrungen sehr wichtig. Von den vielen Lebensläufen, die ich da in Umrissen überblicken konnte, sind mir zwei besonders in der Erinnerung haften geblieben.

Da war ein 82-jähriger, groß gewachsener, würdiger Mann, als Kettenraucher etwas kurzatmig, aber geistig gut erhalten. Ich hatte die große Beige der Dossiers durchgearbeitet, die von seinen zahllosen hochstaplerischen Betrügereien, Klinikaufenthalten und Verwahrungen handelten, die sein Leben bis um das 60. Jahr ausgefüllt und ihm eine hoffnungslose Prognose eingebracht hatten. Er hatte dann von einer Tante ein Vermögen geerbt, das ihm erlaubte, täglich mit dem Taxi zum Essen ins Restaurant zu fahren, wo er dann den Rest des Tages mit Zeitunglesen, Rauchen, Kaffeetrinken und Plaudern verbrachte. Bei den Gemeindebehörden galt er, der als zweite Frau eine tüchtige Krankenschwester gefunden hatte, soweit die Erinnerung zurückreichte, als völlig normaler, unbescholtener Bürger. Der Lebenslauf, den er mir erzählte, war der eines unauffälligen kaufmännischen Angestellten, der mit Gerichten usw. nur zu tun hatte »wegen einiger Kleinigkeiten und Missverständnisse«. Es zeigte sich, dass eine gewisse altersbedingte Beruhigung, zusammen mit dem Glücksfall, zu dem er aber wohl auch ein Talent mitbrachte, eine passende Partnerin gefunden zu haben, und dem Zufall einer Erbschaft genügt hatten, um aus dem unverbesserlich kleinkriminellen Psychopathen einen ehrbaren Bürger zu machen.

Ganz anders war die lebhafte, noch jetzt schöne 78-Jährige mit den leuchtenden Augen im geistvollen Gesicht, die ich im Altersheim antraf und die erfreut darüber war, Besuch zu erhalten. Sie lebte im Heim sehr isoliert von den anderen Pensionären, machte aber täglich ihre Turnübungen, um frisch zu bleiben. Der Leiter des Heims hatte mir schon gesagt, dass sie vor einem Jahr, als sie einen Korb Kirschen trug, rückwärts die Kellertreppe hinuntergestürzt sei, mit einem Schädelbruch einige Stunden lang bewusstlos gewesen sei, sich im Spital innert zwei Monaten vollständig erholt habe, bis auf einen Punkt: Sie habe keine Erinnerung an den Unfall gehabt, die Gedächtnislücke aber mit der Wahnidee gefüllt, ein Angestellter des Heims habe sie ermorden wollen, sie überfallen, mit Faustschlägen traktiert und die Treppe hinuntergeworfen, um sich dafür zu rächen, dass sie ihn einmal kritisiert habe. – Es gebe wohl irgendwelche »Geschichten« in ihrer Vergangenheit, von denen man aber nichts wisse.

Wie ich wusste, hatte sie das Leben einer unauffälligen, tüchtigen Hausangestellten geführt, unterbrochen von einigen dramatischen Episoden. Auch sie war nicht dazu zu bringen, von ihrer Vergangenheit zu erzählen. Ich wusste davon: Sie hatte, nach einer Kindheit bei einer hasserfüllten Mutter, mit 17 Jahren eine Haushaltsstelle angetreten. Der Hausherr begann mit ihr ein sexuelles Verhältnis, betrog sie aber immer wieder mit anderen Frauen. In ihrem Lebenslauf schrieb sie: »Je niederträchtiger und ungerechter er mich behandelte, desto mehr liebte ich ihn.« Nach Jahren des Hin und Her, mit 35, erfuhr sie, dass ihr Liebhaber eine neue und jüngere Freundin habe. Sie setzte sich in Verbindung mit dieser, erwartete den

Mann an ihrer Stelle, verführte ihn zum Verkehr und tötete ihn, als er sich ankleidete, durch einen Revolverschuss in den Nacken. Das Schwurgericht sah, welche schmähliche Behandlung sie von dem Liebhaber erlitten hatte, und sie erhielt eine relativ kurze Freiheitsstrafe.

Daraus entlassen nahm sie wieder eine Haushaltsstelle an, und mit 51 Jahren erlebte sie eine ähnliche Situation wie 17 Jahre zuvor. Sie wurde von der Schwester des verheirateten Liebhabers beschimpft, worauf sie alles, was sie besaß, verschleuderte, nur die Kleider auf dem Leib behielt und sich vor der versammelten Familie mit der Pistole ins Herz schoss. Der Schuss war gut gezielt und durchschlug den Herzmuskel, aber durch einen unwahrscheinlichen Zufall war er nicht tödlich. Es folgten wieder lange Jahre als Haushaltshilfe, dann das Altersheim, der Treppensturz, der Verfolgungswahn. Zuerst also ein Mord, dann Selbstmord und schließlich der Wahn, ermordet zu werden...

Diese beiden Fälle, zu deren tieferem Verständnis mir als Psychoanalytiker gerade die entscheidenden Angaben fehlten – hinter dem zweiten Fall vermutete ich zum Beispiel eine Inzestgeschichte – blieben mir immer auch als nützliche Hintergrunderfahrungen gegenwärtig. Es waren Lebensgeschichten, die im Zeichen des Agierens standen, wie man sie als Analytiker kaum kennenlernte. Oder dann – der erste Fall – ein Beispiel für unerwartete Weiterentwicklungen scheinbar hoffnungsloser Fälle, die mich immer davon abhielten, endgültige Prognosen zu stellen, wo ich danach gefragt wurde.

Ich brachte zwar das für die Enquête erforderliche Fallmaterial zusammen, die Arbeit darüber, die ich noch einige Jahre mit mir herumtrug, blieb aber unabgeschlossen. Das war auch das Ende meiner bis dahin immer noch nicht ganz begrabenen Gedanken an eine Habilitation.

In Préfargier, einer halbprivaten Klinik mit etwa 140 Betten, verbrachte ich, von Herbst 1967 bis Frühling 1970, zweieinhalb schöne Jahre. Nach Bovets Vorschlag versah dieser als Chef des Ganzen das »Außenministerium«, die Beziehungen mit der Öffentlichkeit, der Kantonsregierung usw., und mit Oberarztfunktion die Frauenseite der Klinik, während ich mich um das »Innere«, das Personal, die Schule für das Pflegepersonal und die Männerseite kümmerte. Bovet hatte Unbilden wegen der finanziellen Situation der Klinik zu ertragen, die mir als Zweitem erspart blieben. Préfargier hatte eine »große Vergangenheit«. Die Klinik war 1849 von dem reich aus Südamerika heimgekehrten Neuenburger Aristokraten de Meuron als wohltätige Stiftung nach damals modernsten Prinzipien, zum Beispiel möglichst wenig Anwendung von Zwang, gegründet worden. Sie wurde erbaut in einem Park von 50 Hektar. Von unserer Wohnung aus hatten wir einen herrlichen Blick über das abfallende Gelände, zwischen mächtigen alten Silberpappeln hinunter zum See und weit darüber hinaus. Die Landschaft ist auch beschrieben in Dürrenmatts »Physikern«, die in Préfargier spielen, das Dürrenmatt kannte, weil er mit dem früheren Chef Riggenbach befreundet war. Hermann Hesse, der dort Patient war (wie viel früher Conrad Ferdinand Meyer und später Walter Vogt, der die Klinik in »Vergessen und Erinnern« beschreibt), widmete dem Park die »Beschreibung einer Landschaft«.

Im »grand salon« des Hauptgebäudes hingen Porträts Friedrich des Großen, denn 1849 war Neuenburg ein Teil Preußens; die Neuenburger Aristokraten, deren Nachfahren noch jetzt die Verwaltungskommission besetzen, waren Royalisten. Diese geschichtsvolle Atmosphäre liebte ich zusammen mit der wunderbaren Landschaft. Ich verließ aber die Klinik gemeinsam mit Bovet, der wegen der finanziellen Situation, an der er nicht schuld war, so verständnislos behandelt wurde, dass er den Rücktritt einreichte.

Ich benützte den Moment, um am 1. Juli 1970 eine Praxis als Psychiater und Psychoanalytiker in Bern zu eröffnen. Ich hatte von Préfargier aus eine Analyse bei Paul Parin in Zürich kontrollieren lassen. Dazu kamen das Seminar, das Fritz Morgenthaler in der hiesigen Poliklinik gab, und ein Seminar von René Spitz in Genf. Dies waren Erfahrungen, die meinen Entschluss mitbestimmten, die klinische Tätigkeit zu verlassen.

Ich führe mir einzelne Erinnerungsbilder aus diesen Erfahrungen nochmals vor: Parin, schwer gehbehindert, aber immer heiter aufmerksam, nur mit gelassen freundlichen Zwischenbemerkungen belehrend, zugleich an den Haaren seines Schnäuzchens zupfend, nahm hin, was ich erzählte, und versuchte, immer das Beste daraus zu machen, ganz im Gegensatz zum händeverwerfenden Morgenthaler. Sachte gewöhnte er mir eine Stileigenheit ab, die ich aus der eigenen Analyse mitgenommen hatte: Ich hatte, wie ich es von Blum erfahren hatte, jeweils mit Interventionen gewartet bis gegen das Ende der Stunde und diese mit einem zusammenfassenden Rückblick auf die Stunde verbunden. Wenn Blum zum Sprechen ansetzte, hatte ich gewusst: Jetzt naht das Ende der Stunde. Parin schlug vor, die Analyse mehr, als ich es gewohnt war, als Dialog zu gestalten, indem der

Analytiker zum Beispiel schon beim Eintreten des Patienten etwas zu ihm sagt. Mit der Zeit merkte ich, dass gerade dies nicht zu meiner Art passte. Es zeigte aber, wie wichtig es ist, verschiedene Analytikerstile aus der Nähe kennenzulernen, um schließlich den eigenen zu finden.

Frau Martha Eicke-Spengler, die mit Supervision einige Jahre lang meine neu eröffnete Praxis begleitete, hatte eine ähnliche Art des genauen Zuhörens und der undogmatischen Offenheit wie Parin, und ich lernte von ihr in einigen Jahren viel, ohne ihren Einfluss auf mich noch genauer fassen zu können.

Fritz Morgenthaler, der von 1969 bis 1973 ungefähr jeden Monat für ein vierstündiges Seminar nach Neuenburg kam, eingeladen von meinem Freund Paul-Fredi de Quervain, der das dortige Centre Psychosocial, das heißt die Poliklinik, leitete, hatte einen sehr nachhaltigen Einfluss auf mich. Wir stellten ihm Fälle vor, indem wir ihm vorausgehend ein Exposé (auf Französisch; er war als Sohn des bedeutenden Malers Ernst M. teilweise in Paris aufgewachsen und sprach und schrieb ausgezeichnet Französisch) zuschickten, zu dem er sich seine theoretischen Überlegungen machte, über die es dann zur Diskussion kam, wonach er wiederum ein Exposé mit der theoretischen Analyse des Falles ausarbeitete und uns allen zuschickte. Was er da bot, war eine einzigartige Leistung. Viele seiner Kommentare sind mir, unabhängig vom Fall, auf den sie sich bezogen, in Erinnerung geblieben. Ich fasste seine Bedeutung für mich so zusammen: Was er sagt, hat immer etwas Wahres, entweder für den Fall selbst oder für andere Fälle. Das heißt, er wirkte auf mich wie die Lektüre großer Schriftsteller. Er hatte zudem eine unerhörte Gabe der mündlichen Darstellung seiner Gedanken, und, wenn er wollte, auch einen unwiderstehlichen Charme. »Er ist ein Blender«, kommentierte ein skeptischer Freund, den ich einmal nach Neuenburg mitnahm, und er traf sicher auch etwas Richtiges. Ich meinerseits bewunderte seine künstlerische Gabe, sich ein zusammenhängendes und einprägsames Bild eines Falles und einer Situation zu machen.[10]

Vom Fallseminar, das René Spitz etwa 1969 in Genf hielt und das ich nur wenige Male besuchen konnte, ist mir das Bild seiner vital-entschiedenen Gestalt und geistigen Präsenz – er war um die 80 und schickte sich

---

[10] Die Exposés der Seminarteilnehmer und Morgenthalers Kommentare dazu finden sich im Archiv der Blum-Zulliger-Stiftung Bern und harren ihrer historischen Bearbeitung.

an, in den USA eine neue Aufgabe zu übernehmen – und ein einzelner Ausspruch geblieben: Jemand hatte die Klage eines Patienten über Halsbeschwerden – zu Recht oder Unrecht – symbolisch gedeutet und Spitz dazu: »Méfiez-vous du symbolisme!« Mit anderen Worten: Man vergesse ob der Symbolik nicht die Realität.

Ich hatte viele Beziehungen in Bern und eröffnete die Praxis in einem Moment, als einer großen Nachfrage nach psychiatrischer und psychotherapeutischer Hilfe nur wenige – etwas über ein Dutzend in einer Agglomeration von über 200.000 Einwohnern – ordentlich ausgebildete Psychotherapeuten gegenüberstanden. Unter den Psychiatern war aber nur Ernst Blum Mitglied der SGPsa. Um ihn hatte sich ein »Kränzli« von Psychotherapeuten gebildet, das sich regelmäßig traf. Man tat sich etwas zugut darauf, dass man nicht »eng« schulgebunden, sondern »schulübergreifend« war und zudem gut miteinander auskam. Als »Schulen« galten »Freudianer«, »Jungianer« und »Daseinsanalytiker«. Ich wurde in diesem Kreis freundschaftlich aufgenommen und fühlte mich menschlich wohl darin. Fachlich geriet ich aber bald in einige Distanz zu den Kollegen, auch zu Ernst Blum. Ich sah in den Gegensätzen zwischen den sogenannten »Schulen« mehr als den »Narzissmus der kleinen Differenzen«, wie in diesem Berner Kreis etwa zu hören war, sondern allzu oft fundamentale Unterschiede. Meine Kritik zeigt sich in einem Brief, den ich schon bald nach der Praxiseröffnung an Ernst Blum schrieb. Ich musste darin auch den Optimismus der Zürcher Psychoanalytiker, mit denen ich Kontakt hatte, korrigieren, dahingehend, dass unser Berner »Kränzli« keineswegs geeignet war, im Rahmen der SGPsa. erwähnt zu werden. Es hatte in Bern auch niemand Interesse daran.

Bern, den 6. Dezember 1970[11]

Lieber Herr Professor,

anlässlich der Analysenkontrolle bei Frau Dr. Eicke in Zürich hat sie mich gefragt, ob wir unser Kränzli nicht im Programm der analytischen Gesellschaft [damit war die SGPsa. gemeint] figurieren lassen wollten. Sie habe Ihnen auch einen Brief in diesem Sinn geschrieben. Ich habe mir die Sache noch ein wenig

---

[11] Es handelt sich um den unkorrigierten Durchschlag eines Briefentwurfs. Ich weiß nicht mehr, ob ich den Brief wirklich abschickte; eine Antwort darauf findet sich nicht.

überlegt und möchte vorschlagen, dass wir neben den allgemein orientierten Zusammenkünften im »Chränzli« und der »Arbeitsgemeinschaft« [gemeint ist die »Bernische Arbeitsgemeinschaft für Tiefenpsychologie«, »Beati«, von G. H. Graber, ebenfalls SGPsa.-Mitglied, aber sehr umstrittene Persönlichkeit, dem Blum eine gewisse Solidarität bewahrte, der aber bei den ärztlichen Kollegen im »Chränzli« wenig galt und dessen »Beati« auch keine Verbindung zur SGPsa. hatte] etwas spezifischer Analytisches machen, das man dann auch mit besserem Gewissen im Programm der Analytischen Gesellschaft erscheinen lassen könnte. Ich denke dabei an etwas im Sinne der wöchentlichen Montagabendzusammenkunft, wie wir sie in früheren Jahren unter Ihrer Leitung mit soviel Gewinn hatten. Man könnte zum Beispiel alternierend Fälle besprechen, in der anderen Woche Literatur lesen. Das soll nicht dazu führen, dass sich die Analytiker von den andern abschließen, aber es sollte doch einen Ort geben, wo man sich in dieser Richtung gezielt weiterbilden kann. Die allwöchentlichen Zusammenkünfte, wie wir sie jetzt haben, sind meiner Meinung nach gut zur Förderung des persönlichen Kontaktes mit den Kollegen, riskieren aber beim intensiveren Eingehen auf psychotherapeutische Probleme wegen der »babylonischen Sprachverwirrung« zu stagnieren.

Mit freundlichen Grüßen

Die allwöchentlichen Zusammenkünfte von früher, an die ich da erinnere, waren die Lektüreseminare mit Blum und Schneider, die ich von Münsingen aus besucht hatte. An ihre Stelle war unterdessen die »schulübergreifende« Sprachverwirrung getreten, wie ich feststellte. Daran ließ sich offenbar nichts mehr ändern, und es kam zu dem, was ich noch hatte vermeiden wollen, nämlich zu einer Absonderung der Gruppe, die eine Ausbildung im Rahmen der SGPsa. anstrebte, von den anderen »ungebundenen« Psychoanalytikern. Das war eben eine besondere Schwierigkeit in Bern: »Alle«, das heißt alle Psychotherapeuten, die einiges Prestige hatten, waren »Psychoanalytiker«, und von außen gesehen, gab es die »modernen, freieren« Analytiker, denen auch Ernst Blum sein Prestige verlieh, und die kleine Gruppe der »engen, sturen« Freudianer, die ich damals mit meinem jüngeren Freunde Rolf Adler zusammen vertrat.

In den Supervisionen in Zürich fand ich ein Verständnis für die behandelten Fälle, wie ich es suchte, und in unserem »Kränzli« in Bern nicht mehr so fand wie früher in der Einzelsupervision bei Blum. In der Gruppe waren ihm Freundschaft und Friede wichtiger als prinzipielle Auseinandersetzungen, und zudem hatte er, schon weil ich sein Analysand gewesen war, ein distanzierteres Verhältnis zu mir als zu anderen Kollegen. Kurz und gut, wenn ich das anwenden wollte, was ich aus meiner Ausbildung in Genf und Zürich mitbrachte, fand ich wenig Anklang in der Berner Gruppe. In Bern hatte ich, wie gesagt, als gleichgesinnten Kollegen vor allem Rolf Adler, der in den ersten Praxisjahren mit mir und gelegentlich weiteren Interessenten zusammen psychoanalytische Literatur studierte. Angeregt und aufgefordert von Martha Eicke und Paul Parin, veröffentlichten wir unser Lektüreprogramm auch im Verzeichnis von Ausbildungsveranstaltungen der SGPsa., so dass Bern von 1971 an erstmals seit 1928 wieder im Rahmen der gesamtschweizerischen Aktivitäten auftauchte. Unsere Gruppe bestand vorerst nur aus Ausbildungskandidaten, und wir waren uns natürlich unseres mangelhaften Status bewusst. Wir waren auch noch zu wenige, um auswärtige Lehrer für Seminare nach Bern zu holen. Wie die Situation noch während einiger Jahre blieb, geht zum Beispiel aus einem Brief hervor, mit dem ich auf die Bitte des Präsidenten der SGPsa., Prof. Meerwein, um einen Bericht über unsere Tätigkeit in Bern antwortete:

Bern, den 21. April 1975

… Unser jährlicher Tätigkeitsbericht lautet auch diesmal etwa gleich wie früher; als angehende Psychoanalytiker, die sich zur Psychoanalytischen Gesellschaft »bekennen«, stehen Dr. Adler und ich in Bern isoliert da, und das, was wir Seminar nennen und getreulich durchführen, spielt sich daher im kleinsten Rahmen ab. Es sei mir gestattet, kurz zu rechtfertigen, warum sich der Kreis bis jetzt nicht vergrößert hat: ein Interesse an psychoanalytischer Ausbildung in unserem Sinn erwarte ich, soweit ich die Situation überblicke, eigentlich nur vom einen oder andern eigenen Analysanden; wie weit meine Hoffnungen in dieser Richtung sich erfüllen, wird sich im Lauf der nächsten Jahre allmählich zeigen. Irgendeine andere Form der »Werbung« erscheint mir in unserer Situation als unnützer Kräfteverschleiß, denn wenn wir auch weitere Interessenten gewinnen würden, vermöchten wir ihnen doch nicht zu sagen, wo sie vor Ablauf einiger Jahre eine taugliche Analyse machen könnten.

»Im Lauf einiger Jahre« hoffte ich selber Mitglied der SGPsa. zu sein. Sonst war in Bern niemand in Sicht, der in absehbarer Zeit die Lücke füllen würde. Ernst Blum war jetzt über 80, Rolf Adler wandte sich einer universitären Laufbahn in Psychosomatik zu, wurde Klinikchefarzt und brach die psychoanalytische Ausbildung ab. Es kam natürlich auch nicht in Frage, dass ich eigene Analysanden beeinflusste, eine psychoanalytische Ausbildung zu machen. Die Anregung dazu musste von außen kommen. Es war aber niemand da, der diesen Weg empfohlen oder dazu ermutigt hätte. Insbesondere von Blum und seinem »Kränzli« war nichts in dieser Richtung zu erwarten; als der, der regelmäßig »nach Zürich wallfahrtete«, stand ich abseits, umso mehr als mir ein weiterreichendes Prestige fehlte, wie es natürlich Blum hatte. Ich setzte mir deshalb vorerst einmal das Ziel, die Mitgliedschaft in der SGPsa. zu erwerben, was 1978 geschah.

Plötzlich und unerwartet tat sich aber doch eine neue Hoffnung auf, indem sich eines Tages Hannelore Wildbolz-Weber (trotz der Namensgleichheit nicht verwandt mit mir) bei mir vorstellte, eine in Zürich ausgebildete Psychiaterin, die einige Zeit auch im Welschland gearbeitet und somit einen ähnlichen Hintergrund hatte wie ich. Sie war in Analyse bei Frau Eicke in Zürich, und nun tauchte am Horizont die Möglichkeit auf, eine psychoanalytische Arbeitsgruppe in Bern zu bilden, wofür ja mindestens zwei Analytiker nötig sind, von denen zum Beispiel die oder der eine die Analyse eines Kandidaten durchführt, der andere die Ausbildung in die Wege leitet. Ich begrüßte die neue Kollegin begeistert, umso mehr als sie auch persönlich einen herausragenden Eindruck machte und klar entschieden die psychoanalytische Ausbildung anstrebte. 1986 wurde sie Mitglied der SGPsa., und von da an konnten wir an den Aufbau einer Gruppe gehen. Bald gesellte sich auch ihr Mann, Alexander Wildbolz, dazu. Das Ehepaar Wildbolz entwickelte große Initiative, es konnten nun Gäste zu Seminaren und Vorträgen eingeladen werden, weil allmählich auch ein Publikum dafür entstand. Das Ehepaar Wildbolz baute die Kontakte nach außen weiter aus, wodurch zwei wichtige Persönlichkeiten dafür gewonnen wurden, ihre Aktivität zunehmend nach Bern zu verlegen: Lucia Pinschewer-Häfliger und Hubert Bauer.

Lucia Pinschewer, Psychologin, kam aus der Ostschweiz und hatte sich aus entschiedener Überzeugung nach dem Studium in Zürich der Freud'schen Psychoanalyse zugewandt und eine Praxis als Erwachsenen- und Kinderanalytikerin geführt.

Hubert Bauer (1931-2002),[12] mit bernischen Wurzeln mütterlicherseits

---

[12] Ein Nachruf mit Lebenslauf im *Bulletin der Blum-Zulliger-Stiftung*, Nr. 15, Oktober 2002.

und lebenslanger Sehnsucht, einmal »Professor in Bern zu werden«, war in Deutschland aufgewachsen und als Jurist Professor in Genf geworden. Nach einer Analyse bei Olivier Flournoy entschloss er sich nach 1980, Psychoanalytiker zu werden.

Eine weitere Bereicherung unserer Gruppe war, dass Ernst Abelin, ein nach den USA ausgewanderter Berner, zurückkehrte und in Bern eine Praxis eröffnete. Ich hatte ihn in jungen Jahren im Militärdienst kennengelernt und dann in Genf wiedergetroffen, wonach er in den USA in Zusammenarbeit mit Margaret Mahler wichtige Untersuchungen über die Rolle des Vaters für die menschliche Entwicklung gemacht hatte.

1986 wurde mein Cousin Christian Müller als Chef der Lausanner Universitätsklinik pensioniert und kehrte nach Bern zurück. Er war Ausbildungsanalytiker in der SGPsa. und wurde zu einer weiteren wichtigen Stütze unserer Gruppe.

So gab es in Bern von den 1990er Jahren an endlich eine größere Auswahl an Möglichkeiten für Analysen und Supervisionen, und die Arbeitsgruppe wuchs sich zum Sigmund-Freud-Zentrum Bern aus, zu dem heute etwa 30 Mitglieder und Kandidaten gehören.

Was dieser Arbeitsgruppe fehlte, waren eigene Räume. Hubert Bauer machte in der Gerechtigkeitsgasse 53 eine geeignete Wohnung ausfindig. Ich meinerseits entdeckte eine Möglichkeit, Geld zu beschaffen. Mein Vater war in der Anfangszeit seiner Tätigkeit in der Waldau auf eine Art, die ich nicht mehr rekonstruieren konnte, in den Besitz einer Anzahl Farbstiftzeichnungen des schizophrenen Patienten Adolf Wölfli gelangt, die damals nicht viel Wert hatten. Soweit ich mich zurückerinnere, lagen sie immer unten in Vaters Schrank. Wie ich aus einer dabeiliegenden Liste von Wölflis Hand vermute, hätte mein Vater (der Wölfli nicht mehr kennenlernte und seine Bilder auch nicht besonders schätzte, sie also kaum für sich selber erstanden hätte) sie an verschiedene Kollegen und Pfleger weitergeben sollen und hatte dies offenbar versäumt.

In den 1970er Jahren hatte Frau Dr. Spörri, Kunsthistorikerin und Gattin des 1973 verstorbenen Chefs der Psychiatrischen Poliklinik, die nach dem Tod meines Vaters in meine Hand gelangten Bilder im Zusammenhang mit einer Wölfli-Ausstellung im Kunstmuseum inventarisiert. Sie kannte sie also und rief mich Ende der 1990er Jahre einmal von New York her an, eine befreundete Kunsthändlerin hätte Interesse, sie zu kaufen. Sie nannte auch die heute üblichen Preise: »Von den Kleinen keines unter 10 000 Franken.«

Juristisch sei schon bei der Gründung der Wölfli-Stiftung alles so weit abgeklärt worden, dass ich frei über die Bilder verfügen könne.

Ich wollte nicht persönlichen Gewinn aus diesem mir zugefallenen Gut ziehen, womit auch meine Familie einverstanden war. Ich betrachtete es als eigentlich öffentliches Gut, wollte aber meine faktischen Rechte als Besitzer dazu benützen, über seine Verwendung zu bestimmen. Zwar fand ich sie als Kunstwerke einzigartig und hatte sie, als ich ihren Geldwert noch nicht kannte, zum Teil in Wechselrahmen in der Wohnung aufgehängt. Sie waren interessant, aber ich kann nicht sagen, dass meine Frau und ich sie liebten. So fiel uns auch der Verzicht auf sie nicht schwer, wenn ich dafür mit dem Verkaufserlös, der schließlich fast 200.000 Franken ergab, eine Stiftung gründen konnte, deren Statuten den Zweck nannten, sie solle »der Unterstützung der Freud'schen Psychoanalyse in Bern und der Erforschung ihrer Geschichte« dienen – der Geschichte natürlich allgemein, nicht nur in Bern. Ich gab der Stiftung den Namen »Blum-Zulliger-Stiftung«, zu Ehren von Ernst Blum und Hans Zulliger, die zur ersten psychoanalytischen Arbeitsgruppe in Bern gehört hatten und die in der Krise von 1928 der SGPsa. die Treue hielten. Das sollte unterstreichen, für wie wichtig wir den Zusammenhalt der von Freud gegründeten psychoanalytischen Gemeinschaft über alle momentanen Streitigkeiten hinweg hielten.

Mit Hilfe der Stiftung konnten wir nun die Räume unserer Lokalität möblieren, was etwa 30.000 Franken kostete, und konnten für die Mietkosten einspringen, solange sie noch nicht durch den Betrieb des Freud-Zentrums gedeckt waren. Ich selber verlegte meine Praxis für die letzten sieben Jahre in einen kleineren Raum des Freud-Zentrums und sicherte damit einen wesentlichen Teil der Mietkosten für diese Zeit. Bevor ich einziehen konnte, bezahlte Hubert Bauer für das erste Jahr die ganze Miete. Die Freud'sche Psychoanalyse war immer zeitweise auf die Opferbereitschaft von Mitgliedern angewiesen gewesen, und wir sahen uns in dieser Tradition.

Was die Erforschung der Geschichte der Psychoanalyse betrifft – ihr diente auch meine umfangreiche Fachbibliothek, die ich schon vorher verschenkt hatte –, unterstützten wir vor allem die Herausgabe von Freud-Briefen in der edition diskord Tübingen. Es waren die Briefe an Eitingon, herausgegeben durch Michael Schröter in Berlin, den wir auch als wissenschaftlichen Beirat der Stiftung gewinnen konnten, die Briefe an die Schwägerin Minna und an die fünf älteren Kinder, dann den vierten Band der Rundbriefe des »Komitees«. Im Verlag Huber, Bern erschienen mit einem Beitrag von uns die Briefe von Hermann Rorschach, im Verlag Dörlemann, Zürich die Sabina-Spielrein-Biographie von Sabine Richebächer. Wir haben auch unternommen, ein »Bulletin der Blum-Zulliger-Stiftung« herauszugeben, das unter anderem in die Vorträge, die bei uns gehalten werden, einführt und zudem als internes Mitteilungsblatt dient. Wir erreichen damit unter anderem einen Kreis von »Förderern« der Stiftung und schaffen eine Verbindung zwischen dem Freud-Zentrum und einem weiteren Kreis von Interessierten, die vorher fehlte.

Ich kehre zurück in meine Praxiszeit. Wenige Jahre nach Eröffnung meiner Praxis 1970 erschütterte ein Konflikt die SGPsa., in dem gerade die »Säulen« ins Wanken kamen, die ich für unerschütterlich gehalten hatte: Noch während meiner Kandidatenzeit versuchten Paul Parin und Fritz Morgenthaler, die mir in verschiedener Hinsicht, wie schon dargestellt, bewunderte Vorbilder waren, einen Konflikt durch Abspaltung zu lösen, und zwar aus politischen Gründen, im Kielwasser der 1968er Bewegung. Man mischte in Zürich Politik und Psychoanalyse, so dass politische Linke und fortschrittliche, also »richtige« Psychoanalyse als identisch betrachtet wurden. Paul Parin schrieb zum Beispiel einen Artikel in der *Psyche*, in dem er forderte, dass die psychoanalytischen Deutungen fallweise durch gesellschaftspolitische auf marxistischer Grundlage ergänzt werden sollten, um das »gesellschaftliche Unbewusste« bewusst zu machen. Mir war das nicht ganz fremd, sah ich doch gerade bei Frauen oft, wie sie gesellschaftliche Stereotype gegen sich selber anwandten, und sah hier manchmal die Notwendigkeit, auch diese Stereotype deutend in Frage zu stellen. Das war kaum gerade das, was Parin meinte, aber ich fand von hier aus einen Zugang zu seinen Überlegungen. In diesem Zusammenhang kam es auch zu einem Zusammenstoß »zwischen Genf und Zürich« in einer Sitzung der SGPsa., der die Art der Polarisierung, die da geschehen konnte, illustriert. Ich hörte davon nur erzählen. Parin habe seine These von der Notwendigkeit der Deutung des gesellschaftlichen Unbewussten vorgetragen. Ein prominenter Welscher habe ihm vorgeworfen, bei dieser Art Deutungen handle es sich um Indoktrination. Danach habe Parin nicht mehr an derartigen Sitzungen teilgenommen.

Für unsereiner, das kann zum Beispiel heißen für uns Berner, halbwegs zwischen Zürich und Genf, waren beide Positionen nachvollziehbar. Ich, der ich Parin aus jahrelanger Supervision kannte, wusste: Parin kann gar nicht »indoktrinieren«, er ist viel zu distanziert und beweglich in seinem Denken. In öffentlichen Äußerungen kann er allerdings provozierend und dogmatisch sein, und vielleicht war er es in der fraglichen Sitzung auch. Andererseits kannte ich etliche Welsche und wusste: Sie mögen in Grundsatzdiskussionen borniert sein, aber wenn man über konkrete psychoanalytische Probleme diskutiert, wird man sich auch verständigen können. Es waren da Gegensätze, die an sich genauso gut interessante Gespräche abgeben wie Grund zu unversöhnlichen Konflikten sein konnten. Mit anderen Worten, die eigentlichen Probleme lagen anderswo, und darum interessierten mich diese Auseinandersetzungen wenig. Wenn es in der Folge in Zürich zur Spaltung zwischen der SGPsa. und einem »Psychoanalytischen Seminar« kam, das riesigen Zulauf hatte, weil es sich als politisch »links« gab und zudem auf Zulassungsprüfungen verzichtete und Parin und Morgenthaler sich zu diesem Seminar bekannten, konnte ich darin nur eine brüske Kehrtwendung weg von ihrer bisherigen Einstellung als strenge Hüter der institutionellen Ordnung verstehen. Meine eigene Interpretation dieser Vorgänge war, dass Parin und Morgenthaler es nicht ertrugen, nun von den Jungen, die sie umwarben, um zu ihnen gezählt zu werden, als »Reaktionäre« bezeichnet zu werden, und sich deshalb in dieser Kehrtwendung plötzlich sozusagen an die Spitze der »Revolution« stellten. Dieser Konflikt eskalierte gerade etwa zur Zeit, als ich meinen Aufnahmevortrag als Mitglied der SGPsa. vorbereitete, aber er wirkte sich nicht auf meine Situation aus.[13]

Nun wieder zur Praxis. Als ich sie eröffnete, war der Kontrast zwischen dem Angebot und dem großen Bedürfnis nach Psychotherapien, und zwar gerade nach psychoanalytisch orientierten, so groß, dass die Frage, mit welcher Technik von psychoanalytischen Kurztherapien dem Andrang zu begegnen sei, intensiv diskutiert wurde. Ich las zum Beispiel das Buch von Malan über diese Frage und versuchte dem Vorschlag zu folgen, mit Patienten, die dafür geeignet schienen, von vornherein eine begrenzte Zahl

---

[13] Gerade während ich dies überarbeitete, erschien ein Aufsatz von Thomas Kurz in *Schweizer Monatshefte*, Jg. 87, Heft 9/10, Sept./Okt. 2007, 36-39 über »Die Spaltung der Schweizer Psychoanalyse«. Darin wird aber gerade der entscheidende Punkt des Konflikts, die »selbstautorisierte« psychoanalytische Tätigkeit, nicht klar herausgestellt. Ich schrieb einen Kommentar dazu im *Bulletin der Blum-Zulliger-Stiftung*, Nr. 44, Dez. 2007.

von Sitzungen – zum Beispiel 40 – zu vereinbaren und in dieser Zeit auch die Übertragungsprobleme intensiv und sehr direkt anzusprechen. Ich fand einen scheinbar idealen Fall dafür, eine intelligente junge Frau mit einer umschriebenen, nicht schweren neurotischen Symptomatik in stabiler Ehe- und Berufssituation. Als sich das Ende der vereinbarten Zeit näherte und die Trennungsprobleme entsprechend bearbeitet worden waren, geriet die Patientin in eine Depression und Ehekrise, in der ich sie unmöglich sich selber überlassen konnte. Natürlich stellt man sich in solchen Fällen immer die Frage, durch welche Fehler man den Misserfolg verschuldet habe. Ich kam aber dazu, das Problem eher in der Idee zu sehen, einen Verlauf so genau steuern zu können, und wandte mich ganz von derartigen Methoden ab. Die erwähnte Patientin sah ich noch jahrelang im Gegenübersitzen mit gutem Erfolg, aber fern von jedem Gedanken an Kurztherapie.

Nach einiger Zeit wurde mir endgültig klar, dass das Problem in der verkehrten Idee lag, eine Therapie »planen« zu können. Der Analytiker, sei es als »analytisch orientierter Psychotherapeut«, sei es in der »großen« Psychoanalyse, übt sich darin, immer besser zu spüren, was ein Patient in der gegebenen Situation unbewusst will, was er fürchtet und welche Lösungen im Konflikt zwischen Wunsch und Angst ihm angemessen sind, was seiner »Selbstverwirklichung« am besten dient. Sich so immer neu in den Patienten hineinzuversetzen nimmt seine Energie in Anspruch. Es liegt aber viel an der »gegebenen Situation«, den Rahmenbedingungen der Therapie oder Analyse. Hier gestaltet der Analytiker ein Stück weit aktiv. Er rüstet das Schiff für die gemeinsame Abenteuerfahrt mit dem Patienten oder Analysanden zusammen aus, stellt Navigationsinstrumente bereit (dazu gehört seine ständige Bereitschaft, auf seine Gegenübertragung zu achten), dann überlässt er das Schiff so weit wie möglich dem Wind und der Strömung, auf die Navigationsinstrumente achtend und erst eingreifend, wenn der Kurs auf Abwege zu führen droht. – Ich habe mich jetzt so allgemein und bildhaft gefasst, um nicht in eine Abhandlung über meine psychoanalytische Technik zu geraten, die auch einer Fahrt ins Uferlose gliche.

Ich will mich an dieser Stelle wieder mehr nach außen wenden, das heißt, ich möchte mehr von dem schreiben, was ich – auf Grund der nun gefestigten Identität als Psychoanalytiker – neben der Praxis machte.

1972 erreichte mich die Anfrage, ob ich gelegentlich Beiträge für die zweimonatlich erscheinende, von den deutschschweizerischen Ärztegesellschaften herausgegebene Wartezimmerzeitschrift *Die Sprechstunde* schreiben würde. Ich hatte mich immer dafür interessiert, allgemeinverständlich über psychologische Probleme zu schreiben oder zu reden, und sagte der Redakteurin *Leni Robert-Bächtold* zu. Es wurde daraus eine für beide Seiten erfreuliche Zusammenarbeit. Zwischen 1972 und 1987 schrieb ich fast 60 dieser Aufsätze. Es war jeweils ein selbst gewähltes Thema auf genau vier Schreibmaschinenseiten zu behandeln, was mich jedes Mal ein Wochenende kostete. Oft seufzte ich, nun werde ich eine Weile pausieren, dann kam wieder ein Anruf der unwiderstehlichen Stimme von Frau Robert, und ich sagte von neuem zu... Frau Robert ließ mir immer volle Freiheit und änderte nie etwas an meinen Texten, was mich natürlich auch freute. Kaum hatte sie die Redaktion abgegeben (sie ging in die Politik, gründete die »[Grüne] Freie Liste«, eine sich für Umweltprobleme einsetzende bürgerliche Partei, der ich mich auch anschloss, und brachte es zur bernischen Regierungsrätin), hörten die Anfragen auf. Das geschah nicht zufällig nach einem Aufsatz über »Angst«, in dem ich die Propaganda der chemischen Industrie für den Tranquilizer »Temesta expidet« kritisierte. Ich zitiere einige Sätze aus dem Aufsatz, weil sie auch allgemein etwas aussagen über meine Einstellung zur Frage des Zusammenwirkens von psychotherapeutischer und medikamentöser Behandlung:

> [Dank modernen Medikamenten können wir heute] »krankhafte Angst, die einen Menschen völlig lähmt, so weit beruhigen, dass ein vorher qualvolles Leben wieder erträglich wird. Neben diesen Mitteln gegen die ›grosse Angst‹ – Neuroleptica heissen sie – gibt es Substanzen, die kleinere Ängste dämpfen, leichtere Beruhigungsmittel (›Tranquilizer‹), die wir schon etwas zwiespältiger beurteilen. Sie mögen manchmal hilfreich sein, oft aber dienen sie nur dazu, eine Angst zu überfahren, abzuwürgen, die eigentlich ein nützliches Warnsignal sein könnte. Wie mancher Mensch wird erst durch eine Angst, deren Herkunft er zunächst nicht kennt, auf etwas hingewiesen, was in seinem Leben nicht stimmt. ... Wenn ein Firmenvertreter mir ein derartiges Medikament anpreist und mich fragt, ob ich gedenke, es meinen Patienten zu verschreiben, antworte ich manchmal so: von mir aus würde ich es kaum geben, aber viele Patienten nehmen es sowieso schon, haben es von einem andern Arzt verschrieben erhalten ... Ich bin in meiner Praxis kein Missionar ... Es kann also vorkommen, dass ich jemand ein derartiges Medikament verschreibe, weil er sich noch nicht fähig fühlt, ohne es auszukommen, und weil ich hoffe, ihn so weit zu bringen,

dass er von sich aus darauf verzichten kann.« Nun zu meiner Kritik an der Propaganda für »Temesta expidet«: »Ganz stolz pries mir der Vertreter ein Mittel an, das Angst schon innerhalb weniger Minuten beseitige. Man lasse es sich auf der Zunge auflösen, und schon sei die Entspannung da, statt wie bisher erst nach einer halben Stunde. Kein Moment mehr muss verschwendet werden, die eigene Angst zu spüren, jede Anregung, über seine Situation nachzudenken, soll im Keime erstickt werden. Darum sage ich ›Scheissdreck‹ und ähnliches zum Vertreter.«

Dieses Zitat mag zeigen, wie ich versuchte, als Psychoanalytiker Kritik anzubringen, ohne durch eine dogmatische Haltung Patienten, die Tranquilizer benützten, zu viele Schuldgefühle zu machen.

1975 bis 1977 schrieb ich eine Folge von 14 Aufsätzen in Dialogform als »Gespräche über Psychotherapie«, ein Versuch, in diesem vielfach umstrittenen Gebiet klärend zu wirken, nicht zuletzt um Politikern und Verantwortlichen für Versicherungsfragen, die gelegentlich auch in ärztlichen Wartezimmern sitzen, die Möglichkeit zu sachlicher Orientierung zu geben. Als Sekretär des kantonalbernischen Psychiatervereins, was ich in den 1970er Jahren war, hatte ich ja reichlich Gelegenheit, mit der Einstellung von Versicherungsvertretern und Politikern zu unserem Beruf Bekanntschaft zu machen. Ich hatte zum Beispiel die Bemerkung des Verantwortlichen einer großen schweizerischen Krankenkasse zur Kenntnis genommen (und in Fachkreisen auch publik gemacht): »statt Psychotherapeuten zu bezahlen, könnten wir auch einen Kassenbock anstellen«.

In »Verhaltenstherapie und Psychotherapie« (1/1976) nahm ich ein aktuelles Thema der 1970er Jahre auf, zeigte, dass man durch Üben, An- und Abgewöhnen schöne Therapieerfolge haben kann, und diskutierte am »Beispiel Phobie« (2/1976), warum ich dennoch nicht Verhaltenstherapeut bin. »Fortschritt und Rückschritt in der Psychotherapie« (5/1976) handelt davon, dass »Effizienz« und »Schnelligkeit« der Wirkung nur begrenzt tauglich sind als Kriterien für die Qualität einer Therapie und einer Therapiemethode. Ich nehme als nur scheinbar weit hergeholten Vergleich die Dürrekatastrophe in der Sahelzone in den 1970er Jahren, die zum Teil verursacht war durch die Einführung von Monokulturen und den Einsatz effizienter Motorpumpen, die zwar rascher und ausgiebiger bewässerten, aber den Grundwasserspiegel senkten und ein lang eingespieltes Gleichgewicht störten. Dies konnte geschehen, weil man »Symptombesserungen« anstrebte, ohne das Ganze im Auge zu behalten. »Sowenig wie Wachstumsraten in der wirtschaftlichen Produktion schon Fortschritt in Bezug auf das Ganze bedeuten, so wenig bedeuten Therapieerfolge, die nur aus Symptombesserungen bestehen, schon Fortschritt in Bezug auf das Ganze.« Das Thema von Fort- und Rückschritt wird dann auch am Beispiel des bekannten Films »Einer flog über das Kuckucksnest« (4/1976) behandelt. Ich kritisiere daran auch wieder, dass der Film zugunsten einer Therapie wirbt, die den Patienten »gewaltsam vorwärts stößt«, »statt seine gesunden Kräfte so weit zu fördern, dass er von sich aus das tut, was für ihn richtig ist«.

Ich nahm nicht selten zu aktuellen gesellschaftspolitischen Fragen Stellung und dachte dabei auch an die Vorwürfe, die oft zu hören waren, dass Psychoanalytiker sich heute zu gerne in einen Elfenbeinturm einschlössen. Mir konnte man dies nicht vorwerfen, höchstens, dass meine Stellungnahmen an einem allzu unscheinbaren Ort erschienen. Hier auszugsweise ein Beispiel:

»Zeitproblem Terrorismus«
(*Die Sprechstunde*, Nr. 3/1979, gekürzt)

… In der Zeitung steht: »Zahlreiche Brandanschläge. Autos von Kernenergie-Exponenten als Ziel.« Diese Anschläge gelten nicht nur den Befürwortern der Atomenergie, sondern der »Gesellschaft«. So liest man es in »Erklärungen« von Urhebern der Anschläge: »Diese Gesellschaft aber verdient im Minimum, dass man ihr den Krieg erklärt! Das heisst, die Notwendigkeit der täglichen Sabotage an der kapitalistischen Todesmaschinerie entdecken!«, also z. B. »Klauen, Schwarzfahren, Sprayen, Besetzen usw.« In welcher inneren Lage könnte ich dazu kommen, »dieser Gesellschaft den Krieg zu erklären« … der Gesellschaft zu der ich selber gehöre? … Es ist wie mit der Familie, ich kann zwar sagen, ich will mit ihr nichts zu tun haben – ich bin dennoch ein Teil von ihr. Die totale Verurteilung ist ein Zeichen von ungelöster Bindung. … Könnte das nicht auch für die Gesellschaft gelten, der ich angehöre? Ich muss mich mit umso mehr Lärm und drastischen Gesten von ihr distanzieren, je mehr von dem Abgelehnten ich noch in mir selber verspüre. Grossen Hass und vernichtende Wut verspüre ich am ehesten dort, wo ich etwas aussen bekämpfe, was ich in mir selber verspüre, aber ablehne. … Was hindert mich aber daran mich zu lösen … auch wenn die Bindung sich vielleicht nur noch im Hass äussert? Es sind alte Sehnsüchte nach etwas Verlorenem, das nicht wiederkommt. Das spüre ich, wenn ich mir vorzustellen versuche, wo ich in der Phantasie selber zum Terroristen werden könnte. Zum Beispiel, wenn ich sehe, wie Autobahnen meine liebsten Spazierwege aus früheren Zeiten zerstört haben. Wenn ich auf die rein auf Profit ausgerichteten Bauten stosse, die mein Quartier zerfressen. Wenn ich feststelle, wie viel in unserem Leben sich auf Verschwendung und Wegwerfen gründet. Aber sogleich verspüre ich auch meine Verstrickung mit all diesen Vorgängen, auch ich verbrenne tonnenweise Öl zum Heizen und verwende elektrischen Strom nicht immer sparsam, setze mich zu vielen äusseren Anregungen aus, die in mir neue, eigentlich überflüssige Bedürfnisse entstehen lassen, überflüssig, weil ihre Erfüllung mich nicht innerlich bereichert. Ich spüre, wie allmählich die vielen Dinge ihren Wert für mich verlieren. Sie sind zu leicht erhältlich, ersetzbar, wegwerfbar. Dazu kommt ein schlechtes Gewissen, weil der grösste Teil der Menschheit Mangel an dem leidet, was ich verschwende.

So schleicht sich ein Gemisch von Traurigkeit, ohnmächtiger Wut und schlechtem Gewissen ins Leben, und plötzlich liegt es mir nicht mehr fern, in der Phantasie ein Terrorist zu werden, dem es nichts ausmacht, einige klimatisierte Stahl-Glas-Paläste in die Luft zu sprengen – und warum nicht auch gleich das Atomkraftwerk, das die Klimaanlagen in Gang hält, aber dafür eine vertraute Landschaft verunstaltet hat. Ich verstehe jetzt besser, warum Terroristen von einer Todesmaschinerie reden. Ich glaube, dass sie im Grunde aus Trauer über Verlorenes und vom Verlust Bedrohtes handeln. Sind derartige Gefühle nicht auch der Grund, warum so viele intelligente und sensible junge Leute, im Geheimen oder offen, mit Terroristen sympathisieren, von ihnen fasziniert sind? Wissen sie aber auch, dass sie eigentlich traurig sind und sich nach etwas sehnen, das ihnen wie ein verlorenes Paradies im Geheimen vorschwebt? Wenn ich anfange, Dinge zu zerstören, weil sie mir entgleiten, weil ich keine innere Beziehung mehr zu ihnen habe, so ändere ich doch nur etwas Äusserliches, und das Problem, meine Trauer über den Verlust, bleibt. ... Es kommt ... noch etwas Wesentliches dazu: wenn es stimmt, dass Terroristen aus Trauer handeln und aus ohnmächtiger Wut über unlösbare Verstrickungen, in die sie gefangen sind, so muss ich auch annehmen, dass diese Gefühle ihnen nicht bewusst sind. Sie wissen nicht, dass sie traurig sind, weil sie von derartigen Gefühlen überhaupt nichts wissen wollen. Sie sehnen sich eigentlich nach einer heilen Welt, spotten aber über alles, was nach »heiler Welt« aussieht, vor allem über andere Menschen, die mit sich und der Welt zufrieden erscheinen. Ihre Selbsterkenntnis ist an diesem Punkt stecken geblieben, sie verleugnen ihre Gefühle, ihre Trauer, ihre Sehnsucht. Und deshalb geht es ihnen, wie es gehen muss, wenn man so wesentliche Erscheinungen im eigenen Innern nicht wahrnehmen will: ihre Aktionen bewirken das Gegenteil von dem, was sie vorgeben. Sie beschleunigen den Gang dessen, was ihnen – und manchmal auch uns – als Todesmaschinerie erscheint, und werden zu geheimen Verbündeten dessen, was sie angeblich bekämpfen.

Die Terroristen erklären unserer Gesellschaft den Krieg, aber sie gehören zu dieser Gesellschaft, ob sie es wollen oder nicht, – sie gehören aber auch zu uns, ob es uns passt oder nicht. Sie drücken in verzerrter und verbrecherischer Art etwas aus, was uns alle angeht, und deshalb sind wir aufgefordert, über sie auch als unser Problem nachzudenken. Wenn wir ihren Weg als Irrweg erkennen, so bedeutet das nicht, dass die Probleme, auf die sie reagieren, nicht auch die unsrigen sein könnten.

Was uns damals beschäftigte, mag angesichts heutiger Bedrohungen relativ harmlos erscheinen, ich glaube aber, dass auch zum Beispiel im islamistischen Terrorismus die Trauer um die Entwertung und den Verlust von Vertrautem und die Umwandlung der nicht bewussten Trauer in Hass zu finden sind. Wie es zugeht, wenn Trauer in Hass verwandelt wird, hatte ich damals nicht berührt. Es bedeutet Umwandlung von Passivität in Aktivität. Die Passivität wiederum wird gefürchtet wegen ihrer Verbindung mit dem Phantasiebild »Weiblichkeit«, und dieses Bild bedeutet »Kastration«. Somit wäre eine Wurzel des Terrorismus die Kastrationsangst.

Eine weitere Aktivität, die aus der individuellen Praxis hinausführte und mir viel bedeutete, war die Arbeit mit Balint-Gruppen. Mit diesem Namen wurden und werden nicht nur Gruppen im ursprünglichen Sinn, wie sie Balint beschrieb, bezeichnet. Balints Gruppen bestanden aus Ärzten, die einander persönlich nicht kannten, die von Problemen mit ihren Patienten erzählten, freie Einfälle dazu sammelten und viel Gewicht auf die Untersuchung der Gegenübertragung legten. Nur eine meiner Gruppen, die mit Allgemeinärzten und Internisten in Thun, entsprach einigermaßen diesem Konzept, andere wichen davon ab, indem sie zum Beispiel in einer Institution stattfanden und die Teilnehmer der Gruppe sich kannten oder es sich um beruflich gemischte Gruppen innerhalb eines Spitals oder Gruppen mit Sozialarbeitern handelte. Als mich 1972 Prof. Rolf Hoigné, der Chefarzt der medizinischen Abteilung des Zieglerspitals, eines Stadtspitals – wir kannten uns von meinem Assistentenjahr bei Prof. Hadorn, wo Rolf Hoigné damals Oberarzt war – anfragte, ob ich den psychiatrischen Konsiliardienst übernehme, sagte ich zu. Ich hatte schon öfters als Konsiliararzt gewirkt und wollte nun einiges vermeiden, was mich vorher gestört hatte. Ich wollte auf keinen Fall der Spezialist sein, der von außen ins Spital kommt, zum Beispiel eine Stunde lang mit dem Patienten zusammensitzt, sein Vertrauen gewinnt, ihm auch einige Geheimnisse entlockt und darüber einen sorgfältigen Bericht schreibt, der dann, höchstens halb verstanden, in der Krankengeschichte liegt und den Patienten in seinem weiteren Spitalleben – er kommt vielleicht im Lauf der Jahre mehrmals ins Spital – begleitet und vielleicht auch verfolgt. Ich führte deshalb meine Gespräche mit Patienten nur unter Teilnahme des verantwortlichen Arztes, so dass dieser wusste, worauf sich die wenigen Stichworte bezogen, aus denen mein Bericht bestand, und spätere Leser nicht Informationen aus der Krankengeschichte erhielten, die dem Patienten unbekannt waren. Im Ganzen wollte ich so etwas wie eine Kultur des aufmerksamen und interessierten Zuhörens und Beobachtens schaffen oder fördern.

Als Erstes wollte ich mich wieder in den medizinischen Alltag einleben und zugleich den internistischen Kollegen zeigen, dass auch ein Psychiater zu diesem Alltag gehören kann. Rolf Hoigné verschaffte mir für zwei Monate eine Assistentenstelle, die mir dazu Gelegenheit bot.

Daran schlossen sich andere Aktivitäten außerhalb der Praxis an, die mir gut 15 Jahre lang viel bedeuteten und im Ganzen auch geschätzt wurden. Zunächst also die »Balint-Gruppe« mit den Assistenten und Oberärzten der medizinischen Abteilung des Zieglerspitals selbst, an der auch der spätere Chefarzt der neu zu eröffnenden geriatrischen Abteilung des Zieglerspitals, Dr. Charles Chappuis, teilnahm. Mit ihm planten wir eine Art der Zusammenarbeit, die von der Einsicht ausging, dass die besondere Problematik der geriatrischen Patienten, die längere Aufenthaltsdauer, die große Bedeutung der Physio- und Ergotherapie, die Wichtigkeit der Zusammenarbeit zwischen den Ärzten und den anderen Betreuern, speziell auch den Sozialdiensten, etwas Neuartiges erforderte. Wir wollten also versuchen, in einer Art Balint-Arbeit die Leiter der verschiedenen Dienste zusammenzunehmen. So trafen wir uns jeden Montag zwischen zehn und zwölf Uhr in einer Runde von acht bis zwölf Leuten und sammelten unsere Beobachtungen und Einfälle zu einem Patienten, um ihn besser kennenzulernen. In den gut gelungenen Sitzungen konnten die verschiedenen Mitarbeiter erfahren, wie viel Wichtiges sie über einen Menschen schon wussten, wenn sie nur mit Vertrauen auf die eigene Wahrnehmung ihre fünf Sinne benutzten. Im Mittelpunkt stand immer das Anliegen, »einen Menschen kennenzulernen«, nachempfinden zu können, wie *er* seine Situation erlebte.

Neben den beiden Gruppen im Zieglerspital, der ärztlichen in der medizinischen und der gemischten in der geriatrischen Abteilung, und der schon genannten in Thun, hatte ich eine Gruppe von Betreuern von Gehörgeschädigten, die sich abwechselnd in der Zentrale in Bern oder in einem Heim in Uetendorf bei Thun traf. Gehörlosigkeit von Kindheit an hat ja besonders häufig erhebliche Störungen zur Folge. Der Psychiater, der sich mit ihnen befasst, steht wegen der Verständigungsprobleme vor besonderen Schwierigkeiten. Meine Erfahrung war, dass ich hier in vielen Fällen besser wirken konnte, wenn ich den betreuenden Sozialarbeiter beriet statt durch den direkten Kontakt.

Als ich gegen die 60 ging, hörte ich mit diesen Gruppenarbeiten allmählich auf, um mich mehr der Einzelsupervisionsarbeit und der Arbeit für die Seminare über psychoanalytische Literatur zu widmen. Ich hatte auch beobachtet, dass im Lauf der 1980er Jahre gerade bei Ärzten das Interesse daran abnahm, in geduldiger »Mosaikarbeit« sozusagen das Bild eines Menschen »von innen« zu entwerfen, sich in die Art hineinzuversetzen, wie er seine Situation empfand. Zwar traf ich immer auch junge Kollegen, die sich dafür interessierten, aber die Medizin als Ganze verlor immer mehr den Sinn für die geschichtliche Seite der Patienten und ihrer Krankheiten. Teilweise als Reaktion auf den Verlust der persönlichen Beziehung zum Arzt und des Gesprächs mit ihm über die »Geschichte« blühte eine bunte Landschaft sogenannter »Alternativmedizin« auf. Mit der Ansicht, dass die einzige Alternative zu »schlechter« – geschichtsloser – Medizin die »gute« Medizin sei, die sich, wo es sinnvoll erscheine, auch offen halte für die Geschichte und das Gespräch mit dem Patienten über sie, mit dieser Ansicht steht man zwischen den »Fronten«. Man steht da allerdings nicht allein, sondern trifft sich mit etlichen erfahrenen Ärzten, die auch sehen, dass sogenannte »Alternativen« mit Vorliebe gerade die »schlechte« Medizin imitieren, nämlich ihrerseits die »Geschichte« ausklammern. Was also von beiden Seiten verpönt ist, ist die psychologische Seite der Medizin.

1977 erreichte mich eine Anfrage des Huber-Verlags in Bern, ob ich eine Einführung in die psychosomatische Medizin für Allgemeinpraktiker schreiben würde, eine Idee, die mich begeisterte, denn sie würde mir Gelegenheit geben, gerade diese psychologische Seite der Medizin ausführlich zu behandeln. Die vielen Kontakte mit praktizierenden Ärzten, in der Konsiliartätigkeit und in den verschiedenen Balint-Gruppen, die regelmäßige Zusammenarbeit mit Rolf Adler, der als Internist psychoanalytische Erfahrung hatte und sich ganz der Psychosomatik widmete, versprachen mir das

Material und die nötigen Informationen für das Unternehmen. Schon lange hatte ich zudem gehofft, die Verbindungen zwischen Neurobiologie und Entwicklungspsychologie, wie ich sie in Genf kennengelernt hatte, weiter auszubauen. Grundlage des Ganzen musste natürlich die Psychoanalyse werden, die als einzige Theorie die Verbindung zwischen somatischen und psychischen Vorgängen in ihren Konzepten enthielt, nämlich zwischen triebbedingten somatischen Erregungen, Bedürfnissen, Wünschen, Affekten, Erinnerungen und dem Denken. Natürlich lag der Vorwurf in der Luft, dass diese Arbeit einem Spezialisten, besser noch, einer Gruppe von Spezialisten zu überlassen wäre. Aber ich sah in der Psychosomatik den Inbegriff eines nicht-spezialistischen Fachs – denn sein Gegenstand war der psychologische Aspekt der alltäglichen Situation des Allgemeinarztes – womit ja auch die Psychoanalyse begonnen hatte: mit der Untersuchung der Lebensgeschichte, wie sie sich in »nervösen« Symptomen ausdrückte. Ich definierte im ersten, einleitenden Abschnitt Psychosomatik als die »Lehre von den seelisch-körperlichen Wechselwirkungen. Sie beschäftigt sich damit, wie sich Seelisches auf den Körper auswirkt oder sich durch den Körper ausdrückt und wie Körperliches seelisch erlebt wird.« Damit grenzte ich mich ab gegen eng gefasste Lehren wie zum Beispiel die der Pariser psychosomatischen Schule, die theoretisch zu verstehen suchte, wie aus seelischen Konflikten durch Defekte in der Symbolisierung körperliche Leiden entstehen.

Diese und andere Krankheitslehren stellte ich als wichtige und interessante Spezialkapitel der »Psychosomatik« dar, während sich das Fach als Ganzes in meiner Sicht deckte mit dem, was Balint als »patientenzentrierte Medizin« bezeichnet hatte. Der zweite Abschnitt handelte von den physiologischen und psychologischen Grundlagen. Das Problem »seelisch-körperlich« ging ich mit dem Modell des Regelkreises an und behandelte dann die Trieb- und Affektlehre unter anderem mit Einbeziehung neuerer Erkenntnissen zur somatischen Seite der Trieblehre, deren Lückenhaftigkeit Freud so sehr beklagt hatte. Unterdessen waren zum Beispiel die Forschungen von W. R. Hess über die Funktionen des Zwischenhirns hinzugekommen. Der dritte Abschnitt war mir besonders wichtig. Er handelte von typischen Konfliktsituationen und ihren Wurzeln in der menschlichen Entwicklung, wie den Problemen um die Gefühle von Allmacht und Ohnmacht, Passivität – Aktivität, Symbiose, Individuation, Autonomie, Selbstkontrolle, Narzissmus – Objektliebe und der ödipalen Dreiecksbeziehung, immer ausgehend von den Konfliktsituationen in der Beziehung zwischen Arzt und Patient, mit besonderem Blick auf die Probleme der Gegenübertragung, wie sie in der Balint-Arbeit beachtet wurden. Eigentlich verstand ich das ganze Buch auch als Kommentar zu den Problemen, die in dieser Arbeit besprochen wurden. Der vierte Abschnitt behandelte die »Entstehung psychosomatischer Störungen« und der letzte und umfangreichste »Erkennen und Behandeln psychosomatischer Störungen«. Er enthielt auch eine Art Kompendium der »kleinen« (im Gegensatz zur »großen«, der eigentlichen Psychoanalyse) Psychotherapie. Ich unterrichtete sie seit 1978, als ich allwöchentliche Supervisionsarbeit mit Assistenten der psychiatrischen Universitätspoliklinik übernahm, als »Orthodoxer« neben dem »Nicht-Orthodoxen« Dieter Signer, mit dem ich mich persönlich aufs Beste verstand. Der Auftrag dazu kam auf Anregung von Alexander Wildbolz, damals noch Oberarzt an der Poliklinik, zustande und vermittelte mir viele Kontakte mit jungen Kollegen, die zum Teil weiterdauerten, als sie eigene Praxen eröffneten und ich mich nach über zehn Jahren von dieser Tätigkeit wieder zurückgezogen hatte.

Mein Buch[14] kam in einer Auflage von 3.000 Exemplaren heraus, von denen ein erheblicher Teil verkauft wurde. Die Anfrage, das Buch zu schreiben, war gekommen in einer Zeit lebhaften Interesses für die Psychoanalyse, und es kam 1984 heraus, als man schon wieder einmal zu »entdecken« begonnen hatte, dass es mit Freud, auf den ich mich so entschieden berief, nicht so viel auf sich hatte. Das mag einer der Gründe sein, warum der Verlag nach zehn Jahren beschloss, das Buch nicht wieder aufzulegen. Das enttäuschte mich, weil ich es gerne neu bearbeitet hätte, sparte mir aber auch Zeit.

Unterdessen hatte ich angefangen, mich mit einem historischen Thema zu befassen, mit der Biographie von Ernst Schneider, der von 1906 bis 1916 Direktor des bernischen staatlichen Lehrerseminars gewesen war. Ich war auf ihn durch eine Bemerkung Freuds in der fünfzehnten seiner »Vorlesungen zur Einführung in die Psychoanalyse« (1915/16) aufmerksam geworden. Freud sagte da: »Hören Sie also: In der freien Schweiz ist kürzlich ein Seminardirektor wegen Beschäftigung mit der Psychoanalyse seiner Stellung enthoben worden. Er hat Einspruch erhoben, und eine Berner Zei-

---

[14] Kaspar Weber, *Einführung in die psychosomatische Medizin*, Verlag Hans Huber, Bern, Stuttgart, Toronto 1984, 263 S.

tung hat das Gutachten der Schulbehörde zur öffentlichen Kenntnis gebracht.«

Ernst Schneider (1878-1956), ein begabter und initiativer Reformpädagoge, der von 1911 an die Psychoanalyse in seinen Psychologieunterricht am staatlichen Lehrerseminar einbezog, war den etablierten Kräften im Schulsystem schon früh missliebig geworden, weil er die jungen Lehrer für einen neuen, freieren Unterrichtsstil begeisterte, der im Gegensatz zu alteingesessenen Methoden stand. Weil er unter der jungen Generation viel Anhang hatte und weil der reformfreudige zuständige Regierungsrat Alfred Gobat (1843-1914, der übrigens 1902 den Friedensnobelpreis erhalten hatte), der ihn berufen hatte, ihn konsequent schützte, waren die Versuche, ihn zu entlassen, bis dahin gescheitert. Nun war Gobat gestorben, und dessen Nachfolger benützte die Psychoanalyse als Vorwand, Schneider zum Rücktritt zu zwingen. Die Persönlichkeit Schneiders hätte mich nicht animiert, ein ganzes Buch zu schreiben, wenn sie nicht Gelegenheit geboten hätte, darzustellen, wie um 1900 verschiedenartige große Neuerungen in Kunst, Musik und Wissenschaft – darunter die Psychoanalyse – zusammentrafen auf dem Hintergrund einer allgemeinen Sehnsucht nach Erneuerung, die – als Zitat aus der Schrift eines schweizerischen Theologen – den Titel meines Buches abgab.[15] Ich vertiefte mich in die interessante Geschichte der Pädagogik, in die Schweizer Geschichte des ausgehenden 19. Jahrhunderts mit ihren »Kulturkämpfen«, las wieder die großen zeitgenössischen Romane von Keller und Gotthelf und holte mit Vergnügen weit aus. Zur Schulreform, wie sie Ernst Schneider verstand, gehörte die Beschäftigung mit der individuellen Psychologie der Kinder, was ihn zur Psychoanalyse geführt hatte, aber auch die Gesellschaftsreform, die er über die freiwirtschaftliche Geld- und Bodenreform im Gefolge von Silvio Gesell zu erreichen suchte. Ich flocht 15 Kurzbiographien von Mitarbeitern in den von Ernst Schneider herausgegebenen *Berner Seminarblättern* ein, darunter Hans Klee, dem Vater des Malers Paul Klee, der jahrzehntelang Musiklehrer am Seminar war. Eine Verbindung von Ernst Schneiders Pädagogik führte über Schneiders Schüler Johannes Itten ans Bauhaus in Weimar unter Gropius. Durch die Kurzbiographien ergab sich ein interessanter

---

[15] Kaspar Weber, *»Es geht ein mächtiges Sehnen durch unsere Zeit«, Reformbestrebungen der Jahrhundertwende und Rezeption der Psychoanalyse am Beispiel der Biografie von Ernst Schneider, 1878-1957*, Verlag Peter Lang, Bern u. a. 1999 (nur direkt vom Verlag zu beziehen), 426 S., 17 Abb.

Querschnitt durch eine Gruppe kritisch denkender Geister der Zeit vor Beginn des Ersten Weltkriegs.

Das Buch erschien 1999 im Verlag Peter Lang in Bern. Diesmal hatte ich mir keine Hoffnungen auf irgendeinen Erfolg oder ein Echo gemacht, da mir bewusst war, dass es nur für einen sehr beschränkten Kreis von Interesse war. Ich war froh, überhaupt gedruckt zu werden. Umso freudiger war meine Überraschung, als zwei von mir schon vorher hochgeschätzte Autoren in Berlin, Ulrike May und Michael Schröter, das Buch ganz von sich aus zur Kenntnis nahmen und positiv beurteilten.

Zum Abschluss möchte ich etwas ausführlicher auf das wissenschaftliche Thema eingehen, zu dem ich vielleicht etwas Neues beigetragen habe: zur Psychologie und Psychoanalyse des Musikerlebens. Es kann als abseits gelegenes Spezialgebiet gesehen werden, meiner Meinung nach führt es aber direkt zu einer zentralen Frage der psychoanalytischen Theorie, *der Frage nach dem inneren Raum als Ort des menschlichen Denkens*. Dieser Aspekt wurde mir aber erst in den letzten Jahren klar, als ich mich daran machte, die Arbeit zu schreiben, die gefordert wird, um den Status eines Ausbildungsanalytikers zu erlangen, nachdem ich schon 1978 gewöhnliches Mitglied der SGPsa. geworden war.

1959 diente ich Hans Heimann als Versuchsperson für seine Experimente mit Psilocybin, einem mexikanischen Pilzgift mit halluzinogener Wirkung. Ich erfuhr in diesen Versuchen, in denen ich im Gegensatz zu anderen Kollegen intensiv halluzinierte, aber keine Angst empfand (was ich auch als Zeichen für eine gewisse Stabilität der Persönlichkeit deutete), unvergessliche Bereicherungen meiner psychopathologischen Kenntnisse, zum Beispiel über die Zusammenhänge von Raum- und Zeiterleben oder über die Erfahrung von Depersonalisation, der Aufhebung des normalen Körpergefühls.

Es war interessant und brachte sogar eine Art rauschhaften Glücks in den sich schlingenden, sich durcheinanderbewegenden, farbig schillernden, schlangen- oder girlandenartigen Farberscheinungen in dem zeit- und raumlosen Leben. In abschließenden Phasen des Rausches war es das Aufgehen in einer unbewegten Weite, in der ich mich – es war gerade eine Zeit der Tolstoi-Lektüre – wie ein russischer Graf in seinem Landschloss fühlte. Dennoch, trotz dieser erhebenden Zustände und des großen psychologischen Interesses daran, hatte ich nie Lust, dahin zurückzukehren, außer eben mit einer Forschungsaufgabe. Ich empfand das Verlassen des normalen Bezugs zur Wirklichkeit wie einen bedauerlichen Verlust an Lebenszeit.

Die ersten Versuche mit ihren Veränderungen des Körpergefühls machten mich neugierig darauf, wie ich Musik empfinden würde, deren Anhören oder Ausüben so intensiv an das Körperempfinden geknüpft war.

Ich will hier nicht die Versuchsanordnung und die Experimente schildern, die ich mit anderen Versuchspersonen und mir selbst durchführte,[16] sondern nur von einer speziellen Erfahrung ausgehen, die ich beim Hören und Spielen machte. Ich spielte zum Beispiel das Präludium der zweiten Cello-Suite von Bach, das ich gut auswendig konnte und auch im Höhepunkt des Rausches noch sicher spielen konnte. Ich empfand das in diesem Zustand so, dass ich das Stück »in den Fingern und Armen hatte«, so dass es ganz automatisch ablaufen konnte. Aber ich empfand, dass ich unmusikalisch geworden war. Was heißt das? Wenn ich dieses Stück, das mit einem aufsteigenden Moll-Dreiklang beginnt, »musikalisch« spiele, spüre ich eine innere Spannung, die jeden Ton mit dem nächsten verbindet, eine innere Bewegung vom einen Ton zum nächsten, die auch als ein Schritt in der Vorstellung dargestellt werden kann. Ich kann diesen Schritt auch in die Tat umsetzen, dann wird er Teil einer tänzerischen Bewegung, einer Pantomime. Ob nun Musik nur innerlich als Bewegung empfunden wird oder ob sie in Tanz oder Marsch oder als Begleitung irgendeiner Aktion in reale Körperbewegung umgesetzt wird: immer ist ihr zentrales Element die Bewegung, Bewegung in der Vorstellung, »innere Bewegung«.

Die Anregung, mich mit der inneren Bewegung als Zentrum des musikalischen Erlebens weiterzubefassen, fand ich in einem Buch, auf das mich mein Vater aufmerksam machte: Viktor Zuckerkandl, *Die Wirklichkeit der Musik*[17]. Zuckerkandl nannte dieses sozusagen im Ton liegende Weiterdrängen die »dynamische Tonqualität«. Er beging aber dabei einen grundsätzlichen Fehler: Er sah in diesem Drängen eine objektive Eigenschaft des Tones und nicht etwas, was wir in ihn hineinlegen. Darum nannte er

---

[16] Kaspar Weber, Veränderungen des musikalischen Ausdrucks unter Psilocybinwirkung, in: *Schweiz. Arch. Neurol. Psychiat.* 99, 1967, 176.
Kaspar Weber, Veränderungen des Musikerlebens in der experimentellen Psychose, in: *Confinia Psychiatrica*, Vol. 10, 1967, 139-176.

[17] Rhein-Verlag, Zürich 1963.

sein Werk auch: die Wirklichkeit der Musik – und meinte eine Existenz der Musik unabhängig vom hörenden Menschen. Als Psychoanalytiker gehe ich natürlich davon aus, dass erst der Mensch sich aus den Tönen, die unbelebte und unbewegte Gebilde sind, zu bearbeitendes Material, ein »médium malléable« im Sinne von Roussillon, die Musik macht, indem er den Tönen die dynamische Qualität verleiht. Damit fügt er sie in seine Innenwelt ein, gibt ihnen »Sinn«. Wie aber kommt der Mensch dazu, Töne als Bewegungsimpulse, eine Tonfolge innerlich als Geste zu empfinden? Bewegungsimpuls heißt: Drang zur Bewegung auf ein Ziel hin. Wo in der menschlichen Entwicklung tritt dieser Drang zuerst auf? Doch wohl im Drang, bei der Wärme und Gehaltenheit bietenden Mutter Nahrung zu suchen. Es ist also die Bewegung auf die Mutterbrust zu oder, noch vorher im Mutterleib, der Drang, den eigenen Daumen in den Mund zu nehmen. Auch eine urtümliche Art, seine Gedanken und Gefühle, seine innere Bewegung auszudrücken, erfolgt durch den Mund, im Gesang. Hinter dem Bewegungsimpuls, der von Tönen ausgeht, könnten also orale Impulse stecken, ein Drang, mit dem Mund zu packen, zu beißen, zu verschlingen, gleichzeitig auch ein Drang, den Gegenstand dieser Begierde mit der Hand zu packen und zum Mund zu führen.

Es war mir schon öfters aufgefallen, welche Rolle der Ausdruck oraler Phantasien bei bedeutenden Musikern spielt. Mein größtes Idol, der Cellist Pablo Casals, war auf der berühmten Live-Aufnahme des C-Dur Quintetts von Schubert (mit Isaac Stern zusammen) vor seinem ersten Einsatz mit einem Knurren zu hören wie ein Raubtier, das zum Sprung ansetzt. Das große Cello-Solo in der Kammermusik – ich will jetzt keine Beispiele nennen – liegt vor dem Cellisten (in den ich mich am leichtesten hineinversetzen kann) wie eine festlich gedeckte Tafel, über die er sich gierig schwelgend hermacht. Kaum berührt er aber die Speisen, wird er zum präzise arbeitenden Handwerker, der seinem schwelgerischen Gefühl nur noch eine befeuernde Rolle im Hintergrund überlässt. Triebe und Affekte geben der Kunst Leben, aber Kunst entsteht daraus erst durch das nüchterne Handwerk.[18] Erst wenn dieses »stimmt«, die Töne »rein« und ihre

---

[18] Dieses Problem hat auch Picasso im Verhältnis zwischen Maler und Modell dargestellt, etwa in der Radierung 8.9.1968 I (abgebildet zum Beispiel in: Klaus Gallwitz, *Picasso laureatus*, Ex Libris, Zürich 1973, S. 181), die den Maler im Geschlechtsverkehr, zugleich als »Handwerker« und links unten noch als Voyeur darstellt. Er hält ein Bündel Pinsel und die Palette in der linken und

Abfolge rhythmisch genau ist, kann sich die lebendige Empfindung auch auf den Zuhörer oder Betrachter übertragen. Dieses Verhältnis zwischen Triebgeschehen im Hinter- oder Untergrund und nüchterner Genauigkeit im Kunstwerk gibt es in jeder Kunst.

So ist es die Bewegung der in der Musik enthaltenen Gesten, ihre sozusagen tänzerische Genauigkeit, nicht der Affekt, die das Wesentliche in der Musik ausmacht. Diese Bewegung ist zunächst eine innere Bewegung, so wie nach Freud das Denken verinnerlichtes Handeln, also auch vorgestellte Bewegung ist. Was ist aber die Besonderheit der musikalischen Bewegung gegenüber dem Probehandeln Freuds? Stellt man die Gesten dar, die durch die Musik ausgedrückt werden, so entsteht eine tänzerische Bewegung. So kann man die Musik als einen vorgestellten Tanz verstehen und sie mit der Bewegung vergleichen, die Freud im Denken sieht. Freud denkt beim »Probehandeln« an die ursprünglichste Handlung, die das Ziel hat, die Umwelt zugunsten der eigenen triebhaften Bedürfnisse umzuwandeln, sich Nahrung oder einen Sexualpartner zu beschaffen. Das sind gezielte Handlungen. Ihre Bewegungen folgen in der Regel dem Blick, der auf ein außen liegendes Ziel gerichtet ist.

Was sind aber Sinn und Ziel der tänzerischen Bewegungen, die wir in der Musik finden? Was sucht überhaupt der Mensch in Musik und Tanz, die in allen menschlichen Kulturen vorkommen wie die Sprache und die ursprünglich wohl alle drei gemeinsam geübt wurden, wie es uns noch im Chorlied der griechischen Tragödie entgegentritt oder als später Nachklang etwa in der »Comédie ballet« von Molière und Lully.

Erwin Straus[19] hat das Wesen des Tanzes überzeugend beschrieben als Bewegung im symbolischen Raum, was so viel bedeutet wie Bewegung im inneren Raum. Genauer könnten wir sagen: sichtbare Darstellung innerer Bewegung, einer inneren Bewegung ohne äußeren Zweck.

Als universal menschliche Bedürfnisse müssen Musik und Tanz auch »biologischen« Sinn haben, das heißt für das menschliche Leben und Überleben unentbehrlich sein. Meine These ist nun, dass der Tanz und die Musik als verinnerlichter Tanz oder, wie ich in Anlehnung an Freuds Defi-

---

einen Stift in der rechten Hand, sieht der Geliebten gierig und forschend ins Gesicht und beobachtet die Szene auch von außen.

[19] 1930/1960. Formen des Räumlichen. Wieder abgedruckt in: *Psychologie der menschlichen Welt. Gesammelte Schriften*, Springer, Berlin 1960, 141-178.

nition des Denkens sage, als »Probetanzen in der Vorstellung«[20] die Funktion hat, den inneren Raum auszugestalten und frei zu halten. Der innere Raum ermöglicht erst ein Denken, das Hypothesen bilden und in der Vorstellung erproben und wieder verwerfen kann, denn das setzt voraus, dass mindestens zwei Denkvorgänge, Gedankenstränge nebeneinander gehalten und verglichen werden können. Auch das musikalische Denken erfordert dies, denn damit das Tempo eines Musikstücks wahrgenommen werden kann (eine Voraussetzung, um es zum Beispiel in Tanz oder Pantomime umzusetzen), müssen ebenfalls mindestens zwei voneinander unabhängige Bewegungen vorgestellt werden können. Ich habe diese Aspekte im Zusammenhang von Piagets Werk über die Entwicklung des Zeitbegriffs beim Kinde näher ausgeführt.[21] Auch die Musikwahrnehmung, die (intuitive) Erfassung und Vorstellung einer musikalischen Struktur, setzt eine entwickelte Zeitvorstellung voraus.

Bis hier habe ich den für eine psychoanalytische Untersuchung des Musikerlebens maßgebenden Gesichtspunkt ausgelassen: das Musikgeschehen zwischen Impuls und Abwehr einzuordnen. Es war nur vom Triebimpuls die Rede, Töne zu fassen und zu packen, sich einzuverleiben wie eine begehrte Nahrung. Psychologisch bedeutet dieser Vorgang Einverleibung von »Mütterlichem«, Aufnahme der Mutter in den inneren Raum. Dieser Vorgang bedroht aber zugleich die werdende Unabhängigkeit des Kindes und ist daher im höchsten Grade ambivalent. Die nährende, wärmende Mutter muss aus dem inneren Raum auch ausgestoßen, muss zerstört werden.

Daher ist die Freihaltung des inneren Raums, um ein selbständiges Denken zu ermöglichen, auch mit Angst verbunden, Angst vor dem zerstörerischen Zurückfluten des hinausgedrängten »Mütterlichen«, in anderer Sprache, Angst vor der Rache der ermordeten Mutter. Das ist in kürzester Raffung mein Versuch, zu verstehen, an welche unbewussten Konflikte das Erleben von Musik rühren kann. Das gibt auch eine Möglichkeit, die mörderischen Mythen zu verstehen, die sich mit dem Ursprung und der Wirkung der Musik befassen; es sei nur an die Erschaffung der ersten Mu-

---

[20] Kaspar Weber, »Psychoanalyse und Musik«. Vortrag in der Schweizerischen Gesellschaft für Psychoanalyse, 2006. Unpubliziert.

[21] Kaspar Weber, Beobachtungen und Überlegungen zum Problem der Zeiterlebensstörungen, ausgehend von den Veränderungen des Musikerlebens in der experimentellen Psychose, in: *Confinia psychiatrica* 20, 1977, 79-94.

sikinstrumente, der Lyra, durch die Ermordung der Schildkröte (dargestellt im homerischen Hermes-Hymnos) und der Flöte beziehungsweise des Aulos, der den Klagegesang der Schwestern der ermordeten Gorgo Medusa nachahmt, durch Athene (dargestellt durch Pindar in der 12. Pythischen Ode), erinnert oder an die tödliche Gefahr, die der Gesang der Sirenen (in der Odyssee, 12. Buch) bedeutet.

Die Musikgeschichte ist voll von der Auseinandersetzung um die Bewegung im inneren Raum, von Bewegung und Gegenbewegung. Wir können beobachten, wie immer wieder Versuche gemacht werden, sich dem Sog oder Zwang der inneren Bewegung zu entziehen, Bewegungsabläufe, die sich allzu leicht einstellen könnten, zu zerstören, zu unterbrechen. Es gibt Phasen und Werke zum Beispiel in der Musik des 20. Jahrhunderts, in denen die Vermeidung und Abwehr innerer Mitbewegung ein Hauptanliegen zu sein scheint. Die Spannung um diesen Punkt zeichnet sich aber schon bei Beethoven ab, der gerade hierin die moderne Musik einleitet, zum Beispiel mit seiner Art, in späten Werken gerade in dem Moment einen Bewegungsablauf abzubrechen, wenn der Hörer der »Versuchung erliegen« könnte, sich genussvoll der Musikbewegung zu »überlassen«.

Ich breche hier diese skizzenhaften Hinweise auf Probleme der Musikästhetik ab, mit denen ich mich in Zukunft womöglich noch weiterbeschäftigen werde. Nach dieser Darstellung von Umrissen meines beruflichen Werdegangs möchte ich noch mit einigen Worten etwas über meine Einstellung zu allgemeineren Lebensfragen sagen.

Es gibt einen Bereich, der in diesen beruflichen Erinnerungen wenig berührt wurde: Es ist kaum die Rede von irgendwelchen Kämpfen, seien es Kämpfe um die Berufswahl, um eine Stellung im Beruf oder um einen Glauben. Was die Berufswahl betrifft, konnte ich, wie schon gesagt, in die Fußstapfen des Vaters treten. Das galt für die Berufswahl als Ganzes, nicht aber für den Weg in den Beruf, den ich, soweit möglich, außerhalb des familiären Einflussbereichs suchte. Als Familienvater, der schon vor dem Staatsexamen geheiratet hatte und von keinem familiären Vermögen getragen war, war ich allerdings immer auf bezahlte Stellen angewiesen, deren erste an der von meinem Onkel geleiteten Klinik Waldau war. Das Jahr in Genf, wo mich niemand kannte und ich mich dennoch als geschätzt erfahren konnte, war auch in dieser Hinsicht sehr wichtig für mich.

Was die Stellung im Beruf betraf, hatte ich drei Professoren der Psychiatrie in der nächsten Verwandtschaft: Vater, Onkel und Cousin. Der zehn

Jahre ältere Cousin Christian Müller, der mir sehr lieb ist, nahm für mich schon immer ein wenig die Stelle eines älteren Bruders ein, was bei aller Bewunderung für seine Tatkraft und seinen Einfallsreichtum auch kritische Distanz einschloss. Er begleitete meinen Werdegang mit warmer Anteilnahme, war aber wohl etwas enttäuscht, als ich nicht in der klinischen Psychiatrie blieb, denn ich erfuhr zunehmend, dass mein eigentliches Interesse in der psychologischen Vertiefung von Einzelfällen lag, wie es nur in der Psychoanalyse möglich ist, und dass hier der Grund des Versandens meiner Bemühungen um die wissenschaftliche Bearbeitung eines breiteren Materials lag.

Wenn ich Kämpfe erlebte, waren es mehr die Kämpfe mit mir selbst, den eigenen Anforderungen zu genügen. Ich hatte ja verständnisvolle Eltern und fühlte wenig Notwendigkeit, mich gegen sie aufzulehnen. Ich gehörte einer Generation an, die mehr als die vorangehenden mit den Eltern gemeinsame politische Anschauungen hatte. Die übermächtige Bedrohung, die meine Jugendzeit prägte, war Nazideutschland. Wie schon gesagt, standen wir ihr im eigenen Haus wie mit Freunden der Familie völlig einig gegenüber, und auch im Rückblick hätte ich meinem Vater nichts vorzuwerfen in Bezug auf seine politischen Ansichten.

Religiöse Glaubensfragen berührten uns in unserer Familie wenig. Ich wuchs in dieser Hinsicht als Sohn eines freudschen Analytikers auf. Der Glaubenslosigkeit meines Vaters fehlte aber jedes kämpferische Element. Meine Mutter hatte sich sicher etwas von ihrem Glauben bewahrt. Als wir Kinder waren, gehörte auch ein kurzes Gebet zum Gutenachtsagen der Mutter. Den Vater rief ich oft danach ans Bett, um von ihm vieles, was mich interessierte, zu erfahren, zum Beispiel welches die größten Musiker seien und warum, oder um über geschichtliche oder naturgeschichtliche Fragen Auskunft zu erhalten, wofür er sich immer Zeit nahm. Religiöse Fragen gehörten nach meiner Erinnerung aber nicht dazu. Zeitweise hatte ich ein Bedürfnis, Glaubensprobleme zu verstehen, wie sie meine besten Freunde im Gymnasium beschäftigten, die auch gemeinsam eine kirchliche Jugendorganisation besuchten. Ich stand aber da immer außerhalb. Ich hörte später einmal, Hans Burri, der Pfarrer unserer Kirchgemeinde, der mich konfirmierte und ein Freund der Eltern von Jugend her war, habe mich in aller Freundlichkeit als »Heiden« bezeichnet, was richtig war, wenn »Heide« so viel bedeutet wie »glaubenslos«. Ich hatte nämlich auch keinen »Gegenglauben«; ich stand und stehe unserer evangelischen Kirche als weltlicher Institution, die sich um einen ehrwürdigen Text gebildet hat und das Nachdenken darüber pflegt, immer mit Sympathie gegenüber. Irgendwelche Gefühle für »Jenseitiges«, »Numinoses« oder wie immer man es bezeichnen will, fehlen mir aber. Ich weiß noch, wie ich von einem Klassenkameraden, dem ich ein höheres Wissen um solche Dinge zutraute, nach der Lektüre des *Grünen Heinrich* erfahren wollte, was eigentlich »Transzendenz« bedeute – ohne eine mich befriedigende Antwort zu erhalten. Zu den stärksten Gefühlserlebnissen, die ich je hatte, gehörte der Eingangschor der Matthäuspassion von Bach, in dem wir Schüler des Progymnasiums mit noch ungebrochenen Stimmen 1945 im Berner Münster den Knabenchor sangen. Ich empfand auch die Passionsgeschichte intensiv mit, und als zum Schlusschor die Sonne durch die Kirchenfenster schien, war es für mich das Erhabenste, Ergreifendste, was in der Welt geschehen konnte – aber es geschah *in* der Welt.

Nun möchte ich aber doch mit einigen Worten schließen, die in den eigenen Beruf zurückführen.

Weil Freud uns gelehrt hat und immer wieder neu lehrt, aufmerksam zu hören und zu lesen, weil er sagte:[22] »Kurz, was nach der Meinung der Autoren eine willkürliche, in der Verlegenheit eilig zusammengebraute Improvisation sein soll, das haben wir behandelt wie einen heiligen Text«, also weil er uns gelehrt hat, in einer ganzen Welt von menschlichen Unscheinbarkeiten Reichtümer, unsere »heiligen« Gegenstände zu sehen, darum lieben wir den Beruf, den er geschaffen hat.

---

[22] *Die Traumdeutung*, Kap. VII A.

Auswahlbibliographie

Veränderungen des Musikerlebens in der experimentellen Psychose (Psilocybin), in: *Confinia psychiatrica*, 10, 1967, 139-176.

Beobachtungen und Überlegungen zum Problem der Zeiterlebensstörungen, ausgehend von den Veränderungen des Musikerlebens in der experimentellen Psychose, in: *Confinia psychiatrica*, 20, 1977, 79-94.

Einführung in die psychosomatische Medizin, Huber, Bern, Stuttgart, Toronto 1984, 263 S.

»Es geht ein mächtiges Sehnen durch unsere Zeit.« Reformbestrebungen der Jahrhundertwende und Rezeption der Psychoanalyse am Beispiel der Biografie von Ernst Schneider, 1878-1957, Peter Lang, Europäischer Verlag der Wissenschaften, Bern etc. 1999, 419 S.

Psychoanalyse und Musik, in: *Int. J. of Psychoanalysis*, 2009 (in Vorbereitung).

Personenregister

Abelin, Ernst 157
Abraham, Nicolas 10, 136
Adler, Rolf 99, 154f., 168
Aischylos 42
Anselm, Hlg. 40
Arendt, Hannah 29, 38
Argelander, Hermann 101, 103
Aron, Raymond 29
Augustinus 9, 37

Bach, Johann Sebastian 147, 173, 178
Bak, Robert 64
Balint, Michael 32, 35, 166ff.
Balint-Edmonds, Enid 32
Bally, Gustav 29, 138
Bamdasch, Sascha 90
Barth, Karl 130
Barzel, Rainer 104
Bauer, Hubert 156
Bem, József 22
Berci 18
Berlioz, Hector 129
Berna, Jacques 29
Bernhard, Josef 95
Bialek, Zdzislav 90f., 95
Binswanger, Ludwig 134
Bion, Wilfred 9, 28, 30, 42
Bleuler, Eugen:124, 133ff.
Blum, Ernst 136, 138ff., 146, 151, 153, 158
Blum-Sapas, Elsa 136
Boenheim, Thomas 82
Bornstein, Berta 64

Boss, Medard 29, 128, 138
Bovet, Jean 146ff., 150f.
Bovet, Lise, geb. Demur 147
Bovet, Lucien 147
Brabant, Eva 33
Brecht, Bertolt 26, 87
Brentano, Franz 135
Brocher, Tobias 108
Bucher, Urs 140f.
Buda, Eugeniusz 90, 95
Burckhardt, Jacob 130
Burri, Hans 178

Canellis 96
Casals, Pablo 174
Castoriadis, Cornelius 37
Catsch, Alexander 96
Chaplin, Charlie 20
Chappuis, Charles 167
Chasseguet-Smirgel, Janine 29, 35
Chopin, Frédéric 125
Chruchtschow, Nikita 39
Ciompi, Luc 148
Cremerius, Johannes 113f.

Dahmer, Helmut 106ff.
Darwin, Charles 20
de Ajuriaguerra, Julian 31, 140ff.
de Boor, Clemens 101, 103, 107, 111
de Chardin, Teilhard 27
de Cruif, Paul 97
de Meuron, Auguste Frédéric 150
de Montaigne, Michel 9

de Puymège, Gérard 36
de Quervain, Paul-Fredi 152
de Saussure, Raymond 30ff.
Déjérine, Josef 134
Dsershinski, Felix Edmundowitsch 39
Dupont, Judith 32f.
Dürrenmatt, Friedrich 151

Ecklin, Bernhard 130
Ehebald, Ulrich 108
Eicke-Spengler, Martha 29, 152f. 155f.
Eissler, Kurt 60
Eitingon, Max 158
Elrod, Norman 107
Erdely, Zoltan 103
Erikson, Erik 9, 64, 107, 146

Fain, Michel 35
Falzeder, Ernst 33
Fehlhaber, Heidi 109
Fenichel, Otto 59f.
Ferenczi, Etelka 24f
Ferenczi, Sándor 10, 15, 32ff., 136
Flournoy, Olivier 157
Forel, August 124
Franco, Francisco 16, 144
Freud, Anna 51ff., 58, 63
Freud, Sigmund 9, 20, 27f., 30ff., 36, 50f., 58, 61, 64, 99, 112, 114, 128, 130, 133ff., 138, 140ff., 144, 158, 169f., 175, 178f.
Fried, Grete 52
Friedrich der Große 151
Fürstenau, Peter 113

Galenson, Eleanor 67
Galilei, Galileo 38
Gesell, Silvio 171
Gide, André 39
Gill, Merton 70
Gluck, Christoph Willibald 123
Gobat, Alfred 171
Goebbels, Joseph 83, 87
Gorbatschow, Michail 16, 34, 39
Gotthelf, Jeremias 128, 171
Graber, Gustav Hans 154
Grawe, Klaus 115
Grebentschikoff 96
Greenacre, Phyllis 49
Gressot, Michel 146
Gropius, Walter 171
Grubrich-Simitis, Ilse 33
Grünthal, Ernst 133
Grunberger, Bela 29
Gundert, Hermann 111

Hadorn, Walter 140
Halil 88
Hartmann, Heinz 51, 64
Hascher, Max 93f.
Haynal, Josef 13, 17
Haynal, Mutter 14ff., 18
Haynal, Vater 9f., 13ff., 21, 27, 42
Hegner, Mascha 96
Heimann, Hans 132, 136ff., 140, 145, 172
Heimann, Paula 100
Heine, Heinrich 86
Henny, René 30
Hess, W. R. 169
Hesse, Hermann 151

Hitler, Adolf 14, 16, 38, 53f., 56, 81, 90, 92
Hoffer, Willi 113
Hoffman, Eva 57
Hoffmann, E. T. A. 146
Hoffmann, Ruth 86f.
Hoigné, Rolf 166f
Horney, Karen 64, 66f.
Horthy, Miklós 16
Horvath, Imre 18f.
Hubert, Simone 132
Hügel, Käthe 106f.
Husserl, Edmund 135

Ilf, Ilja 20
Itten, Johannes 171

Jacobson, Edith 49, 55, 64
Jaspers, Karl 130, 134, 137
Jones, Ernest 59
Jones, Jim 38
Jorgo 88
Julika 18, 20
Jung, Carl Gustav 75, 99, 130, 133ff.
Junker, Helmut 114

Kaiser Franz-Joseph 10
Kaiser, Tino 127
Kaldor, Miklos 21
Kästner, Erich 26
Kayser, Hans 124f.
Keller, Gottfried 128, 171
Kernberg, Otto 36, 74
Khomeini, Ayatollah 38
Klaesi, Jakob 132, 134ff.
Klee, Hans 171

Klee, Paul 124, 171
Klein, Melanie 28, 30, 35f., 63f., 75
Klemm, Kommissar 92ff.
Klüwer, Rolf 101, 103
Koestler, Arthur 29, 39
Kohut, Heinz 31, 50, 63, 100, 103, 112
Kornhuber, Hans Helmut 102
Kótai, Andris 19
Kraepelin, Emil 133f.
Kris, Ernst 49, 51, 60, 64
Kurz, Thomas 160
Kutter, Peter 99

Lacan, Jacques 63, 75
Lagache, Daniel 35
Lagerlöf, Selma 120
Lechner, Hans-Dieter 82
Lenin, Wladimir Iljitsch 39, 96
Lessing, Gotthold Ephraim 128
Levi, Primo 19
Ley, Robert 90f.
Lincke, Harold 29, 99
Lindenborn, Lehrer 83, 96f.
Lipps, Theodor 135
Loch, Wolfgang 101, 108
Lockot, Regine 55
Lohmann, Hans Martin 107
Löwenstein, Rudolph 64
Luise 89f.
Lully, Jean Baptiste 175
Luquet 35

MacLaughlin, James 71
Mahler, Gustav 13
Mahler, Margret 64, 69, 157

Mahler, Teddy 13ff., 19f.
Maier, H. W. 135
Malan, David 160
Malcolm, Janet 111
Mann, Heinrich 87
Mann, Thomas 26, 87, 105, 128
Mannerheim, Carl Gustav 16
Marai, Sándor 17
Márton, Bischof Aaron 13
Marx, Karl 39
Massary, Fritzi 88
Maugham, Somerset 23
May, Karl 129
May, Ulrike 172
McNally, Rand 66
Meerwein, Fritz 155
Meyer, Conrad Ferdinand 151
Meyer, Ludwig 77f.
Meyer, Malchen 78
Michaelis, Detlef 109
Mitscherlich, Alexander 37, 99ff., 109ff.
Mitscherlich, Margarete 107, 109f.
Möbius 94
Molière 129, 175
Molnar, Miklos 36
More, Thomas 39
Morel, Ferdinand 142
Morgenthaler, Fritz 29, 99, 144, 146, 151f., 159f.
Morgenthaler, Walter 137
Moser, Ulrich 27
Muck, Mario 103
Müller, Christian 132, 148, 157, 177f.
Müller, Max junior 132f., 135ff., 177

Müller, Max senior 132
Müller-Braunschweig, Carl 98, 108
Mussolini, Benito 81

Nagy, Imre 21
Napoleon 120
Nedelmann, Carl 114
Newton, Isaac 128
Neyraud, Michel 35
Nordenskjöld, Erik 131

Oberholzer, Emil 133, 135f., 138
Obitz, Emmi Rose 87, 105
Obitz, Hans 87
Ornstein, Anna 50

Parin, Paul 28f., 99, 113, 144, 151, 155, 159f,.
Parin-Matthèy, Goldy 29
Pawlak, Jan 90
Pawlow, Iwan Petrowitsch 27
Pembaur, Josef 125
Petényi, Géza 15
Petrow, Jewgeni 20
Peyroux, Brüder 96
Pfeiffer, Ernst F. 102
Philippssohn, Herrmann 84
Philippssohn, Rosa 84f.
Philippssohn, Willi 84
Piaget, Jean 31, 144, 176
Picasso, Pablo 175
Pilsudski, Józef 16
Pinschewer-Häfliger, Lucia 156
Podogrocki, Zygmunt 90
Portmann, Adolf 130f.
Prohaszka 27

Proust, Marcel 9
Pythagoras 124

Radó, Sándor 64
Ràkosi, Mátyás 19, 21
Rausch, Zoli 19
Reemtsma, Jan Philipp 107
Reich, Annie, geb. Pink 45f., 55ff., 68, 70
Reich, Eva 51ff., 56
Reich, Wilhelm 45f., 50ff.
Reiche 93
Reiche, Reimut 114
Richebächer, Sabine 159
Richter, Horst-Eberhard 113
Riggenbach, Otto 151
Robert-Bächtold, Leni 162
Roethig, Max 87
Roiphe, Hermann 66
Rommel, Erwin 123
Rorschach, Hermann 126, 133, 137, 159
Rosenkötter, Adalbert 78
Rosenkötter, August 78, 83
Rosenkötter, Emil 78, 83
Rosenkötter, Hans 77f., 81, 83ff., 87, 89, 92
Rosenkötter, Lina, geb. Weinberg 77, 81ff., 85, 87, 89, 104
Rosenkötter, Mary 96
Rosenkötter, Rose Maria 105, 107
Rosenkötter, Wilhelm 78, 81, 83, 94, 96
Roskamp, Hermann 99
Rousillon, René 174
Róza, Tante 13, 17
Rübsam, Helmut 94

Rühmann, Heinz 91

Salazar, António de Oliveira 16
Scheffen, Vera 99
Scheler, Max 135
Schiller, Friedrich 83, 128
Schneider, Ernst 170f.
Schneider, Hans 138
Schneider, Kurt 128
Schneider, Pierre Bernard 147, 154
Schnyder, Urs W. 26
Schönberg, Arnold 124
Schröter, Michael 158, 172
Schubert, Franz 174
Schultz-Hencke, Harald 114
Schuschnigg, Kurt 55
Schwaber, Evelyne Albrecht 50
Schwarzer, Erich 93
Signer, Dieter 170
Silone, Ignazio 39
Spira, Marcelle 30
Spitz, René 30, 100, 144, 146, 151f.
Spörri, Elka 157
Spörri, Theodor 137
Stack Sullivan, Harry 64, 112
Stalin, Josef 16, 19, 21, 38, 56
Stern, Daniel 9
Stern, Isaac 174
Stifter, Adalbert 128
Stosch-Sarrasani, Trude 89ff., 95
Straus, Erwin 175
Stückelberger, Alfred 129
Swift, Jonathan 40
Szondi, Leopold 27

Tamási, Aron 17
Teixeiro, Aileen, geb. Fenton 147f.
Teixeiro, José 147f.
Teleki, Blanka 10
Timofeev, Andrej 87, 96
Timofeev, Dmitrij 96
Timofeev, Vater 87, 96f.
Tissot, René 142
Thalmann, Rolf 145
Thomä, Helmut 101
Tolstoi, Lew Nikolajewitsch 172
Tucholsky, Kurt 87, 105

Valéry, Paul 9
van Beethoven, Ludwig 124, 177
van der Leeuw, Piet Jacob 101
van Gennep, Arnold 35
Verdi, Giuseppe 123
Verne, Jules 129
Vogel, Horst 101, 103
Vogt, Oskar 96
Vogt, Walter 151
Volkan, Vamik 37, 40
von Blarer, Arno 30
von Goethe, Johann Wolfgang 83, 127ff.
von Hindenburg, Paul 54
von Kleist, Heinrich 12
von Schubert, Frau 89
von Stackelberg, Frau 89
von Uexküll, Thure 102

Wagner, Richard 123
Walther-Büel, Hans 137
Weber, Arnold 119f., 123ff., 129ff., 135ff., 145ff., 157, 177f.
Weber, Bernhard 123, 127, 139

Weber, Lily, geb. Müller 229f., 123f., 130, 133, 178
Weber, Robert 120, 133
Weber-Kammer, Elsbeth 123, 129, 140, 147, 158
Weinberg, Aaron 77
Weinberg, Berta, geb. Meyer 77f., 83, 85f., 98
Weinberg, Else, geb. Philippssohn 83ff.
Weinberg, Hilde 84, 86
Weinberg, Inge 84, 86
Weinberg, Max 77f., 83ff.
Weinberg, Rahel (Lu) 77f., 83, 86
Weinberg, Wilhelm 77f., 83, 86
Welt, Peter 96
Werfel, Franz 26
Wildbolz, Alexander 156, 170
Wildbolz-Weber, Hannelore 156
Windholz, Emanuel 30
Winnicott, Donald Woods 28, 69
Wlassow, Andrei 106
Wölfli, Adolf 137, 157
Wyatt, Frederick 107f.
Wyrsch, Jakob 134ff.
Wyss, Rudolf 136

Zuckerkandl, Viktor 173f.
Zulliger, Hans 136, 158
Zweig, Stefan 26

Brandes & Apsel

Der Frankfurter Verlag für Psychoanalyse

Ludger M. Hermanns (Hg.)

Psychoanalyse in Selbstdarstellungen

Band V: 208 S., Pb., € 19,90
ISBN 978-3-86099-862-5

Beiträge von Wolfgang Bister, Judith Dupont, Klaus Fink, Eugen Mahler

Band VI: 208 S., Pb., € 19,90
ISBN 978-3-86099-866-3

Beiträge von Hermann Beland, Anna Ornstein, Paul Ornstein, Léon Wurmser

»Selbstdarstellungen, die sich so fesselnd lesen lassen, wie gelungene Romane.«
(C. Neubaur, Süddt. Zeitg.)

»... oft aufwühlend und von Beitrag zu Beitrag gewinnbringend.«
(Peter Dettmering, Jahrbuch für Literatur und Psychoanalyse)

»...eine Fundgrube...«
(Nina Bakman, Psychoanalyse in Europa)

Bitte fordern Sie auch unseren Psychoanalyseprospekt an: Brandes & Apsel Verlag
Scheidswaldstr. 21 • 60385 Frankfurt/M. • info@brandes€apsel€verlag.de • www.brandes€apsel€verlag.

Der Frankfurter Verlag für Psychoanalyse

Brandes & Apsel

Jack Novick/
Kerry K. Novick

Ein guter Abschied

Die Beendigung von Psychoanalysen und Psychotherapien

Im Rahmen der therapeutischen Beziehung beschreiben Jack und Kerry Novick, wie man Themen, die mit der Beendigung der Therapie zusammenhängen, schon in ihren frühen Phasen erkennen und bearbeiten kann. Jede Behandlungsphase bringt spezifische Herausforderungen mit sich, und in jeder Phase besteht das Risiko, dass einer der Beteiligten die Behandlung vorzeitig beenden möchte. Es werden typische Gefahrensignale untersucht, auf die zu achten ist, und Techniken vorgestellt, die der Therapie zugute kommen.

»Die Novicks haben ein hervorragendes und originelles Buch über die Beendigungen von Psychoanalysen und Psychotherapien geschrieben. [...] Damit liegt endlich eine umfassende Darstellung vor, die auch auf die Probleme eingeht, mit denen nach der Beendigung zu rechnen ist.« *(Prof. Henry Krystel, Michigan University)*

ca. 260 S., geb., ca. € 29,90
ISBN 978-3-86099-871-7